Verbrechen
aus
Leidenschaft

Verbrechen aus Leidenschaft

KARL ■ MÜLLER

KARL ■ MÜLLER

Karl Müller Verlag – Silag Media AG, Liebigstr. 1–9, 40764 Langenfeld
Copyright © 2010 Eisbär Verlag
Alle Rechte vorbehalten

ISBN 978-3-86997-208-4

Projektmanagement: BlueRed Press Ltd
Text: Sue Blackhall
Layout: Cara Rodgers
Coverdesign: Stephen Croucher

Druck und Herstellung in China

Inhaltsverzeichnis

Inhaltsverzeichnis

Einführung

Verbrechen aus Leidenschaft sind keine kalten, vorsätzlich geplanten Taten eines Mörders, der Spaß an Gewalt hat. Ein Mord aus Leidenschaft wird in der Hitze des Augenblicks begangen – oft ungewollt und aus purer Verzweiflung.

Eifersucht, Liebe, Hass – ob über Jahre hinweg genährt oder als plötzlicher Kontrollverlust, stets sind intensive Emotionen der Auslöser für diese Art von Verbrechen. Morde aus Leidenschaft werden fast immer von Menschen begangen, die den Opfern bekannt sind; tatsächlich werden sie ja genau deshalb begangen. Es ist möglich, dass die Mörder im Augenblick der Tat nicht die vollständige Kontrolle über ihr Tun und ihre Gefühle haben. Es kann sein, dass sie sich nicht bewusst sind, was sie tun, und später heftige Reue empfinden, wenn es ihnen klar wird.

Jeder der Menschen, denen wir täglich begegnen – im Supermarkt, im Büro, in der Wohnung nebenan – kann im Streit mit einem Freund, einer Geliebten oder mit dem Ehepartner einen Schritt zu weit getrieben werden. Uns faszinieren Morde aus Leidenschaft, weil sie uns zeigen, was ein Mensch einer geliebten Person antun kann. Diese Morde entstehen in Momenten extremer Emotionen und gewähren uns einen Einblick in unser eigenes Denken.

Seit es Menschen gibt, die davon berichten können, gibt es Morde aus Leidenschaft. Jean Harris tötete ihren langjährigen Geliebten aus Eifersucht; Ruth Ellis wurde gehängt, weil sie ihren Liebhaber erschossen hatte; Thomas Keir tötete sowohl seine erste als auch seine zweite Ehefrau aus rasender Eifersucht. Aber gleich aus welchem Grund: Morde aus Leidenschaft sind faszinierend, zeichnen sie doch ein Bild der dunkelsten menschlichen Emotionen und Motive.

UNTEN: Der italienische Veterinär Renzo Ferrari (oben, Mitte) auf der Anklagebank vor dem Schwurgericht in Imperia an der italienischen Riviera während seines Prozesses im Mordfall Tranquillo Allevi, der 1962 an einer Dosis Strychnin im Bier starb.

OBEN: Nannie Doss kurz nach ihrer Inhaftierung im Gefängnis von Oklahoma 1955. Sie hatte gestanden, vier ihrer Ehemänner mit Rattengift getötet zu haben.

OBEN: Edward Allaway (Mitte) auf dem Weg ins Orange-County-Gerichtsgebäude. Allaway war davon überzeugt, dass seine Ehefrau Bonnie fremdging. In rasender Eifersucht tötete er sieben Menschen an der California State University.

OBEN: Winnie Ruth Judd im Gerichtssaal in Phoenix 1932. Judd verbrachte 40 Jahre in einem psychiatrischen Krankenhaus, weil sie in eifersüchtiger Raserei zwei Mitbewohnerinnen getötet hatte, von denen sie glaubte, dass sie mit ihrem Freund schliefen.

OBEN: Brian Tevendale (rechts), der zusammen mit Sheila Garvie wegen Mordes an ihrem Ehemann, einem wohlhabenden Landwirt, zu lebenslanger Haft verurteilt wurde.

OBEN: Denise Labbe im Gewahrsam zweier Polizisten auf ihrem Weg zum Gericht in Blois, Frankreich, vor dem sie wegen Mordes an ihrer zweijährigen Tochter Catherine angeklagt war. Labbe ertränkte das Kind, um Jacques Al Garron ihre Liebe zu beweisen, der darauf bestanden hatte, Catherine zu töten, weil sie aus einer vorherigen Beziehung stammte.

OBEN: Ruth Ellis, die wegen Mordes an ihrem Geliebten David Blakely verurteilt und im Holloway-Gefängnis gehängt wurde. Sie war die letzte Frau in Großbritannien, die die Todesstrafe erhielt.

Millicent Adams

Der Fall Millicent Adams ist ein klassisches Beispiel dafür, was passieren kann, wenn eine verliebte Frau vom Mann ihrer Träume missachtet wird. Doch obwohl Millicent offen gestanden hatte, Axel Schmidt getötet zu haben, wurde sie vom Gericht zur geringstmöglichen Strafe verurteilt.

Das Unglück der Millicent Adams, Tochter einer reichen und angesehenen Familie in Philadelphia, nahm in den frühen 1960ern an der Bryn-Mawr-Universität seinen Lauf, wo sie sich in ihren Mitstudenten Axel Schmidt verliebte. Schmidt, der Ingenieurswesen studierte, glaubte, durch eine Hochzeit mit Millicent schneller Einlass in die Welt der Reichen und Schönen zu erhalten, und so bemühte er sich unermüdlich um ihre Gunst, bis er ein anderes Mädchen traf, dessen Familie noch reicher und berühmter war. Mit diesen Aussichten ließ er Millicent fallen. Wie sie später der Polizei erzählte, fühlte sie sich so verletzt, dass sie sich umbringen wollte.

UNTEN: Ein Smith-&-Wesson-Ladysmith-Revolver Kaliber .22, wie ihn Millicent Adams benutzte.

Millicent kaufte einen großen Bernhardiner, brachte ihn in ein ungenutztes Zimmer in ihrem Elternhaus und erschoss ihn mit einem Smith-&-Wesson-Revolver Kaliber .22. Wie sie später erklärte, wollte sie sicherstellen, dass die Waffe funktionierte, wenn sie sie gegen sich selbst richten würde. Aber es war nicht Millicent, die schließlich starb. Sie lockte Schmidt mit einem sexuellen Versprechen in ihr Bett und tötete ihn mit einem einzigen Schuss. Dachte sie zuvor noch an Selbstmord, so schien sie es nun vergessen zu haben, denn dazu kam es nicht mehr. Vielleicht war es auch das Wissen um das ungeborene Kind von Schmidt, das sie erwartete, was sie davon abhielt, den Abzug zu betätigen.

Im Prozess argumentierte ihr Verteidiger, sie habe aus einem Zustand von Geisteskrankheit heraus gehandelt, verursacht durch das kaltherzige Verhalten ihres Geliebten. Das Gericht stimmte einer Anklage wegen Totschlags statt Mordes zu und verurteilte sie nach Beweis ihrer Schuld zu einer zehnjährigen Strafe auf Bewährung unter der Bedingung, dass sie sich in eine psychiatrische Klinik begeben müsste.

Kurz danach kam Millicents Tochter Lisa zur Welt. Das Kind wurde von der Mutter getrennt, sie durfte es jedoch regelmäßig sehen. Nach dreijähriger psychiatrischer Behandlung wurde Millicent aus der Haft entlassen. Von den eigenen Eltern abgelehnt, zog sie an die Westküste, um dort ein neues Leben zu beginnen.

Antonio Agostini

Der berühmt-berüchtigte Fall des „Schlafanzugmordes" war von Geheimnissen umgeben und wurde von der australischen Polizei erst nach zehn Jahren gelöst. Der eifersüchtige Ehemann, der für den Mord an Linda Agostini inhaftiert wurde, hat nie alles erzählt, was an diesem Tag geschehen war. Es ist jedoch wahrscheinlich, dass ihr Fremdgehen ihn so wütend gemacht hat, dass er dieser Ehe ein tödliches Ende setzen wollte.

Der italienische Immigrant Antonio Agostini heiratete 1930 Linda Platt, und das Paar zog nach Melbourne, Australien. Doch in ihrer Ehe gab es keine gegenseitige Unterstützung. Während Agostini diverse Arbeiten verrichtete, um Geld zu verdienen, verbrachte Linda ihre Tage betrunken zu Hause und unterhielt einige Liebhaber, bis sie eines Tages verschwand. Das letzte Mal wurde Linda Agostini im August 1934 lebend in ihrem Haus gesehen.

Nach seiner verschwundenen Frau befragt, sagte Agostini, sie sei mit einem ihrer Freunde durchgebrannt, doch kurz darauf fand ein Bauer in einem Graben zwischen Melbourne und Sydney den Körper einer Frau. Bevor sie mit einem Kopfschuss getötet wurde, hatte man wild auf sie eingeprügelt und anschließend die Leiche verbrannt. Nur anhand ihres

UNTEN: Linda Agostini wurde 1905 in Forest Hill, London, geboren. Nach einer gescheiterten Liebe ging sie im Alter von 19 Jahren nach Neuseeland. 1927 zog Linda weiter nach Sydney, Australien.

übrig gebliebenen gelben Seidenpyjamas konnte man sie identifizieren.

Zuerst glaubte die Polizei, die kürzlich verschwundene Anna Philomena Coots vor sich zu haben. Selbst Lindas Mutter konnte den verstümmelten Körper nicht als den ihrer Tochter erkennen, man hatte ihr jedoch nichts von dem Schlafanzug erzählt, der sich später als wichtiges Beweisstück herausstellte. Der Fall wurde geschlossen und wäre es auch geblieben, wäre da nicht ein Polizist gewesen, dessen Frau mit Linda befreundet war. Er war überzeugt, dass es sich um Linda handelte, und wollte es beweisen. Schließlich zeigte man Lindas Mutter ein Foto des Schlafanzugs. Sie erkannte ihn als denjenigen, den sie ihrer Tochter zur Hochzeit geschenkt hatte. Sie erzählte der Polizei erneut, dass Agostini ihre Tochter misshandelt hätte. Linda wurde über Zahnabdrücke identifiziert, und

Agostini wurde 1944 verhaftet. Im Verhör gestand er, seine Frau zehn Jahre zuvor unabsichtlich getötet zu haben. Er erzählte der Polizei, er und seine Frau seien am 28. August 1934 betrunken gewesen, und sie habe ihn einer Affäre mit einer Kollegin bezichtigt. Linda habe mit einer Waffe herumgewedelt und als diese versehentlich losging, wurde sie getroffen und starb. Weitere Untersuchungen ergaben jedoch, dass Linda brutale Kopfverletzungen vor ihrem Tod zugefügt worden waren und dass sie an einer dieser Verletzungen starb, nicht an einer Kugel. Agostini bestand darauf, nicht zu wissen, wie ihr Körper verbrannt worden war. Agostini wurde am 9. Juni 1944 wegen Mordes an seiner Ehefrau angeklagt. Das Strafmaß wurde auf Totschlag gemindert. Er wurde zu sechs Jahren harter Arbeit verurteilt. Nach seiner Entlassung 1950 ging er zurück nach Italien.

Edward Charles Allaway

Schon lange zeigte Edward Allaway alle Symptome einer Schizophrenie, aber er lebte zurückgezogen, und nur wenige ahnten, wie schlimm es um seine psychischen Probleme stand, ausgenommen seine Ehefrau. Doch als ihn seine zweite Frau verließ, verlor er völlig den Verstand und tötete in einem Amoklauf neun Menschen.

Während seiner ersten Ehe mit Carol wurde bei Allaway Schizophrenie diagnostiziert, doch die monatliche Elektroschocktherapie half nicht viel. Die Wahnvorstellungen wurden immer lebhafter. Er glaubte nicht nur, dass Carol fremdging, sondern dass sie hinter seinem Rücken auch für Aktfotos posierte. Die Tatsache, dass sie kurz nach ihrer Scheidung erneut heiratete, entkräftete nicht seinen Verdacht und verbesserte seinen geistigen Zustand nicht.

Nichtsdestotrotz heiratete Allaway nach seinem Umzug nach Orange County, Kalifornien, 1973 erneut. Er und seine Frau Bonnie begaben sich auf eine lange Campingtour durch das Land, lebten von der Hand in den Mund und nahmen Arbeit an, wo immer sie welche fanden. Schließlich kamen sie zurück, und Allaways Schwester besorgte ihrem Bruder eine Arbeit

als Aufsicht in der Bibliothek der California State University in Fullerton.

Zu diesem Zeitpunkt traten Allaways Symptome wieder in Erscheinung. Wie schon zuvor war Allaway sicher, Bonnie würde ihn mit anderen Männern betrügen und in pornografischen Filmen auftreten, die Bibliotheksangestellte gedreht hätten. Außerdem begann er, seine Kollegen verbal zu attackieren und rassistisch gegenüber Afrikanern und Lateinamerikanern zu werden. Daheim verstärkte sich seine gewalttätige Ader weiter. Er war extrem eifersüchtig und drohte Bonnie damit, ihr Gesicht mit einem Federmesser zu zerschneiden, sollte er sie beim Betrügen erwischen. Das war mehr, als sie aushalten konnte. Bonnie verließ ihn. In einem Anfall rasender Eifersucht verlor Allaway den Verstand. Während ein vernünfti-

OBEN: Ein Hain aus sieben Pinien zum Gedenken an die sieben Menschen, die Edward Allaway am 12. Juli 1976 in der Bibliothek der California State University tötete.

gerer Mann sich vielleicht nur an seiner Frau hätte rächen wollen, so wollte er wahllos andere den Schmerz spüren lassen, den er empfand. Am 12. Juli 1976 betrat der 37-jährige Edward Allaway bewaffnet mit einem Gewehr Kaliber .22 die Bibliothek der California State University und feuerte um sich. Er schoss neun Menschen an, und sieben kamen ums Leben. Anschließend fuhr er zum Hotel, in dem seine Frau arbeitete, rief die Polizei an und ergab sich widerstandslos.

1977 wurde Allaway wegen Mordes angeklagt, aber wegen Unzurechnungsfähigkeit für nicht schuldig befunden. 2001 gab es zwar einen Versuch, ihn wieder in die Gesellschaft zu integrieren, aber 2003 entschied ein Richter, dass Allaway nicht aus dem Patton State Hospital in San Bernardino entlassen werden durfte.

Anibal Almodovar

Als seine neue Frau darauf bestand, dass Anibal Almodovar, ein leicht zu reizender Frauenheld, sein eigensinniges Sexleben aufgab, wurde dieser so wütend, dass er sie nur wenige Wochen nach ihrer Hochzeit tötete. Leider hatte er nicht bedacht, dass es nicht nur Zeugen sein könnten, die ihn mit dem Mord in Verbindung bringen würden. Der Beweis für seine Tat kam aus einer Ecke, aus der niemand es erwartet hatte.

Als der gut aussehende 25-jährige ehemalige Matrose aus Puerto Rico, Anibal Almodovar, als Pförtner in New York City arbeitete, lernte er in einer Bar in Manhatten eine Kellnerin kennen und heiratete sie. Die zwei Jahre jüngere, hübsche Louise Almodovar nahm an, dass ihr Mann, da er nun verheiratet sei, seine sexuellen Eskapaden und kurzen Liebesabenteuer

UNTEN: Luftaufnahme des Central Park, in dem Anibal Almodovar seine Frau Louise tötete.

aufgeben würde. Aber sie irrte sich. Das Paar war nur wenige Wochen verheiratet, und ihr wurde bewusst, dass ihr Mann seinem alten Lebensstil weiterhin nachging. Er tat auch wenig, um dies vor ihr zu verheimlichen. Sie protestierte, und ein Streit brach aus, nach dem Almodovar aus der Wohnung stürmte.

Louise, die ihre Ehe nicht so schnell aufgeben wollte, rief in in der örtlichen Bar an und bat ihn, sich mit ihr zu treffen, um ihre Probleme ruhiger zu besprechen. Er willigte ein, sie im Central Park zu sehen. Am 2. November 1942 wurde im hohen Gras des Parks die Leiche von Louise gefunden. Dem zerrissenen Ärmel ihrer Jacke nach musste sie sich heftig gewehrt haben. Der Leichenbeschauer kam zu dem Ergebnis, dass sie von ihrem Mörder erdrosselt wurde, indem er ihr mit zwei Fingern jeder Hand die Luftröhre zugedrückt hatte.

Die Leiche konnte zunächst nicht identifiziert werden, und die Polizei ging davon aus, dass der Totschlag von einer der zwielichtigen Gestalten, die sich im Central Park herumtrieben, begangen worden war. Doch als Berichte über eine vermisste Frau eingingen, deren Mann ein bekannter Ehebrecher war, witterten sie einen Mord.

Almodovar wurde zum Verhör geladen, und man nahm ihm zu Untersuchungszwecken seine Kleidung ab. In seinen Hosenaufschlägen wurden Samen gefunden, die sich als wichtiges Beweismittel herausstellten.

Zunächst legte Almodovar ein Geständnis ab und erzählte der Polizei, er habe die Kontrolle verloren, als Louise sich beschwerte, weil er eine andere Frau traf. Er habe sie stranguliert und den Ort des Geschehens verlassen. Als es aber am 24. Februar 1943 zum Prozess kam, widerrief er sein Geständnis. Die Polizei, so behauptete er, habe ihn dazu gezwungen. Er bestand darauf, nichts mit Louises Tod zu tun zu haben.

Allerdings gehörten die Samen, die man in seiner Hose gefunden hatte, zu einer seltenen Pflanzenart, die am Schauplatz des Mordes wuchs. Diese hatte man als gärtnerisches Experiment angepflanzt, es gab sie nirgendwo sonst in New York. Hinzu kam, dass ein Biologie- und Botanikprofessor dem Gericht erklärte, jene Samen reiften nur in der Woche des Mordes heran. Der Fall Almodovar war der erste in der Rechtsgeschichte der USA, bei dem alles von einem botanischen Beweis abhing. Er wurde für schuldig befunden und zum Tod auf dem elektrischen Stuhl verurteilt.

Tracie Andrews

Ein alter Freund erinnerte sich später: „Wenn Tracie verärgert war, blitzten ihre Augen." Ihre Eltern waren besorgt darüber, dass sie nach ihrer Entlassung erneut töten würde. Bei Tracie brodelte die Wut stets nah an der Oberfläche und konnte, wenn sie geweckt wurde, tödlich sein, wie Lee Harvey feststellen musste.

Tracie Andrews, zunächst Model, dann Kellnerin, führte mit ihrem Verlobten Lee Harvey eine stürmische Beziehung. Beide waren temperamentvoll und hatten – wie Nachbarn der Polizei erzählten – öfter gewalttätige Auseinandersetzungen. Der Streit, den sie am 1. Dezember 1996 auf dem Weg zu ihrem Haus in Alvechurch bei Worcester hatten, unterschied sich nicht von anderen – bis auf sein Ende. In einer ihrer Launen geriet Tracie so in Wut, dass sie ein Messer zog und 15-mal auf Lee einstach.

Zwei Tage später erschien sie auf einer Pressekonferenz und bat um Mithilfe bei der Suche nach dem Mörder ihres Mannes. Vor laufenden Kameras erzählte sie den Reportern, ihr Mann sei Opfer eines Verkehrsrowdys geworden. Ein „schäbiger" Ford Sierra sei ihnen gefolgt, habe aufgeleuchtet und neben ihnen gehalten. Der Fahrer stieg aus und erstach Harvey. Die Polizei beschrieb den Angriff als „besonders bösartig", und der Fall erschien landesweit in den Nachrichten. Aus Angst vor Entdeckung oder Schuldgefühlen nahm

OBEN: Tracie Andrews auf dem Weg zum Birmingham Crown Court am 29. Juli 1997, um den Urteilspruch zu hören.

Tracie am nächsten Tag eine Überdosis Drogen, doch sie überlebte. Sie wurde am 7. Dezember im Krankenhaus verhaftet. Die Polizei konnte keinen Zeugen für den Angriff auf der Straße finden, und aus der Bevöl-

kerung hatte sich niemand gemeldet. Dies deutete auf einen Täter aus dem unmittelbaren Umfeld hin.

Auch nachdem sie angeklagt war und gegen Kaution freikam, blieb Tracie bei ihrer Version, obwohl die Wahrheit langsam durchsickerte. Im Prozess hörte die Jury, dass Harvey besitzergreifend eifersüchtig gewesen sei und sie bezichtigt hatte, andere Männer zu treffen. Nachbarn erzählten von Streit und Geschrei.

Am 29. Juli 1997 wurde Tracie Andrews vom Birmingham Crown Court des Mordes für schuldig befunden. Sie wurde zu lebenslanger Haft verurteilt mit der Empfehlung, sie nicht unter 14 Jahren zu entlassen. Sie legte Widerspruch ein. Sie sei wegen der Öffentlichkeit ihres Falles Opfer eines Fehlurteils geworden. Der Widerspruch wurde im Oktober 1998 abgelehnt.

Zwei Jahre später gab Tracie zu, Lee Harvey getötet zu haben. 2005 wurde eine Fernsehdokumentation gedreht. Aus dem Gefängnis hieß es: „Andrews hat den Mord zugegeben, was viele überrascht hat. Obwohl sie ihre Schuld eingesteht, glauben viele nicht, dass sie Reue empfindet. Für sie ist es nur der erste Schritt in Richtung Haftaussetzung. Andrews ist manipulativ und verschlagen. Polizisten gehen davon aus, sie werde alles sagen und tun, um dem Gefängnis zu entkommen."

UNTEN: Das verschlafene Städtchen Alvechurch war entsetzt über den Mord an Lee Harvey im Jahr 1996.

Herbert Armstrong

Armstrong war ein eifriger Gärtner, der sein Hobby oft dazu nutzte, der scharfen Zunge seiner tyrannischen Ehefrau zu entkommen. Und so war es auch nicht verwunderlich, dass er, als er es nicht mehr ertragen konnte, zu einem Mittel griff, das ihm in seinem geliebten Garten gute Dienste erwiesen hatte: Unkrautvernichtungsmittel.

Der Anwalt Herbert Armstrong und seine Frau Katherine führten keine glückliche Ehe. Sie war eine Tyrannin, und Armstrong durfte weder trinken noch rauchen, was er immer gern getan hatte. Katherine hatte ihre Freude daran, ihn vor seinen Freunden zu demütigen. Wie so viele Männer, die mit einer tyrannischen Nervensäge verheiratet sind, flüchtete er in seinen Garten, wo er ihrem Spott entgehen konnte. Doch er konnte sie nicht völlig meiden, und so wuchs sein Ärger mit der Zeit. Im Alter von 53 Jahren entschied Armstrong: Es reichte, seine Frau musste sterben. Zuerst sorgte er dafür, dass sie ein neues Testament aufsetzte, in dem er Alleinerbe war, dann frischte er seinen Vorrat an Unkrautvernichtungsmitteln auf. Diese hatten seinen Garten von ungeliebten Plagegeistern befreit, warum nicht auch andere Bereiche seines Lebens?

Im August 1920 verschlechterte sich Kathrine Armstrongs pysische und psychische Gesundheit dramatisch, und sie musste ins Barnwood-Krankenhaus bei Gloucester eingeliefert werden. Am 22. Januar 1921 ging es ihr wieder so gut, dass sie nach Hause entlassen wurde. Ihr Mann sorgte sich um sie – und verabreichte ihr erneut Unkrautvernichtungsmittel auf Arsenbasis. Einen Monat später starb Kathrine. Der ortsansässige Arzt bescheinigte als Todesursache Herzversagen. Sie wurde gebührend bestattet.

OBEN: Der englische Anwalt Herbert Rowse Armstrong auf einem Foto aus den 1920ern.

Armstrong konnte nun tun und lassen, was er wollte. Er durfte wieder trinken und rauchen. Doch weil er so leicht mit dem Mord davongekommen war, geriet er in Versuchung, noch einmal zu diesem Mittel zu greifen. Jetzt wollte er sich eines Geschäftsfreundes entledigen, mit dem er sich überworfen hatte – Oswald Martin. Armstrong kaufte eine Schachtel Pralinen, bohrte ein kleines Loch in den Boden jeder Praline und füllte sie vorsichtig mit dem Gift. Dann ließ er die Schachtel anonym zu Martin liefern. Martin war hocherfreut, aß einige und reichte die restlichen bei einer

abendlichen Feier herum. Martin selbst überlebte, aber ein Gast erkrankte heftig, und der Verdacht fiel auf die Pralinen. Es dauerte nicht lang, bis man die Löcher im Boden und das Arsen entdeckte.

Doch Armstrong gab nicht so schnell auf. Am 26. Oktober 1921 lud er Martin zu einem Tee zu sich

---

UNTEN: Die Zeugen Dr. Webster (links) und Dr. Thomas Hincks (Mitte) vor dem Gericht in Hereford, Gloucestershire. Hier fand 1922 der Mordprozess gegen den Anwalt Herbert Rowse Armstrong statt, der seine Frau Katherine getötet hatte.

OBEN: Menschenmengen vor dem Gericht in Hereford, Gloucestershire, wo der Prozess stattfand.

nach Hause ein. Er reichte ihm Gebäck dazu. Am Abend des Tages war Martin krank. Dr. Thomas Hincks, der schon die bedauernswerte Katherine Armstrong behandelt hatte, wurde gerufen und sah sich den gleichen Symptomen gegenüber wie bereits zuvor. Er wurde argwöhnisch. In einer Urinprobe, die er zu Untersuchungszwecken an die Clinical Research Association geschickt hatte, fand man Arsen.

Die Polizei wurde benachrichtigt. Sie ließ nach einigen Ermittlungen Katherines Körper exhumieren – auch in ihm fand man Arsen. Am 19. Januar 1922 wurde Armstrong verhaftet und wegen Mordes an seiner Ehefrau angeklagt.

Am 3. April 1922 begann der Prozess. Geschickt argumentierte er, seine Frau habe das Gift selbst genommen, um entweder ihre Krankheit zu lindern oder sich umzubringen. Aber das half nichts. Es wurde nicht nur Martins Vergiftung als Beweis herangezogen, sondern auch die Tatsache, dass Armstrong einen kleinen Beutel des Gifts bei sich trug, als er verhaftet wurde. Armstrong wurde wegen Mordes an seiner Ehefrau zum Tod durch den Strang verurteilt. Nach einem erfolglosen Widerspruch hängte man ihn am 31. Mai 1922.

Arnold Axilrod

Der Zahnarzt Arnold Axilrod, dessen Sexgelüste unstillbar waren, setzte seine Patienten unter Drogen und vergewaltigte sie, während sie bewusstlos waren. Als seine Freundin schwanger war, beschloss er, ihrem Leben und dem des Ungeborenen ein Ende zu setzen.

Als John J. Cowles Jr., Inhaber des Medienreichs Cowles, am Morgen des 23. April 1955 in Minneapolis mit seinem Pontiac aus der Garage fuhr, entdeckte er auf der Straße ein Bündel, das er für alte Kleidung hielt. Doch dieses „Bündel" war der Körper einer jungen Frau. Ihr Gesicht war zerkratzt, und an ihrer Kehle war ein blauer Fleck. Die Polizei wurde gerufen und untersuchte die Leiche. Sie fanden in ihren Manteltaschen eine Geldbörse mit 5 Dollar, ein ärztliches Rezept und einen Führerschein. Sie wurde als Elizabeth Mary Moonen, 21 Jahre, identifiziert.

Bei der Autopsie stellte man fest, dass sie erdrosselt worden und im dritten Monat schwanger war. Außerdem fand man Spermien in ihrer Vagina, die auf Sex unmittelbar vor ihrem Tod hindeuteten. Es war wahrscheinlich, dass ihr Sexpartner auch ihr Mörder war. An dieser Stelle wurde es noch rätselhafter, denn die Polizei fand heraus, dass ihr Ehemann ein in Korea stationierter Soldat war.

Sie begannen die Suche nach Elizabeths Liebhaber mit dem Rezept, das Dr. Glen Peterson ausgestellt hatte. Dieser brachte die Polizei auf die richtige Spur. Er erzählte ihnen, dass sie als den Vater ihres Kindes den Zahnarzt Arnold Axilrod, 49, angegeben hatte, der den Ruf eines Frauenhelden genoss.

Tatsächlich war Axilrod mehr als nur ein Frauenheld. Seine Praxis befand sich über dem zwielichtigen Nachtclub „Hoop De Do". Seine Patienten waren in erster Linie Nachtclubtänzerinnen und Garderobenfrauen. 1954 hatte die Polizei einen anonymen Anruf einer Frau erhalten, die erzählte, sie sei für eine Zahnoperation betäubt worden, und während sie bewusstlos gewesen sei, habe er sie vergewaltigt. Doch sie weigerte sich, ihren Namen zu nennen oder Anzeige zu erstatten. Der Anschuldigung wurde nicht weiter nachgegangen.

Von der Polizei befragt, knickte Axilrod schnell ein. Er gab zu, sie am Abend ihres Todes gefahren zu haben. Sie hatten sich gestritten, nachdem sie ihm unterstellte, der Vater ihres Kindes zu sein. Sie habe auch damit gedroht, ihn bloßzustellen. Danach könne er sich an nichts erinnern, und als er wieder zu sich kam, sei Elizabeth nicht mehr im Auto gewesen. Dann sagte er etwas, das die Polizei überraschte. Als sie ihm erzählten, sie sei erdrosselt worden, war seine Reaktion: „Wenn sie erdrosselt worden ist, muss ich es gewesen sein. Ich war der einzig Anwesende." Später zog der diese Aussage zurück.

Als der Fall in den Zeitungen erschien, meldeten sich 20 Frauen, die ebenfalls von diesem Zahnarzt willenlos gemacht worden waren. Eine von ihnen war Elizabeths Schwester. 1955 begann der Mordprozess im Fall Axilrod. Aber der Zahnarzt wurde nicht des Mordes für schuldig befunden. Stattdessen verurteilte man ihn wegen Totschlags zu einer Gefängnisstrafe.

Arthur Bagg

Wenn Eifersucht auf einen kranken Geist trifft, kann das fatale Folgen haben. Und nur wenige hatten einen solch fiebrigen Geist wie Arthur Bagg. Er lebte in einer Fantasiewelt, huldigte dem mystischen Grafen Dracula, und der Mord, den er beging, war so grässlich, als sei er einer Horrorgeschichte entsprungen.

Als der verstümmelte Leichnam der 17-jährigen Marjorie Patricia Rosebrook unter einer Talbrücke außerhalb von Johannesburg, Südafrika, gefunden wurde, fiel der Verdacht sofort auf ihren Freund, den Künstler Arthur Bagg. Obwohl dieser sagte, er sei am Tag des Mordes, dem 23. November 1973, nicht mit Marjorie zusammengewesen, waren die Polizisten dennoch von seiner Schuld überzeugt. Es gab auch Zeugen, die das Paar gesehen haben wollten.

Die Polizei verhörte den 23-Jährigen weiter. Irgendwann knickte er ein und führte Polizisten zum Ort des Geschehens, wo er sogar die Tat nachstellte. Weil sie sich mit einem anderen Mann eingelassen hatte, hatte er in eifersüchtiger Raserei zweimal auf sie eingestochen. Das erklärte jedoch nicht die Verstümmelung, die fehlende Kleidung und die fehlende Tatwaffe. Hier kooperierte Bagg nicht weiter, die Tiefen seines Irrsinns sollten erst noch zutage treten. Er versuchte, mit allen Mitteln zu verhindern, dass die Polizei sein Haus durchsuchte – als sie es doch tat, war klar, warum er so handelte.

Unter seinem Schlafzimmerboden, erreichbar über eine Falltür, befand sich eine versteckte Kammer; ein Ritualraum, in dem er den Grafen Dracula anbetete. Hier hatte er auch die Tatwaffe und Marjories blutige Kleidung versteckt. Neben diesen eindeutigen Beweisen fand die Polizei ein Stück Leder, auf dem stand: „Hiermit gelobe ich, den lebenden Gott zu schänden und nur dem dunklen Herrn, Graf Dracula, zu huldigen; ich gelobe, ihm ein treuer Diener zu sein."

Ironischerweise war es genau dieser Beweis, den Bagg geheim halten wollte, der ihn vor der Hinrichtung bewahrte. Während seines Prozesses am 28. Februar 1938 zog er sein Geständnis zurück und behauptete, Marjorie habe Selbstmord begangen. Er habe nur gesagt, sie getötet zu haben, um sie vor Schmach zu schützen. Nach zweistündiger Beratung befand ihn die Jury des Mordes für schuldig, und er wurde zum Tod verurteilt. Es gab jedoch Untersuchungen seines psychischen Zustandes, die den Vampiraltar berücksichtigten und zur Strafminderung – lebenslange Haft – führten. Nach neun Jahren wurde Bagg 1947 entlassen.

UNTEN: Arthur Baggs Graf-Dracula-Manie ließ ihn den grässlichen Mord an Marjorie Rosebrook begehen.

George Ball

Auch wenn der Fall Christine Catherine Bradfield kein klassischer Mord aus Leidenschaft war, so wurde er doch aus schreckenerregender, leidenschaftlicher Wut begangen.

Der 22-jährige George Ball war Angestellter in einem Geschäft in Liverpool, England, das Planen verkaufte. Doch er mochte seine Arbeit nicht, denn die Chefin war eine verbitterte Frau mit einer scharfen Zunge. Nichts, was er tat, war Christine Bradfield recht. Sie kommandierte ihn herum und wurde schnell wütend. Balls Ärger über die Demütigungen wuchs stetig an, und am 10. Dezember 1913 drehte er durch. In einem Anflug von Wut schwor Ball Rache. Als Christine die Tageseinnahmen zählte, riss er sie an sich, vergewaltigte sie und schlug sie mit einem Stück Holz tot.

Als seine Wut verraucht war, sah Ball sich den Konsequenzen seines Verbrechens gegenüber: ein toter Körper, für den man ihn hängen konnte. Schnell holte er den etwas begriffsstutzigen 18-jährigen Samuel Angeles Elltoft – ebenfalls ein Angestellter. Da er leicht lenkbar war, willigte Elltoft ein, bei der Beseitigung des Körpers behilflich zu sein.

Sie wickelten Catherines Leiche in Planen, packten sie auf einen Handkarren und wollten sie in den nah gelegenen Leeds-Liverpool-Kanal werfen.

Leider trafen sie auf ein Hindernis: Vor dem Laden wartete Walter Eaves auf seine Freundin Christine Bradfield. Der Mörder und sein Gehilfe konnten nicht ungesehen entkommen. Die Situation spitzte sich zu,

UNTEN: Das Walton-Gefängnis heute, in dem George Ball am 26. Februar 1914 gehängt wurde.

als die Rollläden des Ladens nach oben flogen und eine Kerbe in Eaves Hut hinterließen. Als er Ball durch das Fenster sah, begann er sich sofort zu beschweren, dass der Laden für seinen Schaden verantwortlich sei. In panischer Angst gab Ball Eaves zwei Schillinge als Wiedergutmachung.

Eaves wartete weiterhin auf seine Freundin, und Ball entschied, dass er sich sofort des belastenden Beweises entledigen musste. Eaves war immer noch anwesend, als Ball und Elltoft mit einem planenbedeckten Karren, auf dem sie eine schwere Last zogen, an ihm vorbeikamen. Er sah zwar nicht, wie die Leiche in den Kanal geworfen wurde, doch als am nächsten Tag der Körper gefunden wurde, erinnerte er sich an das Bündel. Leider war dieses nämlich nicht gesunken, wie Ball gehofft hatte, und trieb auch nicht in den Fluss Mersey und von dort ins offene Meer. Stattdessen verfing sich der Leichnam in einem Schleusentor und wurde dort entdeckt.

Als Eaves von dem toten Frauenkörper, den man gefunden hatte, in der Zeitung las, ging er sofort zur Polizei. Elltoft wurde umgehend verhaftet. Ball entkam in einer Verkleidung, die regelrecht dazu animierte, die Aufmerksamkeit auf ihn zu ziehen. Er rasierte sich die Augenbrauen weg, bedeckte ein Auge mit einer Augenklappe und trug darüber eine Brille. Das muss ziemlich lächerlich ausgesehen haben, und es bewahrte ihn auch nicht vor dem Arm des Gesetzes, zumal bald ganz Liverpool nach ihm suchte.

Der Polizist, der die Ermittlungen leitete, hatte eine Eingebung. Er ließ auf allen städtischen Kinoleinwänden ein Foto von Ball mit dem Text: „George Ball, wegen Mordes gesucht, Belohnung" einblenden. Als Ball am 20. Dezember 1913 von einem Fußballturnier kam, wurde er erkannt und verhaftet.

Doch noch beendete er seine skurrilen Befreiungsversuche nicht. Für seinen Prozess im Februar legte er sich eine Geschichte zurecht, die aus einem Comic hätte stammen können: Zwei Männer seien versteckt unter Planen hervorgesprungen und hätten Christine Bradfield getötet. Anschließend, so Ball, hielten sie ihm und Elltoft eine Pistole an den Kopf und befahlen ihnen, den Körper wegzuschaffen, sonst würden auch sie sterben. Daraufhin wollte der Staatsanwalt lediglich wissen, warum Ball Eaves während des Vorfalls mit dem kaputten Hut nicht um Hilfe gebeten habe.

Ball wurde erwartungsgemäß des Mordes schuldig gesprochen und zum Tod verurteilt. Erst als er in der Haft auf seine Hinrichtung wartete, sah er ein, dass es kein Entkommen mehr geben würde, und gestand dem Bischof von Liverpool den Mord. Am 25. Februar 1914 wurde er im Walton-Gefängnis gehängt. Elltoft wurde zu einer vierjährigen Gefängnisstrafe verurteilt.

Susan Barber & Richard Collins

Sollte Susan Barber ihrem Mann jemals treu gewesen sein, so war das nur von kurzer Dauer. Jeden Morgen, wenn ihr Ehemann zur Arbeit gegangen war, lud die 17-jährige Ehefrau ihren 15-jährigen Nachbarn in ihr Bett ein.

Michael Barber, der davon ausging, Susans sechs Monate alte Tochter sei von ihm, nahm seine Verantwortung an und heiratete sie. Das Paar zog nach Westcliffe-on-Sea, Sussex, England; drei Häuser weiter lebte der 15-jährige Richard Collins, der ein Auge auf Susan geworfen hatte. Schon nach wenigen Wochen wartete er nur darauf, dass Barber morgens zu seiner 5-Uhr-Schicht in der örtlichen Zigarettenfabrik aufbrach, um dann in das noch warme Ehebett und in die Arme seiner Frau zu schlüpfen.

Das Paar genoss viele dieser Schäferstündchen, und Susan bekam zwei weitere Kinder. Das wäre ewig so weitergegangen, wäre da nicht jener Morgen gewesen, an dem Barber das Haus um 4 Uhr verließ, um mit Freunden angeln zu gehen. Wie immer nahm Collins seinen Platz im ehelichen Bett ein, und das Paar war so miteinander beschäftigt, dass es nicht mitbekam, dass das Wetter draußen immer schlechter wurde. Barber beschloss, zurück ins Warme und Trockene zu gehen, kam nach Hause und fand dort seine Frau mit ihrem jugendlichen Liebhaber vor. Seine Wut war fürchterlich, und beiden entkamen seinen Fäusten nicht. Als

UNTEN: Paraquat-Herbizidkristalle, wie sie Susan Barber zur Tötung ihres Mannes einsetzte.

Collins hinausgeworfen worden war, beteuerte Susan, diese Beziehung zu beenden. Doch sie hatte nie die Absicht, das auch zu tun. Sie schrieb Collins weiterhin und traf sich mit ihm, wann immer es möglich war. Ihrem Mann nahm sie es mehr und mehr übel, dass er ihrem morgendlichen Spaß ein Ende gesetzt hatte.

Am 4. Juni 1981 begann Michael Barber, sich unwohl zu fühlen. Es fing mit starken Kopfschmerzen an, schon bald kamen Übelkeit und Bauchschmerzen hinzu. Drei Tage später hatte er Atemprobleme und wurde auf die Intensivstation des Southend General Hospital gebracht. Seine Verfassung verschlechterte sich jedoch, und er kam in Londons Spezialklinik Hammersmith. Die Ärzte konnten sich seinen Zustand nicht erklären.

Sie fanden keine Infektion, allerdings ähnelten die Symptome denen einer Vergiftung mit Paraquat. Urin- und Blutproben sollten zu Untersuchungszwecken an das National Poisons Reference Centre geschickt werden, aber es gab ein Problem mit den Unterlagen. Papiere wurden verwechselt. Es wurden Proben weder entnommen noch versandt, doch man ging davon aus, dass das geschehen war und das Ergebnis negativ gewesen sei. Michael Barber verstarb am 27. Juni. Seine Organe wurden entnommen und konserviert.

Seine sterblichen Überreste wurden am 3. Juli eingeäschert. Noch am gleichen Tag zog Richard Collins bei Susan ein. Die Arbeitgeber ihres Mannes gaben Susan ein Sterbegeld in Höhe von 15.000 Pfund, weitere 3.300 Pfund sollte sie jedes Jahr für jedes ihrer drei Kinder bekommen. So stürzte sie sich, anstatt zu trauern, in Alkohol- und Sexorgien. Außerdem besorgte sie sich ein Cb-Funkgerät und gab sich im Funknetzwerk den Namen „Nympho".

Im September tauchte in dem Krankenhaus, in dem Michael Barber gestorben war, ein Obduktionsbericht auf, der besagte, dass man in seinem Körper eine giftige Substanz – vermutlich Paraquat – gefunden hatte. Auch bemerkte man nun, dass nie wie angeordnet Blut entnommen worden war. Gewebeproben der noch vorhandenen Organe wurden ICI, dem Hersteller von Paraquat, und dem toxikologischen Informationszentrum übergeben. Beide bestätigten das Vorhandensein von Paraquat. Neun Monate nach Michael Barbers Tod verhaftete man Susan Barber und Richard Collins.

Susan wurde des Mordes, der Verschwörung zum Mord und der Verabreichung von Gift angeklagt. Gegen Collins wurde wegen Verschwörung zum Mord Anklage erhoben. Der Prozess begann am 1. November 1982. Beide plädierten auf nicht schuldig.

Susan gab zwar zu, das Essen ihres Mannes vergiftet zu haben, doch nicht um ihn zu töten. Sie habe ihn nur verletzen wollen. Beide wurden für schuldig befunden: Barber wurde zu lebenslanger Haft verurteilt, Collins zu einer zweijährigen Haftstrafe.

Elvira Barney

Der Freispruch von Elvira Barney war unglaublich. Alle Beweise sprachen gegen sie, dennoch befand sie die Jury für nicht schuldig.

Die Ehe der 24-jährigen reichen und gern Gin trinkenden Elvira Barny und ihrem Mann Stephen war bestenfalls wackelig. Wie Nachbarn aussagen würden,

UNTEN: Elvira Barney bei der Ankunft in ihrem Elternhaus in London, kurz nachdem sie im Mordfall ihres Mannes Stephen freigesprochen worden war.

hatten sie Elvira einmal dabei beobachtet, wie sie sich aus dem Fenster lehnte und Schüsse aus der Waffe auf ihren Mann abfeuerte, mit der er später getötet wurde. Zwar hatte sich das Paar getrennt, doch Elvira – betrunken und eifersüchtig – hatte geschworen, dass er niemandem sonst gehören würde.

Am 31. Mai 1932 verbrachten Elvira und Stephen einen gemeinsamen Abend im Café de Paris, um ihre Ehe zu kitten. Wie immer tranken sie viel Alkohol und gerieten in Streit. Es sollte ihr letzter gewesen sein. Sie fuhren zu Elvira nach Knightsbridge, London, und der Streit eskalierte. Zuerst glaubten die Nachbarn, es sei eines der üblichen wütenden Wortgefechte, doch dann hörten sie die Worte „Ich bringe dich um", gefolgt von Schüssen.

Panisch rief Elvira ihren Arzt an und sagte ihm, ein „schrecklicher Unfall" sei geschehen. Als er ankam, fand er Stephen Barney tot vor der Treppe liegend, aus nächster Nähe erschossen. Die Polizei wurde gerufen. Sie fand einen Smith-&-Wesson-Revolver, Kaliber .22, mit zwei leeren Kammern. Laut Elvira war die Waffe bei einem Kampf versehentlich losgegangen. Sie habe gedroht, sich damit umzubringen, sollte Stephen sie verlassen, und dieser habe versucht, ihr die Waffe zu entwenden. Die Polizei glaubte ihr nicht. Elvira wurde am 3. Juni verhaftet und wegen Mordes angeklagt.

Ihr Anwalt Sir Patrick Hastings legte während des Prozesses im Old Bailey nur schwache Beweise zu ihrer Verteidigung vor. Er demonstrierte, dass der Revolver keinen Sicherheitsriegel hatte und der Abzug während eines Kampfes leicht betätigt werden konnte. Der Ballistikexperte Robert Churchill widersprach. Dieses Modell sei eines der sichersten, das je gebaut wurde. Außerdem deuteten alle gerichtsmedizinischen Beweise auf Mord hin. Die Nachbarn erzählten, was am Tag der Tat passiert war, und dass sie zuvor schon Elvira beim Schießen auf ihren Mann gesehen hatten.

Trotz allem wurde Elvira für nicht schuldig befunden. Die Jury weigerte sich zu glauben, sie habe ihren Mann töten wollen. Elvira zog nach Frankreich, wo man sie vier Jahre später tot in einem Hotelbett in Paris fand.

Adelaide Bartlett

Es ist unumstritten, dass Theodore Edwin Bartlett ein Exzentriker war, denn es ist schon etwas bizarr, dass er eine hübsche junge Frau nur heiratete, um sie dazu zu ermuntern, eine sexuelle Beziehung mit einem Geistlichen einzugehen. Und es erscheint unglaublich, dass Bartlett wissentlich genug Chloroform schlucken würde, das ihn innerhalb kurzer Zeit tötete, um die Aufmerksamkeit seiner Frau zu bekommen.

Bartlett, der schlechte Zähne und Mundgeruch hatte und 30 Jahre damit verbrachte, eine Supermarktkette aufzubauen, verbrachte nicht viel Zeit mit dem Gedanken an Liebe – bis zu dem Tag, an dem ihm sein Bruder die 18-jährige Adelaide Blanche de Tremoile vorstellte. Jung und hübsch wie sie war, hätte sie sicherlich einen passenderen Partner gefunden, wäre sie kein außereheliches Kind gewesen. Es gab nur wenig, das im viktorianischen Zeitalter schlimmer war. Als Bartlett um die Hand seiner Tochter anhielt, war Adelaides Vater deshalb sofort einverstanden. Nicht viele reiche Männer hätten ein uneheliches Mädchen geheiratet. Seltsamerweise versicherte Bartlett Adelaide und ihrem Vater, dass er nur eine platonische Beziehung wolle. Man weiß nicht mit Sicherheit, warum er mit seiner neuen, hübschen Frau keinen sexuellen Kontakt haben wollte, aber sehr wahrscheinlich unterschied sich sein sexueller Geschmack von der damaligen Norm, und er wollte nicht, dass seine Frau dies herausfand. Mit der Zeit aber machte er sich darüber weniger Sorgen.

Er einigte sich mit Adelaides Vater darauf, dass sie erst die Schule beenden und dann für einige Zeit in ein Kloster gehen würde, bevor sie seine Frau werden sollte. Bartlett übernähme alle Kosten. Von Anfang an stand die Ehe unter keinem guten Stern. Bartletts Vater zog bei dem Paar ein und machte seiner Tochter das Leben so schwer, dass sie in ihre alte Unterkunft zurückzog und – davon war Bartlett überzeugt – in die Arme seines Bruder Frederick floh, der noch dort lebte.

Auf seinen Bruder war Bartlett eifersüchtig, aber nicht auf den Methodistenpfarrer George Dyson. Ganz im Gegenteil: Er ermunterte ihre Beziehung, wo er nur konnte. Dyson, ein Mann von zweifelhaftem Ruf, sollte Adelaide unterrichten und das Paar auf Reisen begleiten. Schon bald teilte er auch Adelaides Bett – ein Umstand, der ihrem Mann zu gefallen schien.

Doch seine Ehefrau und ihrem Geliebten gefiel die Situation nicht. Ende des Jahres 1885 kaufte Adelaide vier Flaschen Chloroform. Als Edwin Bartlett sich zu Neujahr in sein Bett in Pimlico, London, schlafen legte, wachte er nicht mehr auf.

Dieser plötzliche Tod war verdächtig, und es wurde eine Obduktion angeordnet. Man fand Chloroform in seinem Magen, und Adelaide und Dyson wurden wegen Verdachts auf Mord verhaftet. Dyson beschuldigte die junge Frau, deren sexuelle Gefälligkeiten er erst seit Kurzem genoss. Er wurde zum Zeugen der Anklage.

Adelaides Prozess begann im Februar 1886. Ihr Verteidiger, Sir Edward Clark, war einer der besten Anwälte jener Zeit und versuchte zu zeigen, dass Bartlett geistig instabil gewesen war und versehentlich Selbstmord began-

gen hätte. Das Chloroform habe seine Frau gekauft, um ihn zum Schlafen zu bringen und sich vor seinen unerwünschten sexuellen Annäherungen zu schützen.

UNTEN: Adelaide Bartlett, im Pimlico-Mordfall 1886 angeklagt und freigesprochen.

Niemand – so wurde argumentiert – könne mit solch einer Menge wirklich schlecht schmeckender Flüssigkeit vergiftet werden, ohne es zu merken. Bartlett habe die Chloroformflasche selbst genommen und ihren Inhalt getrunken, um die Aufmerksamkeit seiner Ehefrau zu erregen.

Schon bald wurde der Fall als der Pimlico-Mord bekannt. Sensationslüsterne Details über Bartletts abwegige Sexpraktiken wurden verbreitet, und Clarke konnte die Jury in der Tat davon überzeugen, dass die Selbstmordtheorie nicht nur möglich, sondern sehr wahrscheinlich war. Adelaide wurde freigesprochen. Der Jurysprecher sagte: „Obwohl wir die Gefangene verdächtigen, haben wir nicht genug Beweise, die uns zeigen, wer oder wie das Chloroform verabreicht wurde."

Adelaide Bartlett verließ das Gericht von Jubel begleitet als freie Frau. Erstaunlicherweise tat sie sich wieder mit dem Mann zusammen, der sie so schnell verraten hatte. Sie und George Dyson verschwanden aus dem Blickpunkt der Öffentlichkeit.

Earl Leo Battice

Nach altem Seemannsglauben bringen Frauen an Deck eines Schiffes Unglück. Das bewahrheitete sich, als der Schiffskoch Earl Leo Battice darauf bestand, seine Geliebte auf das Handelsschiff Kingsway mitzunehmen. Seine Frau bemerkte jedoch seinen Versuch, etwas außerehelichen Spaß auf hoher See zu haben, und als sie den Spieß umdrehte, wurde die Reise der Kingsway eine Reise ins Unglück.

Im Jahr 1926 brach der Viermaster Kingsway von Perth Amboy, New Jersey, beladen mit Holz zur Goldküste von Südafrika auf. Doch zunächst machten sie Halt in Puerto Rico, wo der Kapitän nach einem Koch Ausschau hielt. Er fand Earl Leo Battice, der für die Arbeit gut geeignet schien, aber darauf bestand, seine Frau mit an Bord zu bringen. Da eine Frau unter so vielen Männern nur Ärger bringen würde, lehnte der Kapitän das Ansinnen ab. Die Zeit aber drängte, und Battice blieb unerbittlich. Da die Besatzung einen Koch benötigte, stimmte der Kapitän schließlich zu, wenn auch ungern. Doch statt Battices Frau begleitete ihn seine Geliebte Emilia Zamot – eine arme Kreolin von der Straße. Als Battices echte Ehefrau Lucia von der Abreise ihres Mannes erfuhr, witterte der Kapitän Ärger, machte das Schiff zur Abfahrt klar und ließ Emilia ihre Sachen packen. Statt ihrer kam Lucia an Bord, und die Kingsway verließ am 15. Dezember den Hafen.

Zuerst schien alles gut zu laufen. Doch dann freundete sich Lucia mit dem muskulösen und aggressiven deutschen Maschinisten Waldemar Karl Badke

RECHTS: Foto des Hafens in Puerto Rico, wo der Kapitän der Kingsway Earl Leo Battice anheuerte.

an. Niemand wagte es, sich mit ihm anzulegen. Die beiden machten keinen Hehl aus ihrer Affäre. Der Kapitän griff nicht ein, da er eine Meuterei fürchtete und Badke nicht reizen wollte.

Battice jedoch wurde rasend eifersüchtig. Als er die beiden am 4. Februar 1927 in einem Lagerraum des Schiffes zusammen erwischte, stach er so lange mit einem Rasiermesser auf Lucia ein, bis Badke ihn übermannte. Eine Woche später starb Lucia an ihren Verletzungen, und ihr Körper wurde ins Meer geworfen. Für den Rest der Fahrt wurde Battice in Fußfesseln gelegt, doch auf der Rückfahrt ließ der Kapitän ihn frei, da er einen Ersatzkoch brauchte.

Im August 1927 traf die Kingsway in heimischen Gewässern ein. Battice wurde verhaftet und wegen Mordes zweiten Grades angeklagt. Er wurde für schuldig befunden, seine Frau ermordet zu haben, und zu einer zehnjährigen Haftstrafe im Staatsgefängnis von Atlanta verurteilt.

Ann Beddingfield & Richard Ringe

Dies ist die Geschichte einer verbotenen Liebe und eines tödlichen Vorhabens aus der Mitte des 18. Jh. – und der Dummheit und Unbeholfenheit der Herrin und des Dieners, die den Hausherrn umbringen wollten.

Der wohlhabende **John Beddingfield** heiratete im Alter von 24 Jahren Ann. Von seinen Eltern bekam das Paar zur Hochzeit ein Gehöft in Suffolk geschenkt. Hier richteten sie sich ein bequemes Leben auf dem Land ein. Doch schon bald langweilten Ann die Gespräche über Ernte und Viehzucht. Sie sehnte sich nach Abwechslung und fand sie in einem der Diener.

Schnell kam Richard Ringe tagsüber Haushaltspflichten und nachts sexuellen Pflichten in Anns Bett nach.

Ann war sicherlich nicht die erste Hausherrin, die ein Verhältnis mit einem Diener hatte, doch sie beging den Fehler, sich in ihn zu verlieben. Und obwohl ihr Mann großzügig ein Auge zudrückte, genügte ihr der verbotene Sex irgendwann nicht mehr. Wenn John

OBEN: Richard Ringe wurde für seine Beteiligung am Mordfall John Beddingfield gehängt.

Beddingfied sterben würde, überlegte sie, wäre sie die einzige Eigentümerin des großen Anwesens und könnte erneut heiraten. Ringe könnte vom Diener zum Hausherrn aufsteigen, auch wenn dies einen kleinen Skandal auslösen würde.

Ringe ließ sich problemlos überreden, und sie schmiedeten Pläne. Leider stellten sie sich bei dem Mord genauso ungeschickt an wie bei der Verheimlichung ihrer Affäre: Zuerst erzählte Ann einem anderen Bediensteten, dass ihr Mann bald tot sein werde, dann trug sie einer Küchenmagd auf, das Gift, das sie besorgt hatte, in das Getränk ihres Mannes zu geben. Als diese sich weigerte, entschied Ringe, es sei Zeit für drastischere Maßnahmen.

So schlich sich Richard Ringe eines Nachts im März 1763 ins Schlafzimmer und erdrosselte John Beddingfield, während dieser schlief. Dann stürzte er mit den

Worten „Ich habe ihn umgebracht" in Anns Zimmer. Hätte er sich zuerst umgesehen, wäre ihm das anwesende Zimmermädchen aufgefallen. Dieses erschrak so sehr, dass es sofort loslief, um nach ihrem Herrn zu sehen.

Unverständlicherweise sagte vor dem Coroners Court keiner der Bediensteten als Zeuge aus. Die Jury glaubte, John Beddingfield habe sich irgendwie während eines Alptraums mit dem Bettzeug selbst erwürgt. Ann Beddingfield und Richard Ring lebten nun in Angst, denn die Dienerschaft wusste um ihr Tun. Ihre Liebe verblasste.

Sie hatten zu Recht Befürchtungen, denn das Dienstmädchen, das in besagter Nacht im Zimmer war, hatte nur gewartet, bis ihr Lohn ausgezahlt war, und ging anschließend zur Polizei. Das Paar wurde angeklagt und im April 1763 vor Gericht gestellt. Ann plädierte auf unschuldig. Ringe gestand seinen Teil der Tat, nachdem er die Aussagen der Angestellten gehört hatte, und hoffte auf mildernde Umstände. Doch er hoffte vergebens. Richard Ringe und Ann Beddingfield wurden des Mordes für schuldig befunden und erhielten beide die Todesstrafe. Am 8. April 1753 wurden sie nach Rushmore bei Ipswich gebracht. Dort hängte man Ringe, und Ann wurde auf dem Scheiterhaufen verbrannt.

RECHTS: Ann Beddingfield wurde auf dem Scheiterhaufen verbrannt, weil sie ihren Mann getötet hatte.

Cyril Belshaw

Der mysteriöse Mordfall Betty Belshaw ist bis heute nicht aufgeklärt. Einem Tag, nachdem das Ehepaar Cyril und Betty Belshaw Paris erreicht hatte, verschwand Betty und wurde nie wieder gesehen. Ihr Mann hatte zu diesem Zeitpunkt zwar eine Affäre, wurde doch nicht des Mordes überführt.

Im Jahr 1978 war Cyril Belshaw ein hochangesehener Akademiker und hatte den Lehrstuhl für Antropologie an der University of British Colombia inne. Außerdem war er Chefredakteur der Zeitschrift *Current Ethological Sciences* sowie Berater des amerikanischen Sozialministeriums. Und er betrog seine Frau Betty.

Dennoch entschied sich das Paar, das Akademikerleben (und Belshaws heimliche Geliebte) für ein Jahr hinter sich zu lassen und ihrer Leidenschaft für das

Reisen nachzugehen. Zuerst fuhren sie nach Montana Vermala in der Schweiz und von dort aus weiter in die französische Hauptstadt Paris. Dort begann alles. Am 14. Januar 1979 buchte das Paar ein Zimmer im Novotel Bagnolet und blieb in diesem bis zum Frühstück am nächsten Morgen. Dann beschlossen sie, getrennte Wege zu gehen. Betty wollte ein paar Nachforschungen in der Bibilothèque Nationale betreiben, Cyril entschied sich für einen Stadtrundgang. Gemeinsam verließen sie das Haus und trennten sich an der Bourse-Station. Betty erschien nicht zum verabredeten Mittagessen um 13 Uhr und wurde nie wieder gesehen.

Erst am nächsten Tag meldete Belshaw seine Frau als vermisst. Er informierte die kanadische Botschaft und benachrichtigte ihre beiden erwachsenen Kinder. Als die polizeilichen Untersuchungen begannen, traf Belshaw eine seltsame Entscheidung: Er verließ Paris und fuhr am 18. Januar zurück in die Schweiz.

Etwa zwei Monate später, am 28. März, fanden Straßenarbeiter in der Nähe von Le Sepey in der Schweiz den nackten und verstümmelten Körper einer Frau mittleren Alters, eingewickelt in Müllsäcke und mit Schnur zusammengebunden. Die Leiche befand sich in einem Hohlweg, der als Abfallhalde benutzt wurde, und war von Tierangriffen so entstellt, dass eine Identifizierung fast unmöglich war.

Trotzdem ging die örtliche Polizei sofort davon aus, dass es sich um Betty Belshaw handelte, und sprach mit den Kollegen in Paris und Kanada. Während dieser Untersuchung trat auch zutage, dass Belshaw ein Verhältnis mit einer anderen Frau hatte. Da dies nach einem Motiv für einen Mord aussah, wurde Belshaw verhaftet und des Mordes an seiner Ehefrau angeklagt.

Doch es gab Verwirrungen. Belshaw kooperierte, sodass Interpol Zugang zu Bettys zahnärztlichen Akten erhielt. Überrascht stellten sie fest, dass diese nicht zum gefundenen Leichnam passten. Ohne weitere Beweise außer dem Körper einer Frau wurde es ein langer und komplizierter Prozess. Am Ende konnte Cyril Belshaw als freier Mann nach Hause gehen. Belshaw kehrte nach Kanada zurück und ging wieder seiner akademischen Arbeit nach. Die Leiche seiner Frau wurde nie gefunden.

Karla Biddle

Der technische Berater Ashley Watson war ganz gewiss nicht der erste Mann, der dachte, gleichzeitig eine Beziehung mit zwei Frauen führen zu können, ohne entdeckt zu werden. Leider entschied sich eine der Geliebten, ihre Rivalin zu konfrontieren. Der Streit, der daraufhin zwischen den Frauen ausbrach, endete in einer Tragödie.

Ashley Watson und Karla Biddle waren schon lang ein Paar, als er eine Affäre mit Emma Bredshaw begann. Das Paar hatte sich 1993 kennengelernt und 2002 ein gemeinsames Haus bezogen. Es wurde zwar oft über Heirat gesprochen, aber als die Probleme in der Beziehung anfingen, legte man die Pläne zunächst auf Eis. Was Karla nicht wusste, war, dass die Schwierigkeiten vermutlich daher rührten, dass Watson bereits seit vier Jahren seine Zeit zwischen zwei Frauen aufteilte. Er hatte Karla, eine Kollegin in der Mercedes-Benz-Niederlassung, in der beide arbeiteten, 2003 getroffen, und schon bald schliefen sie miteinander. Als seine Partnerschaft langsam zerbrach, zog Watson 2007 daheim aus und bei Emma ein, die in den West Midlands wohnte.

Die Situation war zwar traurig, aber nicht ungewöhnlich – bis auf die Tatsache, dass Watson nach wie vor mit seiner Exfreundin ins Bett ging. Und so nahm der gefährliche Balanceakt seinen Lauf. Manchmal tippte er sogar verliebte SMS an Karla, während er mit Emma zu Abend aß. Eine Katastrophe kündigte sich an.

Am 14. Mai 2008 entschied sich Karla, dieser Drei-ecksbeziehung ein Ende zu setzen und fuhr zu Emma Bredshaw, um sie über ihr eigenes Sexleben mit Watson zu informieren. Karla hatte keinerlei Absicht, sie zu verletzen. Dennoch klopfte Emma eine Stunde später aus Stichwunden blutend an die Tür ihrer Nachbarn. Sofort wurde ein Krankenwagen gerufen, und sie wurde in ein Krankenhaus gebracht, wo sie ihren Verletzungen erlag. Karla hingegen fuhr zurück, zog sich um und ging zur Arbeit. Dort schickte sie Plauder-SMS an Watson, in der Hoffnung, dies würde den Verdacht von ihr ablenken.

UNTEN: Karla Biddle auf dem Rücksitz eines Polizeiwagens auf dem Rückweg vom Warwick Crown Court.

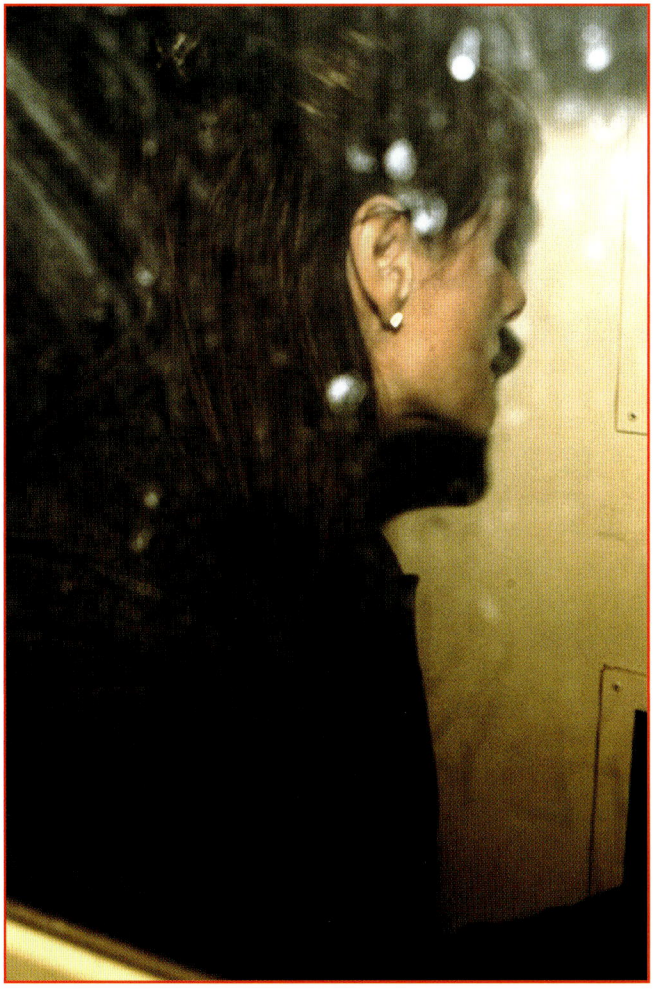

OBEN: Karla Biddle vor dem Warwick Crown Court, wo sie wegen Mordes an Emma Bredshaw angeklagt war.

Doch damit blieb sie erfolglos. Karla Biddle wurde verhaftet und erschien im April 2009 vor dem Warwick Crown Court wegen Mordes. Als sich später herausstellte, dass sie unbewaffnet zu Emma gefahren war und diese zum Messer gegriffen hatte, als die Streiterei hitziger wurde, änderte man die Anklage in Totschlag. Es war zu einem Kampf gekommen, und in einem Anflug rasender Eifersucht hatte Karla das Messer an sich gerissen und immer und immer wieder auf die Frau eigestochen, die ihr so lange den Partner gestohlen hatte.

Richter Griffiths Jones konnte die Schwere des Verbrechens und die vielen Stichwunden nicht ignorieren, auch wenn der Mord in einem Augenblick wahnsinniger Wut begangen wurde. Die Verletzungen an Emmas Händen deuteten darauf hin, dass sie sich gewehrt haben musste. Auch sei Karlas Flucht vom Tatort keine „heldenhafte Tat" gewesen.

Am Ende des einmonatigen Prozesses wurde sie des Totschlags für schuldig befunden. Die Jury hatte 17 Stunden über ihr Urteil beratschlagt und berücksichtigt, dass die Tötung nicht geplant gewesen war. Karla wurde zu einer siebenjährigen Haftstrafe verurteilt.

Abschließend sagte Richter Griffiths Jones etwas, das auch gut zu jedem anderen Mord aus Leidenschaft passt: „Dieser Fall ist eine Tragödie, in der es weder Gewinner noch Verlierer gibt. Sie sind eine respektable, intelligente und erfolgreiche junge Frau. Ich verstehe, dass Sie die Beziehung mit diesem Mann emotional belastet haben muss. Seine Untreue und die fehlende Sicherheit seiner Liebe muss Sie geschmerzt haben, was auch in den polizeilichen Untersuchungen deutlich wurde. Aber es ist tragisch, denn auch ihre Rivalin war ein sehr anständiger und wertvoller Mensch."

Edward Black

Der Versicherungsvertreter Edward Black war tief verschuldet und bereute es außerdem, eine 14 Jahre ältere Frau geheiratet zu haben. Er entschloss sich zu einem Neubeginn – nach dem Tod seiner Frau. Er kaufte 50 Milliliter Rattengift und erzählte dem Verkäufer, er wolle die Schädlinge in seinem Haus vernichten.

Im Jahr 1921 fühlte sich Edward Black mit seinen 36 Jahren noch sehr jung, doch sein Leben war nicht wie erhofft verlaufen. Seine Arbeit als Versicherungsvertreter brachte nicht genug ein, um das Leben zu führen, das er sich erträumte, und seine Frau Annie, die einen Süßigkeitenladen unterhielt, war gerade 50 geworden. Sie sah nicht mehr so gut aus, und Black liebte sie auch nicht mehr. Seine Zukunft versprach nur Armut und die Pflege einer älteren, unattraktiven Frau, die regelmäßg an einer Magen-Darm-Entzündung erkrankte. Er hoffte, dass eine kleine Dosis Arsen Aussicht auf ein glücklicheres Leben bringen würde.

Black kaufte im Laden von Timothy White in St. Austell, Cornwall, 50 Milliliter Rattengift, und am Morgen des 31. Oktober tröpfelte er eine tödliche Menge auf das Frühstück seiner Frau. Dann floh er. Während seine Frau mit dem Tod rang, versteckte er sich in einem Hotel in Liverpool.

Annie Black erlag dem Gift in weniger als zwei Wochen. Am 11. November starb sie. Von den beiden Ärzten, die sie behandelt hatten, schob der eine den Tod auf die Magen-Darm-Entzündung, doch der andere war nicht sicher. Die Symptome passten nicht, und so ordnete er eine Obduktion an. Und natürlich fand man in Annies Körper Spuren von Arsen.

Sofort fiel der Verdacht auf den Ehemann, und die Polizei machte seinen Aufenthaltsort in Liverpool ausfindig. Black versuchte, sich die Kehle durchzuschneiden, aber er überlebte den Suizidversuch, wurde verhaftet und zurück nach Cornwall gebracht. Black bestritt, seine Frau umgebracht zu haben, hatte aber nichts unternommen, um seine Spuren zu verwischen. Im Giftregister von Timothy Whites Laden fand man seine Unterschrift. Obwohl er argumentierte, ein an–derer habe sich für ihn ausgegeben und seine Unter–schrift gefälscht, wurde er schuldig gesprochen. Am 24. März 1922 wurde er im Gefängnis von Exeter gehängt.

UNTEN: Bodmin Assize Hall, Cornwall, wo Edward Black des Mordes an seiner Frau für schuldig befunden wurde.

Mary Blandy

Mary Blandy war keine typische Mörderin. Ihr einziges Verbrechen bestand darin, einem Mann zu vertrauen, den sie liebte und der betrügen und lügen würde, um das zu bekommen, was er haben wollte.

Mary Blandy lebte glücklich in Henley, Südengland. Ihr Vater, Francis Blandy, war Anwalt, und ihre Zukunft sah rosig aus. Ihr Leben jedoch wurde erheblich düsterer, als sie 1746 den Soldaten Kapitän William Henry Cranstoun kennenlernte. Cranstoun war bereits verheiratet. Er hatte es sich aber in den Kopf gesetzt, die 10.000 Pfund zu bekommen, die Mary von ihrem Vater nach seinem Tod erben würde. Er umwarb sie ohne Unterlass und gewann ihre Liebe und ihr Versprechen, ihn zu heiraten. Er hatte auch die Zuneigung ihrer Mutter gewonnen, der er eine kleine Schuld von 40 Pfund beglich. 1751 sollte geheiratet werden, doch zunächst hatte Captain Cranstoun ein großes Problem. Er musste seine Ehefrau loswerden, die im Norden von Schottland lebte.

Seine Strategie bestand darin, seiner Frau zu schreiben, ihre Ehe hielte ihn davon ab, in der Armee aufzusteigen. Er fragte, ob sie sich als seine Geliebte ausgeben würde. Obwohl sie sein Ansinnen etwas irritierte, stimmte sie dennoch zu, da sie ihm helfen wollte. Der verschlagene Kapitän zeigte den Brief seinen Freunden und der Familie Blandy, bereitete eine Scheidung vor, indem er behauptete, die Ehe sei ungültig, und legte zum Beweis den Brief vor. Die arme Mrs. Cranstoun musste Anwälten beweisen, dass sie tatsächlich legal verheiratet waren.

Natürlich erfuhr Marys Vater von Cranstouns misslicher Lage. Sofort befahl Francis Blandy seiner Tochter, die Beziehung zu beenden, bis die Cranstouns ihre Probleme beigelegt hätten. Obwohl seine Frau ihn anflehte, Mary die Heirat zu erlauben, blieb er hart. Er argwöhnte mehr und mehr, dass Blandy gar nicht vorhatte, seine Frau zu verlassen, sondern nur hinter dem Geld herwar.

Die Ereignisse, die zu Blandys Tod führten, lagen schon immer etwas im Dunkeln und wurden nie vollends aufgeklärt. Die folgende Geschichte ist aber die wahrscheinlich korrekte Version: Mary liebte Cranstoun nach wie vor, doch

Miss MARY BLANDY

LINKS: Ein Porträt der Mörderin Mary Blandy und die Darstellung ihrer Hinrichtung in Oxford im Jahr 1752.

OBEN: Mary Blandy im Gespräch mit einer Besucherin im Schloss von Oxford, wo sie inhaftiert war. Man kann unter ihrem Kleid Fußfesseln erkennen.

nicht an das Geld des Anwalts, so lange dieser lebte. Er dachte über einen Mord nach, der ihn von beiden Problemen befreien und den Verdacht nicht auf ihn lenken würde. Der Schlüssel dazu war die bedingungslose Anbetung und die Unschuld seiner Verlobten.

Er gab Mary einen Trank und erzählte ihr, er sei magisch. Ihr Vater würde nicht mehr gegen ihre Ehe sein, hätte er erst einmal davon getrunken. Begierig zu heiraten, schüttete Mary den Trank in das Getränk ihres Vaters.

Cranstoun hatte Recht gehabt. Nachdem er es getrunken hatte, hatte Francis Blandy keinerlei Einwände mehr gegen die Hochzeit – weil er tot war. Die Flüssigkeit beinhaltete eine tödliche Dosis Arsen.

Der Mord wurde entdeckt, und ganz nach Plan entkam der gerissene Lügner Cranstoun dem Arm des Gesetzes.

Am 3. März 1752 wurde Mary verurteilt. Sechs Wochen später, am Ostermontag, wurde sie vor dem Oxford-Gefängnis gehängt. Noch Jahre nach ihrem Tod stritt man darum, ob sie schuldig gewesen war oder nicht.

Cranstoun wurde nie angeklagt, bemerkte aber, dass auch er auf eine seltsame Weise betrogen worden war. Das Erbe, das er von Mary haben wollte, hatte nie existiert, denn Francis Blandy war bei Weitem nicht so reich gewesen, wie er vorgegeben hatte. Sechs Monate nach seiner Geliebten starb Cranstoun bei einem Kampf in Flandern.

eine Hochzeit stand nicht in Aussicht, wenn ihr Vater zwischen ihnen stehen würde. Zudem kam Cranstoun

Lorena Bobbitt

Lorena Bobbitt tötete ihren Mann zwar nicht, doch sie fügte ihm eine schreckliche – und mittlerweile berühmte – Verletzung zu. Dank einer unerwarteten Schicksalswendung wurde sie nicht für ihre Tat bestraft, sondern zu einer Heldin der Feministinnen.

Der Vorfall machte weltweit Schlagzeilen. Am 23. Juni 1993 kehrten John Wayne und Lorena Bobbitt nach einer Feier zurück nach Hause in Manassas, Virginia. Lorena behauptete später, Bobbitt habe sie vergewaltigt. Dem Gericht erzählte sie, es sei nur ein Missbrauch unter vielen gewesen. Ihr Mann war ihr gegenüber oft gewalttätig und machte keinen Hehl daraus, dass er auch mit anderen Frauen Sex hatte. Er habe sie einmal sogar gegen ihren Willen dazu gezwungen, eine Schwangerschaft abzubrechen. Dieses Mal jedoch würde John Wayne einen schreklichen Preis für sein Verhalten zahlen. Als John nach dem Angriff schlief, ging Lorena in die Küche, um sich ein Glas Wasser zu holen. Während das Wasser lief, fiel ihr Blick auf ein Fleischermesser, und sie erinnerte sich an all die Jahre, die sie unter ihrem Ehemann gelitten hatte. Ihr war kaum bewusst, was sie tat, als sie von

OBEN: Lorena Bobbitt beim Verlassen des Prince William County Courthouse in Manassas, Virginia.

UNTEN: Das Messer, mit dem Lorena Bobbitt den Penis ihres Mannes abtrennte.

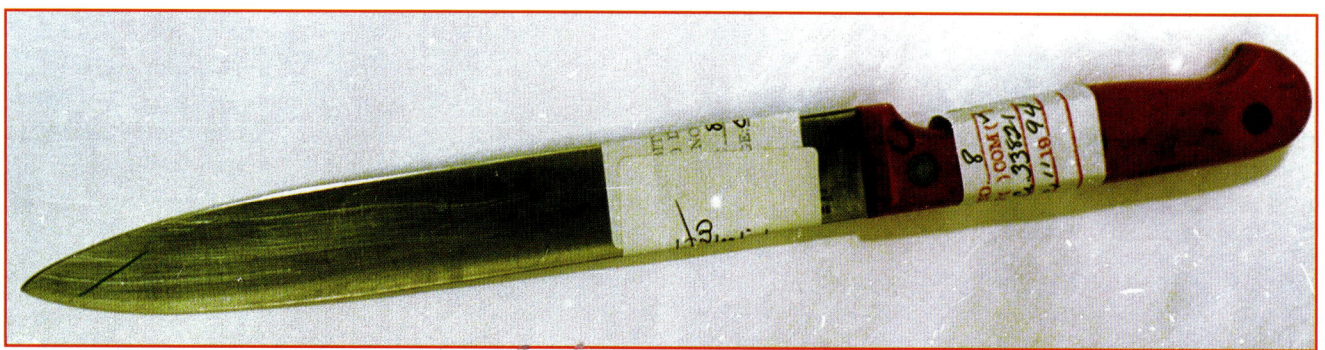

OBEN: Lorena Bobbitt (links) wird nach ihrem Freispruch aus dem Prince William County Courthouse, Virginia, begleitet.

begangen hatte, und sie betätigte den Notruf. Bobbitt wurde ins Krankenhaus gebracht, während die Polizei auf den Feldern nach seinem Penis suchte. Sie fanden ihn schließlich, verpackten ihn in Eis und eilten zum Krankenhaus. In einer über neunstündigen Operation wurde er wieder angenäht.

Vor Gericht verteidigte sich Lorena damit, dass sie das Opfer fortwährenden Missbrauchs gewesen sei. Ihre Anwälte argumentierten, sie hätte die Kontrolle verloren, da sie an Depressionen und posttraumatischem Stresssyndrom litt. John Wayne wies jegliche Beschuldigung von sich, doch Lorena konnte Zeugen vorweisen, die ihre Aussagen unterstützten. Sie wurde für nicht schuldig befunden.

1994 kam John wegen Vergewaltigung seiner Frau vor Gericht. Auch er wurde freigesprochen.

1995 wurde das Paar geschieden. Obwohl sie die Medien mied, wurde Lorena zu einer Ikone des Feminismus. In den darauffolgenden Jahren gründete sie die Organisation „Lorena's Red Wagon", dic sich dafür engagiert, häuslicher Gewalt ein Ende zu setzen. Später erwarb sie ein Diplom und bekam mit einem neuen Partner eine Tochter. Als sie und John 2009 beide Gäste in der Oprah-Winfrey-Show waren, betonte sie jedoch, dass sie nicht noch einmal heiraten würde.

John Wayne Bobbitt setzte seine neue Bekanntheit auf andere Weise ein. Er gründete die Band *The Severed Parts (Die abgetrennten Teile)* und trat in Pornofilmen

Wut überwältigt das Messer nahm, ins Schlafzimmer zurückging und Bobbitt mehr als die Hälfte seines Penis' abschnitt. Sie nahm das abgeschnittene Körperteil, fuhr damit weg und warf es ins Freie. Nun wurde Lorena bewusst, dass sie ein schlimmes Verbrechen

auf. Er missbrauchte weiterhin Frauen, und nach zwei weiteren Gerichtsprozessen wurde er 2004 verurteilt.

LINKS: John Wayne Bobbitt (Mitte) bei der Ankunft am Prozesstag seiner Frau vor dem Prince William County Courthouse.

UNTEN: Fans von Lorena Bobbitt halten Schilder hoch und jubeln ihr zu, als sie das Gericht verlässt.

Mary Bolton

Schon seit dem Tag ihrer Hochzeit im Jahr 1922 war Mary Bolton eine Schreckschraube. Mit der Zeit wurde sie so unausgeglichen, dass sie eher dazu bereit war, ihren Mann zu töten, als ihn zu verlieren.

Charles Bolton, ein gutmütiger, hart arbeitender Mann, hatte etwas Besseres als seine Ehefrau verdient. Bereits kurz nach der Hochzeit bemerkte er seinen Fehler: Mary nörgelte ununterbrochen und erhob haltlose Anschuldigungen. Jeden Tag sah er sich ihrer Eifersucht ausgesetzt. Sie war überzeugt davon, dass er Affären hatte, und wurde so wütend, dass sie ihn schlug und ihm einmal sogar das Gesicht mit einem Rasiermesser zerschnitt. Die Nachbarn hatten die Polizei benachrichtigt, und Bolton erzählte, er habe sich beim Rasieren geschnitten. Keine von Marys Beschuldigungen entsprach der Wahrheit. Bolton war ein anständiger Mann, der trotz der Launen seiner Frau versuchte, die Ehe aufrechtzuerhalten. Seine Bemühungen waren jedoch erfolglos, und der Stress wirkte sich belastend auf seine Arbeit aus. Seine Arbeitgeber schlugen ihm sogar vor, sich mit diesen persönlichen Problemen doch lieber selbstständig zu machen.

Nach 14-jährigem Leiden war Bolton am Ende seiner Kraft und reichte am 15. Januar 1936 die Scheidung ein. Mary aber ließ ihn nicht so einfach entkommen. Monatelang bedrängte sie ihn, sich anders zu entscheiden. Als ihr schließlich klar wurde, dass Bolton sie tatsächlich loswerden wollte, beschloss sie, dass sie diejenige war, die sich von ihm trennen würde.

Am 11. Juni kaufte sich Mary einen Revolver und fuhr zum Büro ihres Mannes. Unterwegs wuchs ihr Ärger, und im Aufzug in den zehnten Stock erreichte ihre Wut einen unkontrollierbaren Zustand. Im Büro ihres Mannes angekommen, feuerte sie sechs Schüsse auf ihn. Als ihr Mann sterbend auf dem Boden lag, fragte sie: „Warum stehst du nicht auf und hörst mit dem Spielchen auf?"

Mary Bolton wurde zunächst zum Tod auf dem elektrischen Stuhl verurteilt. Später wurde das Strafmaß auf lebenslange Haft gemindert. Mary hatte jedoch keine Lust, den Rest ihres Lebens – vielleicht 40 Jahre – hinter Gittern zu verbringen. Am 29. August 1943 schnitt sie sich mit einer Schere die Pulsadern auf und verstarb.

Lizzie Borden

Nicht immer sind Lust oder erloschene Liebe die Auslöser für einen Mord aus Leidenschaft. Lizzie Borden wurde zur Mörderin, weil sie ihre Stiefmutter und ihren tyrannischen Vater hasste und zudem geldgierig war. In diesem vielleicht berühmtesten Mord der Geschichte gab es keinen Schuldspruch, obwohl es vollkommen unglaubwürdig scheint, dass Borden freigesprochen wurde. Sie konnte nie ein Alibi für den Tatzeitpunkt vorweisen. Sie hatte einfach Glück, dass der Richter ihrem Verteidiger einen Gefallen schuldete und die Jury einfach nicht glauben wollte, dass eine Frau zu solch wahnsinnigen Morden fähig sei.

Lizzie kam 1860 in Fall River, Massachusetts, zur Welt. Ihre Mutter starb, als sie zwei Jahre alt war. Ihr Vater heiratete die zehn Jahre jüngere Abby Gray. Lizzie und ihre Schwester Emma verachteten sie. Ihrer Meinung nach war sie nur eine Schmarotzerin, die das Erbe mit vollen Händen ausgab. Die Lage spitzte sich zu, als ihr Vater – ein für gewöhnlich geiziger Mann – Abbys Schwester eine große Summe Geld gab, um sie vor dem finanziellen Ruin zu bewahren. Lizzie sann auf Rache.

Im Sommer 1892 ergab sich die Gelegenheit dazu. Emma übernachtete in Fairhaven bei Freunden. Lizzie blieb mit einer Bediensteten, ihrer Stiefmutter und ihrem Vater zu Hause.

Am 4. August verließ ihr Vater für kurze Zeit das Haus. Etwa gegen 9:30 Uhr putzte Mrs. Borden die Treppen zum Schlafzimmer, als sie von hinten mit einer Axt erschlagen wurde. Sie starb bereits vom ersten Schlag, aber acht weitere folgten. Das gleiche Schicksal ereilte ihren Ehemann, der etwa eine Stunde

OBEN: Ein Bild von Lizzie Borden aus dem späten 19. Jh.

unter Befragung änderte sich Lizzies Schilderung der Geschichte immer wieder. Erst war sie draußen im Hof, als ihr Vater getötet wurde, dann erinnerte sie sich daran, dass sie im Stall gewesen war. Während der gerichtlichen Untersuchungen sagte sie aus, sie sei in der Küche gewesen, als ihr Vater nach Hause kam. Obwohl sie einmal sogar meinte, sie hätte sich auf der Treppe befunden, beharrte sie darauf, den toten Körper ihrer Stiefmutter nicht gesehen zu haben.

Die ersten Ermittlungen konzentrierten sich auf John Morse, den Bruder der ersten Ehefrau, der einige Tage zu Besuch gewesen war. Doch Morse konnte ein stichhaltiges Alibi vorweisen. So blieben nur noch zwei Verdächtige übrig: Lizzie und Bridget Sullivan. Da Bridget Sullivan aber kein überzeugendes Motiv für die Tat hatte, galt alle Aufmerksamkeit nun Lizzie, die nie einen Hehl daraus gemacht hatte, dass sie ihre Stiefmutter hasste. Auch ihre widersprüchlichen Aussagen waren verdächtig.

Als 1893 der Prozess gegen Lizzie Borden begann, stand die Öffentlichkeit bereits hinter ihr. Die Bevölkerung von Massachusetts konnte nicht glauben, dass eine der ihren, eine gottesfürchtige Frau, solch ein Verbrechen begangen haben konnte. Außerdem hatte Lizzie wohlüberlegt einen der besten Anwälte des Landes engagiert. George Robinson, ehemaliger Gouverneur von Massachusetts, sorgte dafür, dass ein ihm bekannter Richter unter den dreien war, die vor ihnen auf der Richterbank saßen. Dieser Richter bedankte sich für diesen Gefallen, indem er dafür sorgte, dass die Mitschriften Lizzies wechselnder Geschichten der Tat als unzulässige Beweise zurückgewiesen wurden. Die Anklagegründe wurden schwächer und schwächer.

Lizzie und ihr Anwalt taten alles, um das Mitleid der Jury zu erregen. Einmal brach Lizzie während des zehntägigen Prozesses anscheinend ohnmächtig zusammen. Ihr Anwalt deutete auf die gepflegt gekleidete und offenbar geschwächte Frau am Boden und sagte: „Sie müssen meinen, sie sei der Teufel, wenn Sie sie für schuldig halten können. Sieht sie wie ein Teufel aus, meine Herren?" Die Taktik ging auf. Die Jury befand Lizzie für nicht schuldig, und sie wurde freigelassen. Nach ihrem Freispruch erbte sie viel Geld von ihrem Vater und kaufte sich davon ein Haus in

später zurückkam; ein tödlicher Hieb traf ihn, weitere prasselten auf seinen bereits toten Körper nieder. Im Lauf des Geschehens trennte man die Köpfe für forensische Untersuchungen ab und stellte fest: „Verletzungen wurden in einem fast psychopathischen Wahn und unter extremer Gewaltanwendung zugefügt, obwohl die Opfer bereits beim ersten Schlag starben."

Als die Dienerin Bridget Sullivan Lizzie schreien hörte: „Komm schnell nach unten. Vater ist tot. Jemand ist hereingekommen und hat ihn umgebracht!", löste sie Alarm aus. Die Polizei kam, und

OBEN: Das Haus der Bordens in Fall River, Massachusetts, in dem die grausigen Morde begangen wurden.

einer reichen Stadtrandgegend. Auffälligerweise kehrte kurz darauf Bridget Sullivan in ihr Heimatland Irland zurück, nachdem Lizzie ihr eine größere Summe Geld vom Konto ihres verstorbenen Vaters ausgehändigt hatte.

Die Jury mag von ihrer Unschuld überzeugt gewesen sein, die Öffentlichkeit war es nicht. Im Lauf der Jahre gingen die meisten davon aus, dass Lizzie mit dem Mord davongekommen war. Sie mochte zwar dem Gesetz entkommen sein, doch sie entkam für den Rest ihres Lebens nicht dem Reim: „40 Hiebe für die Mutter, Lizzie Borden süß wie Zucker, eine Axt, groß und schwer, und für Vater ein Hieb mehr."

Anfangs lebte Lizzie noch mit ihrer Schwester zusammen, später allein, bis sie im Jahr 1927 im Alter von 67 Jahren starb. Sie wurde auf dem gleichen Grundstück begraben wie jene, die im drückend heißen August 35 Jahre zuvor ihr Leben gelassen hatten.

Cordelia Botkin

Cordelia war eine verschmähte Frau. Ihr jüngerer Geliebter verließ sie und kehrte zu seiner Ehefrau zurück. Aus Liebe wurde brennender Hass, und als sie es nicht schaffte, seine Ehe zu ruinieren, schwor sie Rache. Doch sie rächte sich nicht an dem Mann, der ihr das Herz brach, sondern an der Frau, die ihn ihr weggenommen hatte.

Cordelia Botkin, 41 Jahre alt, war eine Frau von Welt. Sie war geschieden, und ihr reicher Exmann, ein Getreidemakler, versorgte sie finanziell und ermöglichte ihr ein Leben im Luxus. 1896 traf sie John Preston Jack Dunning, von dem sie sich stark angezogen fühlte. Es schien auf Gegenseitigkeit zu beruhen. Er war 32 Jahre alt – neun Jahre jünger als sie – und arbeitete als Reporter für die Associated Press in Kalifornien. Schon bald hatten sie eine leidenschaftliche Affäre. Für Dunning war es nicht die Erste, und als seine Frau herausfand, dass sie wieder betrogen wurde, entschied sie, dass sie nun genug davon hatte. Sie verließ ihn und nahm ihre kleine Tochter mit zu ihrem Vater. Cordelia war überglücklich. Ohne Mary Dunning im Rücken konnte sie sich nun mit ihrem Liebhaber in der Öffentlichkeit zeigen.

Die Beziehung hielt drei Jahre. Während dieser Zeit trank Dunning immer mehr und verfiel der Spielsucht.

Nachdem er bei seinem Arbeitgeber 4.000 Dollar für die Abzahlung von Spielschulden unterschlagen hatte, wurde er entlassen. Er fand bald wieder Arbeit in San Francisco, doch auch dort wurde er gefeuert – dieses Mal wegen seiner Alkoholsucht. Dunning, der nun heimatlos und arm war, musste in das Hotel ziehen, in dem Cordelia lebte. Dort dachte er über sein Leben nach und beschloss, noch einmal von vorn anzufangen.

1898 stellte ihn die Associated Press, die sein Talent nach wie vor zu schätzen wusste, wieder als Chefreporter an. Erpicht darauf, zu seinem alten Leben zurückzukehren, freute er sich auf den Weggang aus San Francisco. Cordelia flehte ihn an, zu bleiben, aber sie stieß auf taube Ohren. Dunning verließ sie, versöhnte sich wieder mit seiner Frau und ging auf Dienstreise nach Kuba, von wo er als Held aus dem Kampf um Santiago Bay zurückkehrte.

Cordelia erfuhr gebrochenen Herzens vom Erfolg ihres untreuen Liebhabers und von seiner erneuerten Partnerschaft mit seiner Frau. Sie wurde sehr eifersüchtig. Sie, die ihn unterstützt hatte, als es ihm schlecht gegangen war, fühlte sich nun gedemütigt. Sie schickte Mary Dunning Briefe, in denen sie sexuelle Details aus ihrer Affäre mit ihrem Ehemann schilderte, um sich zu rächen. Das schien jedoch keine Wirkung zu haben. Drastischere Maßnahmen mussten ergriffen werden.

Eines Morgens freute sich Mary Dunning über eine Schachtel Süßigkeiten, die ihr im Haus ihres Vaters in Delaware zugestellt worden war. Auf einer Notiz ohne Unterschrift stand: „Mit Liebe für dich und dein Baby", sie erkannte aber nicht, dass die Handschrift dieselbe war, wie in den Briefen, die sie erhalten hatte. Mary aß drei Süßigkeiten und verteilte den Rest. Die Süßigkeiten enthielten Gift: Arsen. Zwei Tage später waren Mary und ihre Schwester Harriet tot. Wundersamerweise überlebten vier weitere Personen, die davon gegessen hatten.

Die Polizei verdächtigte Cordelia. Marys Vater hatte die übereinstimmende Handschrift der Notiz und der Briefe erkannt, und die Bonbonschachtel konnte nach

UNTEN: Das Staatsgefängnis von Kalifornien in San Quentin, wo Cordelia Botkin die letzten Tage ihres Lebens verbrachte.

San Francisco zurückverfolgt werden. Cordelia leugnete die Tat, doch das Verfahren gegen sie wurde eröffnet. Im Dezember 1898 verurteilte man sie, und auch in einem zweiten Verfahren im Jahr 1904 wurde sie schuldig gesprochen.

Sie erhielt lebenslänglich und starb 1910 im San-Quentin-Staatsgefängnis, ihr Leben zerstört aus Eifersucht. Und nicht nur ihr Leben war zerbrochen. Sie war mit ihrer Rache an dem Menschen, den sie nicht haben konnte, erfolgreich. Dunning, der den Verlust seiner Frau und den darauffolgenden Skandal nicht verwinden konnte, starb als gebrochener Mann vor ihr.

Leone Bouvier

Das Leben der Leone Bouvier war von Missbrauch gezeichnet. Und auch der Mann, von dem sie hoffte, dass er sie retten würde, betrog sie. Das war mehr, als sie verkraften konnte.

Leone Bouvier, Tochter eines Alkoholikers und einer Mutter ohne Mitgefühl, hatte bereits im Alter von 16 Jahren ihre Jungfräulichkeit verloren und wurde von Jungen aus dem Ort immer wieder ausgenutzt. Sie war ungebildet und ungeliebt, doch dann traf sie den 22-jährigen Mechaniker Emile Clenet. Zum ersten Mal in ihrem Leben glaubte Leone, jemand sorge sich um sie. Sonntags besuchte Clenet sie, nahm sie mit in ein Hotelzimmer, wo sie zusammen schliefen, zusammen lachten und über Heirat sprachen.

Aber wie so viele naive junge Mädchen war sie betrogen worden. Clenet hatte zwar Gefallen am sonntäglichen Sex, empfand aber ansonsten keine Liebe für sie. Leone hatte zwar schon vermutet, dass er eine gewalttätige Ader hatte, aber in ihrer Verliebtheit hatte sie dafür Entschuldigungen gefunden. Auch als sie 1951 schwanger wurde, vertraute sie ihm noch. Als Clenet die Neuigkeiten erfuhr, weigerte er sich, die Verantwortung zu übernehmen. Stattdessen befahl er seiner jungen Geliebten kaltschnäuzig, das Kind abtreiben zu lassen. Leone gehorchte. Nach dem Abbruch wurde sie krank; ihre Depressionen und Kopfschmerzen wurden so stark, dass sie ihre Arbeit in der Schuhfabrik verlor. Ihr betrunkener Vater schlug sie, als er hörte, dass sie keinen monatlichen Lohn mehr nach Hause bringen würde. In ihrer Verzweiflung fuhr Leone nach Nantes, wo sie sich Trost von ihrem Geliebten erhoffte. Clenet jedoch machte ihr klar, sie habe gegen die „Nur-Sonntags-Regel" verstoßen, und sprach nicht weiter mit ihr.

Arbeitslos und von ihrem Freund und ihrer Familie verbannt, lebte Leone auf der Straße und verdiente sich das Geld für ihr Essen auf die einzige Weise, die ihr übrig blieb: als Prostituierte. Trotz allem, was sie durchgemacht hatte, liebte sie Clenet immer noch und hoffte, sie würden eines Tages doch noch heiraten. Aber ihre Treffen wurden seltener. Sie verbrachte die meiste Zeit am Hafen, wo sie ihren Körper verkaufte. Krank, ein zerbrochenes Herz, betrogen und Rachegedanken, die in ihr wuchsen – Leone kaufte mit dem wenigen Geld, das sie besaß, eine Pistole.

Die Katastrophe hätte verhindert werden können, hätte Clenet nur ein wenig Liebe zurückgegeben. Aber das geschah nicht. Bei ihrem letzten Treffen auf einem Jahrmarkt kündigte Clenet an, dass er Frankreich verlassen und nach Nordafrika gehen werde, um dort zu arbeiten. Leone flehnte ihn an, zu bleiben, aber er zuckte nur mit den Schultern und sagte ihr, er werde sie niemals heiraten. Als Antwort darauf zog Leone sein Gesicht für einen Abschiedskuss zu sich heran. Dann schoss sie ihm aus nächster Nähe in den Hals.

Leone wurde in einem Kloster in Angers inhaftiert, in dem sie und ihre Schwester, die Nonne war, einmal Schutz gesucht hatten. Sie wurde wegen Mordes angeklagt und im Dezember 1953 vor Gericht gestellt. Das Schicksal hatte jedoch noch mehr Unglück für sie bereit. Sie hatte sie das Pech, einem Richter ohne Mitgefühl zugeteilt zu werden. Als er hörte, dass ihre Schwester Nonne sei, schalt er sie, warum sie nichts aus ihrem Leben gemacht habe. Auch die Tatsache, dass sie einen ewig betrunkenen Vater und eine schwierige Mutter hatte, stimmten ihn nicht um. Es sei eine scheußliche Untat, ihren Liebhaber, der sich zu einem Kuss hinunterbeugte, zu erschießen. Ihr Weinen und Flüstern: „Aber ich habe ihn geliebt!" überhörte er. Nach 15-minütiger Besprechung entschied die Jury gegen die Todesstrafe. Das Urteil lautete auf Mord ohne Vorsatz. Sie wurde dennoch zur höchstmöglichen Strafe verurteilt: lebenslänglich mit mindestens 20 Jahren Haft.

Elliot Bower

Es passiert selten, dass jemand, der gestanden hat, einen Liebesrivalen umgebracht zu haben, freigesprochen wird. Aber genau das geschah Mitte des 18. Jh. in Paris. Der englische Angeklagte berief sich auf den französischen Einwand des „Crime passionel" (Verbrechen aus Leidenschaft), und man ließ ihn gehen. Viele glaubten sogar, er habe eine ehrenhafte Tat begangen, als er den Geliebten seiner Frau erschlug.

Elliot Bower war – wie viele Männer seiner Zeit – ein Heuchler. Heute hätte man ihn schneller durchschaut gehabt. Er lebte als englischer Berichterstatter in Paris und dachte sich nichts dabei, seine Ehefrau mit anderen Frauen zu betrügen. Er war so arrogant, dass er seine vielen Geliebten gar nicht vor ihr verheimlichte. Für Fanny Bower hatte das Leben nur Leid übrig, wenn sie entdeckte, dass ihr Mann sie erneut betrogen hatte. Selbstverständlich hatte sie treu zu sein und sich nicht zu beklagen, während Bower sich mit anderen Damen in Paris vergnügte.

Nach einem weiteren Liebesabenteuer ihres Ehemannes ging es ihr emotional sehr schlecht. Sie wandte sich in ihrer Verzweiflung an einen seiner Freunde, der immer nett zu ihr gewesen war. Saville Morton war ebenfalls Berichterstatter und arbeitete für einen Konkurrenten. In glücklicheren Zeiten war er fast ein Teil der Familie gewesen. Er aß oft zu Abend mit den Bowers und ging mit ihnen in Paris aus. Aus dieser familiären Beziehung wurde nun eine anders geartete, und er und Fanny wurden Liebende. Schon bald war Fanny schwanger.

Als das Kind zur Welt kam (ihr fünftes) stellte sie sofort fest: „Es sieht aus wie Morton!" Weil er einen Skandal befürchtete, hielt Morton sich zunächst bedeckt, doch der schlechte Zustand seiner Geliebten hatte sich dadurch, dass sie das Kind eines anderen Mannes bekommen hatte, noch verschlimmert. Sie rief Morton an ihr Bett und verbannte ihren Mann aus dem Zimmer. Er musste Verdacht geschöpft haben,

und am 1. Oktober 1852 wurden seine Befürchtungen bestätigt. Seine Frau rief ihn zu sich und platzte heraus, dass er nicht der Vater des Kindes sei.

Rasend vor Eifersucht, dass er – der notorische Fremdgänger – selbst betrogen worden war, stellte er seinen Freund zur Rede. Morton gestand alles. Blind vor Wut griff Bower zu einem Fleischermesser und erstach ihn.

Um seiner Strafe zu entgehen, verließ Bower seine Familie und floh nach England. Doch schon bald erreichte ihn die Nachricht, dass die französische Polizei seinen Fall als „Mord aus Leidenschaft" statt als vorsätzlichen Mord behandelte. Da er wusste, dass das Strafmaß dafür milder ausfiel, kehrte Bower nach Frankreich zurück und stellte sich.

Sein Anwalt verteidigte ihn nach Kräften: Allein Mortons Verführung seiner Ehefrau habe Bowers zum Mord getrieben, das unehrenhafte, betrügerische Verhalten eines guten Freundes und die endgültige Demütigung durch die Geburt eines Kindes, das nicht seines war. Er wurde als das Opfer der Affäre präsentiert. Die Ermordung des Liebhabers seiner Frau sei nicht nur verständlich, sie sei vielmehr eine gerechte Strafe und eine ehrenvolle Tat gewesen.

Er konnte von Glück sagen, dass er in einem Land angeklagt wurde, das stolz darauf war, den Tatbestand des „Mordes aus Leidenschaft" zu haben. Vermutlich hätte er in einem anderen Land keine so positive Anhörung gehabt. Freigesprochen und von der französischen Presse sogar noch als Held gefeiert, verließ er das Gericht als freier Mann.

Martha Bowers

Jemanden zu töten, ist ein schreckliches Verbrechen und wirkt sich auf jeden Täter anders aus. Einige leiden an Gewissensbissen, wenn ihnen bewusst wird, was sie getan haben, andere werden trotzig. Wenige verspüren überhaupt keine Reue. Als Martha Bowers' Mann starb, warf sie sich auf ihn und schluchzte hysterisch. Doch nur zwei Stunden später sah man sie bereits wieder mit ihrem Geliebten lachen und scherzen.

Im Jahr 1902 heiratete Martha Bowers ihren dritten – und letzten – Ehemann in San Francisco. Sollte sie jemals glücklich mit Martin Bowers, einem Brückenbauer, gewesen sein, so war das nur von kurzer Dauer. Martha gehörte nicht zu den Frauen, die sich nur mit einem Mann zufriedengeben konnten; bereits nach einem Jahr Ehe hatte sie einen Liebhaber, Patrick Leary. Schon bald entdeckte Bowers die Untreue seiner Frau und bestand darauf, dass diese Affäre ein Ende haben müsse.

Kurze Zeit später, am 5. Juni 1903, wurde ein Arzt ins Haus geholt. Martha bat Dr. Carl von Tiedmann, ihrem Mann etwas zu verschreiben. Er sei an einer Fleischvergiftung erkrankt, da er zu viel Schinken gegessen habe. Martins Zustand verschlechterte sich in den folgenden Tagen, und ein zweiter Arzt wurde gerufen. Er wurde zur Kur geschickt und begann zu genesen. Nach einem Monat wurde er gesund entlassen. Nicht viel später jedoch wurde er wieder krank und ins Krankenhaus gebracht, wo er am 25. August verstarb. Seine Frau trauerte über seinem toten Körper.

Harry Bowers – Martins Bruder – war verwirrt. Etwas schien am Tod seines Bruders nicht zu stimmen. Er ordnete eine Obduktion an, und man fand unverdautes Arsen in Martins Magen. Die Nachricht über einen möglichen Mord verbreitete sich, und ein Apotheker erinnerte sich an eine Frau, die am 20. August mit einem Rezept für Arsen seinen Laden betreten hatte. Der Polizei erzählte er, er könne sich deshalb daran erinnern, weil das Rezept zwar von einem Dr. McLaughlin unterzeichnet, aber lediglich auf normalem Papier und nicht auf einem Rezeptschein ausgestellt worden war. Die Beschreibung der Frau, die der Apotheker den Polizisten gab, passte nicht auf Martha, führte sie aber zu ihrer Schwester Zylpha Sutton.

In Bowers' Haus fand man ein Schulheft, aus dem eine Seite herausgerissen war. Es handelte sich um die Seite, auf der sich das Rezept befand. Auch die Handschrift aus dem Heft stimmte mit der auf dem Rezept überein. Zeugen sagten außerdem aus, sie hätten Martha breits zwei Stunden nach dem Tod ihres Mannes lachend an der Seite ihres Liebhabers in der Öffentlichkeit gesehen.

Sie erfuhren auch, dass Martin Bowers der Affäre ein Ende setzen wollte. Das genügte für eine Anklage. Am 20. Januar 1904 wurde Martha schuldig gesprochen und zu lebenslanger Haft verurteilt. Ihre Schwester Zylpha wurde aus Mangel an Beweisen freigesprochen.

Maria Boyne

Maria Boyne ermordete ihren Ehemann nur, weil sie es nicht ertragen konnte, etwas zu verlieren, das ihr gehörte. Weder war sie darauf vorbereitet, ihren Liebhaber zu verlieren, noch wollte sie nach einer Scheidung ihr Haus in London aufgeben müssen. Wie zuvor schon andere Mörder wollte sie alles haben und endete damit, alles zu verlieren.

Die achtjährige Ehe war bereits zerbrochen, als Maria Boyne mit einem Messer auf ihren Mann losging. Sie war bereits von ihrem 24-jährigen Geliebten Gary McGinley schwanger, und ihre Scheidung stand bevor, aber Maria befürchtete, dass sie im Scheidungsprozess ihr Haus in London verlieren könnte. Wochen vor ihrer Tat erzählte sie Freunden, sie wünschte, Boyne wäre tot, damit McGinley bei ihr einziehen könne.

Bei einem heftigen Streit mit ihrem Mann schließlich loderten ihre mörderischen Absichten auf. Mit einem Messer stach Maria 31-mal auf ihn ein, dann nahm sie in aller Ruhe die Goldkette, die um seinen Hals hing, an sich. Sie wollte sie verpfänden und mit dem Geld in einem Hotel mit McGinley eine leidenschaftliche Nacht verbringen und den Tod ihres Mannes feiern. Boynes betagter Vater Michael, der kurz nach dem Prozess verstarb, fand den toten Körper. Er erlitt einen Schock, als er den blutigen Leichnam seines Sohnes sah, und wurde damit zu einem weiteren Opfer.

Maria konnte dem Gesetz nicht lang entkommen, obwohl sie alles dafür tat. Als ihr klar wurde, dass sie vor Gericht gestellt werden würde, verriet sie ihren Liebhaber und sagte der Polizei, er habe Boyne getötet. Aber sie konnte niemanden täuschen, und der unschuldige McGinley wurde freigesprochen. Mary erhielt die Höchststrafe, nicht nur wegen ihres Verbrechens, sondern auch, weil sie keine Reue zeigte und einen anderen der Tat beschuldigt hatte. Richter Paul Worsley sagte zu ihr: „Sie wurden getrieben von Sex und Selbstsucht. Sie haben intrigant und verschlagen gehandelt."

Im Februar 2009 wurde die 30-jährige Maria vom Old Bailey des Mordes an Boyne für schuldig befunden. Am 4. März wurde sie zu lebenslanger Haft verurteilt – mit der Auflage, mindestens 24 Jahre im Gefängnis zu verbringen. Aus reinem Eigennutz hatte sie einen Menschen getötet und zwei kleine Kinder sowie ihr Baby ohne Mutter zurückgelassen. Kurz bevor er starb, sagte Boynes Vater in einem sehr emotionalen und berührenden Interview: „Für meinen Sohn war sie trotz ihrer zahlreichen Affären sein Ein und Alles. Er hat sie geliebt."

Betty Broderick

Nachdem sie so viel Zeit, emotionale Energie und Einsatz geopfert hatte, um ihrem Mann dabei zu helfen, seine Träume zu verwirklichen, und sie nun die Früchte ihrer Arbeit hätte ernten sollen, betrog er sie. Das verletzte Betty zutiefst. Ihr Leben – einst so vielversprechend – war ein Scherbenhaufen. Das Einzige, was sie jetzt befriedigen konnte, war der Tod derjenigen, die ihr diesen Schmerz zugefügt hatten.

Im April 1969 heirateten Betty und Dan Broderick. Sie hatten sich bei einem Fußballspiel kennengelernt und träumten denselben Traum: Sie wollten reich, sicher und glücklich leben – eine Familie gründen, die alles hatte, was man sich wünschte. Die erste Zeit war mühsam, und das Paar setzte all seine Hoffnungen auf die Zukunft. Dan schrieb sich für Jura ein, und Betty nahm eine Arbeit an, um ihn zu unterstützen. Als ihre vier Kinder zur Welt kamen, kümmerte Betty sich um sie, damit ihr Mann sich auf sein Studium und seine Karriere konzentrieren konnte. Er bekam eine Stelle in einer angesehenen Kanzlei in San Diego, Kalifornien. Betty, nach wie vor bestrebt, ihn zu unterstützen, arbeitete abends als Kassiererin in einem Restaurant.

Als die Jahre vergingen, wurden ihre Träume von finanzieller Sicherheit wahr. Sie kauften ein Haus in Coral Reef, im reichen Stadtteil La Jolla in San Diego, wurden Mitglied in exklusiven Clubs und gingen auf Reisen. Aber auf dem Weg zum Erfolg war die Nähe zwischen ihnen verloren gegangen. Dan distanzierte sich immer mehr von seiner Familie. Er sah seine Kinder kaum noch, und wenn er und Betty Zeit miteinander verbrachten, dann höchstens bei beruflichen Events, die sie zu hassen gelernt hatte.

Bei einer dieser Veranstaltungen hörte Betty eine Bemerkung ihres Mannes, die den Beginn ihres Zusammenbruchs und des emotionalen Chaos markierte. Dan, der sich mit einem Freund unterhielt, fragte: „Ist sie nicht wunderschön?" Nach einem kurzen Moment der Freude bemerkte Betty, dass er nicht von ihr, sondern von Linda Kolkena, einer Empfangsdame der Kanzlei, gesprochen hatte.

Dan entfernte sich immer weiter von seiner Familie und machte kein Geheimnis daraus, dass er die Frau, die ihm so dabei geholfen hatte, die Karriereleiter emporzuklettern, verabscheute. Einmal gab er ihr zu verstehen, dass sie „alt, fett, hässlich und langweilig" sei. Er hatte Linda Kolkena zwischenzeitlich als seine persönliche Assistentin engagiert.

Anfang 1985 fand Betty heraus, wie berechnend ihr Mann sein konnte. Er kündigte einen Umzug in ein neues, größeres Haus an. Sobald die Sachen ausgepackt waren, verließ er seine Familie und kehrte zurück in das alte Zuhause. In einem Anflug von Ärger und in der Hoffnung, Dan würde endlich merken, was sie alles für ihn getan hatte, brachte sie ihm die Kinder. Doch ihr Plan ging nicht auf. Er kam nicht nur wunderbar damit klar, sondern die Beziehung zu seinen

Kindern verbesserte sich auch merklich. Betty wurde beiseitegeschoben. Dan hatte seine Beziehung mit Linda öffentlich gemacht und reichte die Scheidung von Betty ein.

Betty hatte alles verloren und sah sich einem langen, schmerzvollen Kampf gegenüber. Ihr Geisteszustand verfiel langsam. Sie ignorierte rechtlichen Rat, erschien nicht bei Anhörungen und hinterließ obszöne Telefonnachrichten bei Dan und Linda. Als sie dann auch noch das Sorgerecht für ihre Kinder verlor und Dan eine Verfügung erwirkte, dass sie ihr altes Haus nicht mehr betreten durfte, zerbrach etwas in Betty.

Am 5. November 1988 kaufte sie eine Waffe, fuhr zu Dans Haus, benutzte den Schlüssel, den sie von ihrer ältesten Tochter gestohlen hatte, und ging ins Schlafzimmer. Als sie zwei Gestalten unter der Bettdecke erblickte, schoss sie auf beide. Dan und Linda waren sofort tot.

Vor Gericht argumentierten Bettys Verteidiger, sie sei durch die Vorfälle im langen und harten Scheidungskampf an den Rand des Wahnsinns getrieben worden und wäre zum Haus gefahren, um ein letztes Mal vernünftig mit ihrem Mann über alles zu sprechen. Sollte sie damit keinen Erfolg haben, so wollte sie sich umbringen. Zwar akzeptierte die Jury, dass Betty unter psychischen Störungen litt, doch das Verbrechen sei kalkuliert und vorsätzlich begangen worden.

Die Anklage machte zudem von den hysterischen Telefonanrufen Gebrauch, die sie auf dem Anrufbeantworter ihres Mannes hinterlassen hatte, und zeichnete damit das Bild einer verbitterten, rachsüchtigen Frau.

Der erste Prozess endete damit, dass die Jury sich nicht einig wurde. Zwei Geschworene plädierten für Totschlag statt für Mord. Bei der zweiten Anhörung entschied sich die Jury für einen Mord zweiten Grades. Betty Broderick wurde zu zweimal 15 Jahren bis lebenslänglich plus zu zwei Jahren für den Gebrauch einer illegalen Waffe verurteilt. Es wurde bestimmt, dass sie mindestens 21 Jahre absitzen müsse, bevor sie ein Recht auf Haftaussetzung erlangen könnte.

Elizabeth Brown

Dies ist der traurige Fall der Elizabeth Brown, die einen wahren Mord aus Leidenschaft in einem Moment verletzter Wut begang. Sie war die letzte Frau, die in Dorset, England, gehängt wurde und hinterließ eine bleibende Erinnerung. Der 16-jähriger Reporter Thomas Hardy, der einmal ein großer britischer Schriftsteller werden sollte, war Zeuge ihres Todes. Dieses Ereignis beeinflusste ihn so sehr, dass er darauf seine berühmte Novelle „Tess of the D´Urbervilles" aufbaute.

Die attraktive, rothaarige Elizabeth Brown heiratete ihren Mann später als üblich Mitte des 19. Jh. Er war 20 Jahre jünger als sie, und man munkelte, er habe sie nur wegen ihres Geldes geheiratet, auch wenn das nicht wirklich stimmen konnte. Elizabeth war alles andere als reich; sowohl sie als auch ihr Mann arbeiteten als Bedienstete. Das Paar zog nach Birdsmoorgate, in der Nähe von Beaminster in Dorset. Ihre Partnerschaft verlief nicht sehr glücklich. Elizabeth war davon überzeugt, dass ihr junger Ehemann sie betrügen würde, und an einem Schicksalstag im Jahr 1856 erhielt sie dafür den Beweis. Sie kehrte an diesem Tag früher als gewöhnlich nach Hause zurück und fand ihren Mann mit einer anderen Frau im Ehebett. Sie wurde rasend vor Wut, und ein gewalttätiger Streit brach aus. Elizabeth schlug auf John ein, der sich mit einer Peitsche zur Wehr setzte. Sie ergriff eine Axt und versetzte ihm in der Hitze des Gefechts einen tödlichen Hieb.

Dann beging Elizabeth einen Fehler, der zu ihrem eigenen Tod führen sollte. Hätte sie die Wahrheit gesagt, wäre sie in Anbetracht der Umstände vielleicht milder behandelt worden. Stattdessen erzählte die erschrockene Frau der Polizei, der Schädelbruch ihres

Mannes stamme von einem Pferdetritt. Doch man glaubte ihr nicht. Sie wurde wegen Mordes angeklagt und vor Gericht gestellt, wo sie weiterhin ihre Unschuld beteuerte. Man befand sie jedoch für schuldig, und sie wurde zum Tod durch Erhängen verurteilt. Erst jetzt berichtete sie, was wirklich geschehen war.

Obwohl die Öffentlichkeit sie unterstützte, lehnte der Innenminister das Gesuch auf Begnadigung ab, da sie so lang gelogen hatte. Am 9. August 1856 brachte man sie auf das Schaffott des Dorchester-Gefängnisses und übergab sie an William Calcraft, der von 1829 bis 1874 Englands führender Scharfrichter war. Dieser war für seinen „kurzen Fall" bekannt, was einen langsamen und schmerzhaften Tod bedeutete statt eines sauberen Genickbruchs.

4.000 Menschen versammelten sich, um Elizabeth Brown ihr Schicksal gelassen und mit Würde entgegennehmen zu sehen. Für ihre Hinrichtung hatte sie ein eng anliegendes, schwarzes Seidenkleid gewählt. Die Schlinge passte nicht gut, und der Tod trat alles andere als schnell ein. Später schrieb ein Reporter: „Ihre zarte Gestalt zeichnete sich gegen den dunstigen, regnerischen Himmel ab.", und wie „ihr schwarzes Kleid ihre Figur zur Geltung brachte, als sie hin- und herschwang" in ihrem Todeskampf. Diesen grausigen und schlüpfrigen Bericht hatte niemand anders als Thomas Hardy verfasst.

RECHTS Der gefeierte englische Romancier, Dichter und Dramatiker Thomas Hardy, der als junger Reporter der Hinrichtung von Elizabeth Brown im Dorchester-Gefängnis beiwohnte.

UNTEN: Eine Illustration aus Thomas Hardys *Tess of the D´Urbervilles*: Elizabeth Browns tragische Geschichte beeindruckte ihn so sehr, dass er seine Novelle darauf aufbaute.

Ernest Brown

Dorothy Mortons erster Fehler bestand darin, ihren Mann mit Ernest Brown zu betrügen. Ihr zweiter war, die Affäre beenden zu wollen. Ihr Liebhaber hatte schon einmal getötet und war gewillt, es wieder zu tun.

Dorothy Morton musste schnell erkennen, dass es falsch gewesen war, sich mit einem Angestellten ihres Mannes, der eine gut gehende Rinderfarm in Yorkshire besaß, einzulassen. Ihr Geliebter Ernest Brown war ein übellauniger, aggressiver Mensch. So sehr sie es auch versuchte, ließ er nicht zu, dass sie die Affäre beendete. Stattdessen belästige er sie weiter und behandelte sie, als wäre sie sein Eigentum. Am 5. September 1933 fand Brown heraus, dass sie mit einem anderen Mann schwimmen gegangen war, und in rasender Wut warf er sie zu Boden. Dorothy rannte aus Angst um ihr Leben zum Haupthaus und wartete auf die Rückkehr ihres Ehemanns Frederick. Sie hörte einen Schuss. Kurz darauf kam Brown und erklärte, er habe im Stall eine Ratte getötet. Dorothy wartete vergeblich auf ihren Mann. In den frühen Morgenstunden hörte sie eine Explosion und sah, dass die Garage in Flammen stand. Sie nahm ihr Baby an sich und lief zusammen mit Ann Houseman zur Polizei, um von dem Feuer zu berichten.

Als das Feuer schließlich gelöscht war, fand man in der Asche den stark verbrannten Körper von Frederick

Morton. Man hatte ihm in den Magen geschossen und dann ihn und seine beiden Autos mit Benzin übergossen und angezündet, um die Beweise zu vernichten.

Ernest Brown wurde verhaftet und wegen Mordes angeklagt. Das Schwurgericht von Leeds sprach ihn schuldig. Während des Prozesses kam ans Licht, dass Brown bereits zwei Jahre zuvor Evelyn Foster getötet hatte. Sie hatte ihn am 6. Januar 1931 in ihrem Auto mitgenommen, und er hatte sie während der Fahrt unsittlich berührt. Als sie anhielt, um ihn hinauszuwerfen, hatte er sie bewusstlos geschlagen und das Auto angezündet. Fast bis zur Unkenntlichkeit ver-

brannt, konnte Evelyn im Krankenhaus der Polizei noch eine Beschreibung des Mannes zuflüstern, bevor sie starb. Nach Browns Verhaftung stellte man fest, dass er auf diese Beschreibung passte. Da er bereits zum Tode verurteilt war, war es sinnlos, ihn wegen eines früheren Verbrechens anzuklagen.

Bei der Hinrichtung am 6. Februar 1934 sagte ein Geistlicher zu ihm: „Du solltest diese letzten Momente deines Lebens dazu nutzen, deine Sünden vor Gott zu bekennen." Als der Henker ihm die Schlinge um den Hals legte, flüsterte Brown: „Otterburn" – den Namen des Ortes, in dem Evelyn gelebt hatte.

Albert Burrows

Albert Burrows war ein vorbestrafter gewalttätiger Dieb, der schon wegen Pferdediebstahls, Misshandlung von Tieren und Körperverletzung vor Gericht gestanden hatte. Als er Hannah Calladin traf, erweiterte er sein Spektrum um Bigamie. Doch das war nicht die letzte Straftat, die er beging.

Albert Burrows wurde 1871 in Cheadle Hulme, Derbyshire, England, geboren und hatte zu Beginn des Ersten Weltkriegs bereits ein langes Vorstrafenregister. Obwohl er manchmal auf Baustellen arbeitete, stahl er zusätzlich Geld für seine Familie. Sein Temperament hatte ihn schon mehr als einmal in Schwierigkeiten gebracht. Moral und Gesetze galten für ihn nicht. Als er in der Munitionsfirma, in der einen Job bekommen hatte, ein junges Mädchen traf, das er anziehend fand, hielt ihn der Gedanke an seine Frau und sein Kind nicht davon ab, eine Affäre mit ihr zu beginnen. Hannah nahm an, Burrows sei Witwer, dessen Tochter von einer befreundeten Haushälterin in Glossop großgezogen wurde. Als sie im Mai schwanger wurde und Burrows ihr einen Antrag machte, sagte sie ja. Das Paar heiratete im Oktober.

Eine Zeit lang konnte Burrows beide Familien unterhalten, aber nach Kriegsende wurde er arbeitslos und konnte das Geld nicht mehr aufbringen. Außerdem war Hannah argwöhnisch geworden und hatte seiner Tochter in Glossop einen Brief geschrieben. Burrows erste Frau war entsetzt, dass es eine weitere

Frau Burrows gab, und ihr Mann wurde zu sechs Monaten Haft wegen Bigamie verurteilt.

Burrows kehrte nach seiner Inhaftierung zu seiner ersten Frau zurück, doch seine zweite hatte eine Verfügung erwirkt, nach der er sie und ihren gemeinsamen Sohn finanziell unterstützen musste. Als er nicht zahlte, sorgte sie dafür, dass er verhaftet wurde, und er saß weitere drei Wochen ein. Nichts war besser geworden, als er aus der Haft kam. Burrows geriet erneut in Zahlungsverzug, da er arbeitslos war und zwei Familien versorgen musste. Die Lage verschlimmerte sich, als Hannah kurz vor Weihnachten 1919 an einem frostigen Abend bei ihm mit seinem Sohn und Elsie (einer Tochter aus einer früheren Beziehung) auftauchte und Einlass verlangte. Seine Frau war außer sich, aber Burrows erlaubte Hannah, zu bleiben – mit dem Argument, man könne sie in einer so kalten Nacht nicht zurückschicken. Am nächsten Tag zog seine Frau aus. So blieb Hannah die letzten drei Wochen ihres Lebens bei ihrem ehemaligen Mann.

Am 12. Januar 1920 stand Burrows erneut vor Gericht, hatte aber dieses Mal seine Probleme „gelöst".

Er erzählte, Hannah habe Arbeit gefunden und sei mit ihren Kindern weggegangen. Frau Burrows kehrte nach Hause zurück. Endlich schien Albert Burrows den Stress, zwei Familien unterhalten zu müssen, hinter sich gelassen zu haben. Das wahre Ausmaß seines Verbrechens würde erst später in schrecklicher Weise ans Licht kommen.

Am 4. März 1923 verschwand der vierjährige Thomas Wood, nachdem man ihn mit Burrows zusammen gesehen hatte. Burrows wurde verhaftet und brach beim Verhör zusammen. Die Wahrheit, die jetzt herauskam, ließ seine anderen Verbrechen unbedeutend erscheinen. Burrows gestand, den Vierjährigen missbraucht und in einen Schacht geworfen zu haben. Als man nach ihm suchte, fand man in dem Schacht nicht nur den toten Körper von Thomas, sondern auch die Leichen von Hannah Calladine und ihren beiden Kindern Albert und Elsie.

Am 8. Juli 1923 begann vor dem Schwurgericht Derbyshire die Verhandlung wegen Mordes an Hannah Calladine und ihrem 15 Monate altem Sohn. Die entsetzte Jury benötigte weniger als eine Viertelstunde, um Burrows schuldig zu sprechen.

Da er bereits zum Tod verurteilt worden war, wurden die Fälle Elsie Calladine und Thomas Wood nicht mehr verhandelt. Am 8. August 1923 wurde Burrows in Nottingham gehängt.

William Burton

William Burton, ein Lügner und Betrüger, machte der jungen Frau, auf die er ein Auge geworfen hatte, zahlreiche Versprechungen, um sie zu verführen. Er wollte seine Versprechen natürlich nicht einlösen, und als er erfuhr, dass sie schwanger war, entschied er, dass sie zu einem Problem geworden war.

Der 29-jährige Burton, Hasenfänger auf einem Hof in Gussage Saint Michael, Dorset, war selbst kein guter Fang, obwohl er einen gewissen Charme besaß. Er war mit einer Lehrerin verheiratet, lebte in einer Wohnung über dem Postamt, und sie hatten gerade ihr erstes Kind bekommen. Dennoch war Burton unzufrieden. Seine Frau war etwas älter als er und nun auch noch Mutter. Seine Leidenschaft für sie nahm in dem Maß ab, in dem sie für eine andere Frau aufloderte.

Auf dem Hof arbeitete die wunderschöne junge Köchin Winifred Mary Mitchell. Burton musste sie haben. Er ließ all seinen Charme spielen, doch sie gehörte nicht zu jenen, die sich schnell verliebten. Zwei Monate versuchte er, sie zu verführen, doch sie widerstand ihm – wissend, dass er Frau und Kind hatte.

Mit dem Versprechen, sie nach Kanada zu bringen und dort ein gemeinsames Leben aufzubauen, konnte er Winifred dann aber endlich für sich gewinnen. Sie gab ihren Widerstand auf und glaubte, Burton liebe sie genug, um seine Familie für sie zu verlassen.

Aber das waren leere Versprechungen. Was als eine Herausforderung begann und zu einer angenehmen sexuellen Liebschaft wurde, endete plötzlich in Verantwortung, als sie schwanger wurde. Er stand vor der Wahl, entweder seine Versprechungen einzuhalten oder den Betrug mit der Geburt seines unehelichen Kindes auffliegen zu lassen. Für Burton gab es nur eine Lösung.

Am 29. März 1913 versprach er Winifred erneut, mit ihr durchzubrennen. Sie sollte sich mit ihm an einem abgelegenen Ort treffen. Dann lieh er sich eine Waffe und sagte, er müsse damit eine Katze töten. Als seine Geliebte zu ihrem Rendezvous eintraf, erschoss er sie und vergrub sie tief in der Erde.

Unglücklicherweise fand man die Leiche am 2. Mai, und als die Polizei Fetzen eines Liebesbriefs fand, den Burton Winifred geschrieben hatte, wurde er verhaftet. William Burton wurde des Mordes schuldig gesprochen. Er war der letzte Mann, der am 21. Juni 1913 im Gefängnis von Dorchester gehängt wurde.

OBEN: Luftaufnahme des Dorchester-Gefängnisses, wo William Burton gehängt wurde.

Kitty Byron

Das Gesetz sollte sich nicht von der öffentlichen Meinung beeinflussen lassen. Doch als es im Fall der wegen Mordes verurteilten Kitty Byron einen Schrei der Entrüstung gab, rettete der Innenminister sie vor dem Galgen. Nach sechs Jahren Haft entließ er sie zudem aus dem Gefängnis.

Kitty Byrons Geschichte ist eine traurige. Unglücklicherweise verliebte sie sich in Arthur Reginald Baker. Nach außen hin schien Baker ein respektabler Mann zu sein und Mitglied der Londoner Börse. Privat aber war Baker ein Trinker und gewalttätig. Er griff Kitty körperlich an. Einmal erdrosselte er sie fast.

Baker führte ein Doppelleben mit seiner Frau zu Hause und seiner Geliebten Kitty in der Duke Street im Westen Londons. Für die Vermieterin waren sie Herr und Frau Baker und unauffällig – bis auf die Tatsache, dass sie sich oft heftig stritten und der Streit meist mit Gewalt endete. Am 7. November 1902 war es zu einem besonders bösen Streit gekommen, und Kitty stand an der Türschwelle, um den Fäusten ihres Liebhabers zu entkommen. Die Vermieterin, die diese Ausbrüche nicht mehr dulden wollte, teilte ihnen am nächsten Morgen mit, dass sie innerhalb von zwei Monaten ausziehen müssten.

Danach beruhigte sich die Beziehung ein wenig. Doch Baker wurde seiner Geliebten überdrüssig. Nachdem er Kitty eines Morgens ihren Tee gebracht hatte und das Haus verließ, um zur Arbeit zu gehen, nahm er seine Vermieterin zur Seite und erklärte ihr, dass Kitty nicht seine Frau sei, sondern ein Mädchen „von der Straße". Er versicherte ihr, er würde dafür sorgen, dass Kitty am nächsten Tag das Grundstück verlassen würde. Eine Bedienstete hörte dieses Gespräch mit an. Sie überbrachte Kitty die Neuigkeit, und das kostete Baker sein Leben. Als Kitty vernahm, dass ihr Liebhaber sie so kaltherzig verlassen und sie aus ihrem Heim werfen lassen wollte, murmelte sie etwas, das sie später im Prozess verfolgen sollte. Sie sagte, Baker würde sterben, „bevor der Tag zuende ist."

Die Vermieterin war verwirrt. Sie fragte, warum Kitty mit einem betrunkenen Tyrann zusammen war, der nicht einmal ihr Mann war. Kitty erwiderte einfach: „Weil ich ihn liebe." Dann ging sie hinaus und kaufte ein scharfes Messer. Sie ließ Baker über einen Boten eine Nachricht in seinem Büro zukommen: „Ich brauche dich dringend. Kitty."

Baker kam sofort nach Hause, wo Kitty auf ihn wartete. Als er sich der Frau näherte, die er so oft geschlagen hatte, zog sie das Messer aus ihrem Muff und stach zweimal auf ihn ein.

Ihr Prozess begann im Dezember 1902. Sie weinte und gab zu, Baker ermordet zu haben, aber sie habe nicht gewusst, was sie tat. Zwar hatte sie das Mitleid der Öffentlichkeit, aber nicht das des Richters. Der Verteidiger plädierte auf Totschlag, aber der Richter lehnte ab und sprach sich in seiner Zusammenfassung für Mord aus, schlug aber vor, milde zu verfahren. Doch die Nachsicht blieb aus: Kitty wurde des Mordes für schuldig befunden und erhielt die Todesstrafe.

Dann wendete sich das Schicksal zu ihren Gunsten. Der Prozess erschien in allen Zeitungen, und die Öffentlichkeit befand das Urteil als zu hart, da Kitty so sehr unter Baker gelitten hatte. Während sie auf ihre Hinrichtung wartete, machte eine Petition mit 15.000 Unterschriften die Runde, die man dem Innenminister übergab. Darunter waren auch die Unterschriften von Angestellten, die mit Baker gearbeitet hatten und die genau wussten, was für eine Art von Mann er gewesen war.

Die Begnadigung erfolgte rechtzeitig, und aus der Todesstrafe wurde eine lebenslange Haftstrafe. 1907 wurde das Strafmaß noch einmal verringert. Im Jahr 1908 verließ Kitty das Gefängnis.

Frederick Bywaters

Percy Thomas war Opfer eines klassischen Mordes aus Leidenschaft. Indem er sich weigerte, sich von seiner Frau Edith scheiden zu lassen, damit diese mit einem anderen Mann leben konnte, zog er den Ärger der beiden auf sich. Obwohl später beide wegen des Mordes gehängt wurden, war vermutlich nur einer schuldig.

Im Jahr 1916 heiratete Percy Thompson Edith Graydon. Er war 21 Jahre alt, sie 18, und das Paar zog nach Ilford, Essex. Percy war Angestellter der Pazifik- und Orient-Schiffsgesellschaft, Edith arbeitete als Buchhalterin in einem Modegeschäft. Fast sechs Jahre lang lebten sie in häuslicher Zweisamkeit, bevor Edith von einer Leidenschaft erfasst wurde, die sie nie für möglich gehalten hätte.

Im Sommer 1921 schlossen sich die Thompsons einer Reisegesellschaft zur Isle of Wight an. Darunter befand sich auch der 19-jährige Frederick Bywaters, Angestellter bei einer Schifffahrtsgesellschaft und ein

OBEN: Frederick Bywaters bei der Verhandlung zur Todesursache von Percy Thompson.

liebte Edith so sehr, dass ihm die Rolle des Liebhabers nicht genügte. Obwohl der Ehebetrug dadurch vereinfacht wurde, dass er im gleichen Haus lebte, ertrug er es nicht, sie die gute Ehefrau vortäuschen zu sehen. Es dauerte nicht lang, bis er Thompson seine Beziehung zu Edith beichtete und ihn bat, sich von ihr scheiden zu lassen, damit sie erneut heiraten könne. Thompson war verständlicherweise wütend. Es entbrannte ein Streit, und Bywaters wurde des Hauses verwiesen. Thompson teilte Edith mit, ihre Affäre sei nun beendet.

Nichtsdestotrotz sah sich das Liebespaar weiterhin, wann immer es möglich war, und schrieb sich lange, leidenschaftliche Briefe. Im September 1922 legte Bywaters Schiff in England an. Am Nachmittag des 3. Oktober hatten er und Edith ein heimliches Rendezvous in einem Teehaus in London. Abends ging sie mit ihrem Mann ins Theater und kehrte erst spät zurück nach Ilford. Als sie nach Hause gingen, sprang ein Angreifer aus der Dunkelheit. Es war Bywaters.

Als der junge Mann wiederholt mit einem Messer auf Percy einstach, rief Edith um Hilfe und flehte ihren Liebhaber an: „Bitte nicht!" Sie flehte auch einen Arzt an, der gekommen war, um das Leben ihres Mannes zu retten. Sie erzählte der Polizei nicht, dass sie den Angreifer kannte, aber das half Bywaters nicht lang. Die Beamten sprachen mit den Nachbarn, fanden einen Stapel Liebesbriefe, den Edith von ihrem Liebhaber erhalten hatte, und bald wurde Anklage wegen Mordes erhoben. Edith und Bywaters wurden verhaftet.

Die Anklage behauptete, der Mord wäre während des heimlichen Treffens im Teehaus geplant worden. Bywaters widersprach. Er habe immer wieder versucht, Thompson zur Vernunft zu bringen und ihn gebeten, sich scheiden zu lassen. Dann habe Thompson gedroht, ihn zu erschießen. Er beharrte darauf, aus Selbstverteidigung gehandelt zu haben. Er wollte ihn nicht töten, nur verletzen.

Doch das Paar verriet sich in seinen Briefen. Die Anklage legte 62 Briefe vor, in denen das Liebespaar den

selbstsicherer Mann mit einer starken Persönlichkeit. Noch vor dem Ende ihrer kurzen Reise gestand Edith ihrer Schwester, dass sie ihren Mann nicht länger liebe.

Edith war überwältigt von ihren Gefühlen für Bywaters und schlug ihrem Mann vor, ihn als Mieter zu Hause einziehen zu lassen. Das zusätzliche Geld könnten sie gut gebrauchen. Thompson stimmte widerstrebend zu, und Bywaters zog ein. Doch Bywaters

OBEN: Frederick Bywaters vor der Polizeistation von Ilford in Essex auf dem Weg zum Mordprozess im Fall Percy Thompson.

Mord des Mannes plante, der zwischen ihnen stand. In jedem sprach Edith ihren Geliebten mit seinem Kosenamen „Darlint" an, und in jedem erzählte sie davon, wie sie versucht habe, ihren Mann umzubringen, indem sie ihm Glassplitter in sein Essen rührte – „große Scherben, nicht winzig kleine." Sie schrieb auch, wie sie Thompson habe vergiften wollen: „Er beschwerte sich, dass der Tee bitter schmeckte." Und weiter: „Ich nehme die Scherben wieder, wenn ich sicher sein kann." In einem besonders leidenschaftlichen Brief schrieb Edith: „Wird das, was ich für uns beide tue, je etwas ändern, Darlint? Verstehst du, was ich meine? Wirst du jemals schlecht von mir denken?"

Bywaters antwortete dem Gericht, es habe nie einen wirklichen Plan gegeben, Thompson zu töten. Die Briefe seien nur Fantasiegebilde zweier Liebenden gewesen, die nicht zusammen sein durften. In den Briefen wurde auch eine Abtreibung erwähnt, die Edith hatte vornehmen lassen, als sie erfuhr, dass sie Bywaters Baby trug. Nach dem damaligen moralischen Standpunkt legte die Jury auch die Andeutungen über die Abtreibung als weitere Morddrohungen aus. Ediths Verteidiger unternahm nichts, um das Missverständnis zu beseitigen. Er fürchtete darum, die Sympathie der Jury komplett zu verlieren, wenn herauskam, dass Edith nicht nur ihren Mann betrogen hatte, sondern auch das Kind ihres Geliebten erwartete.

Alles sprach gegen die Liebenden, aber es gab eine einzige Tatsache, die Edith zugute kam und auf die sich die Verteidigung stützte: Laut Bericht des Pathologen befanden sich weder Glas noch Gift im Körper von Percy Thompson.

Doch es gab keine Gnade. Richter Shearman hatte fast schon Freude daran, Ediths verruchte Zuneigung zu ihrem Geliebten detailliert zu schildern und zusammenzufassen, indem er sagte: „Dies ist ein schmutziger und unanständiger Fall von Lust und Ehebruch." Die Jury beriet zwei Stunden lang. Edith Thompson und Frederick Bywaters wurden schuldig gesprochen und zum Tod durch den Strang verurteilt. Am Morgen des 9. Januar 1923 starben sie am Galgen.

Bis zum Ende blieb Bywaters ein Ehrenmann und verteidigte unbeirrt den Ruf seiner geliebten Edith. Aus seiner Zelle heraus schrieb er zu ihrer Verteidigung: „Es ist kriminell und schrecklich, sie zu hängen. Sie hat den Mord nicht begangen. Ich habe es getan. Sie hat es nie geplant, sie hat nicht einmal davon gewusst. Sie ist unschuldig, absolut unschuldig."

UNTEN: Menschen vor dem Old Bailey in London während des Prozesses gegen Edith Thompson und Frederick Bywaters, die Ediths Mann getötet haben sollen.

Henriette Caillaux

Erschrockene Angestellte fanden Henriette Caillaux im Büro der Zeitung Le Figaro in Paris über ihr Opfer gebeugt. Der Körper des Zeitungsredakteurs Gaston Calmette war von Schüssen durchsiebt. Madame Caillaux hielt eine rauchende Waffe in ihrer Hand. Dennoch wurde sie freigelassen, nachdem sie die Jury mit einer Mischung aus Psychologie und reinem Schauspiel verwirrt hatte.

Morde aus Leidenschaft werden überall auf der Welt begangen, aber die Franzosen scheinen ein besonderes Gespür dafür zu haben. Es gibt dort sogar Gesetze zum „crime passionel". Der Fall der Henriette Caillaux war trotzdem kompliziert. Der Ermordete war zwar einst ihr Liebhaber gewesen, aber die Beziehung war schon lange beendet und wäre es auch geblieben, hätte Henriette nicht Joseph Caillaux geheiratet, den späteren französischen Finanzminister. Ihr ehemaliger Partner Calmette hingegen wurde Redakteur beim *Figaro*, Frankreichs führender Zeitung.

Henriette wurde wütend, als Spottartikel und Karikaturen ihres Mannes im *Figaro* erschienen. Als sie und der Finanzminister auch weiterhin gedemütigt wurden, kochte sie vor Zorn. Calmette besaß noch einige Schriftstücke aus seiner Zeit mit Henriette. Darunter befand sich auch ein Liebesbrief von Caillaux an Henriette, den er ihr 13 Jahre vor ihrer Beziehung geschrieben hatte.

Am frühen Abend des 16. März 1914 erschien Madame Caillaux im Büro des *Figaro*, einen Pelzmantel über ihrem Abendkleid und die Hände in einem Muff versteckt. Da sie die Frau des Finanzministers war, wurde sie sofort zu Calmette gelassen. Als sie vor dem Redakteur stand, fragte Henriette nur: „Du weißt, warum ich gekommen bin?" Caillaux hatte kaum Zeit für seine Antwort: „Leider nein, Madame." Seine alte Liebe zog eine Waffe aus ihrem Muff und feuerte sechs Schüsse auf ihn ab. Zeitungsangestellte stürmten sofort ins Büro und versuchten, die Mörderin zu ergreifen. Henriette Caillaux schrie „Fasst mich nicht an, ich bin eine Dame!"

RECHTS: Gaston Calmette, Redakteur bei Le Figaro, den Henriette Caillaux erschoss.

Heutzutage wäre das Ergebnis des Prozesses eindeutig vorhersehbar gewesen, und auch damals sah Henriettes Zukunft eher düster aus. Wie aber Calmette

schon feststellen durfte, besaß sie viel Mut, und man durfte sie nicht unterschätzen. Französische Gerichte beurteilten Morde aus Leidenschaft sehr milde. Henriette wollte Nutzen daraus ziehen, auch wenn sie und Calmette schon seit Jahren keine Liebenden mehr gewesen waren. Sie engagierte Fernand Labori, einen der

UNTEN: Henriette Caillaux auf einem Foto aus dem Jahr, in dem ihr Prozess wegen Mordes an Gaston Calmette stattfand.

LINKS: Fernand Labori, der Verteidiger im Mordfall Henriette Caillaux.

besten Anwälte Frankreichs, als ihren Verteidiger und ging auf jedes Argument vorbereitet in den Prozess. Labori kritisierte das 1904 von Napoléon erlassene Gesetz, das Frauen diskriminierte. Auch Frauen müssten ihren leidenschaftlichen Gefühlen Luft machen dürfen

Henriette selbst zeigte im Zeugenstand ein regelrechtes Drama. Sie präsentierte sich als romantische Frau, die ihren Emotionen hilflos ausgeliefert war. Gleichzeitig erwähnte sie wissenschaftliche Untersuchungen, die zeigten, wie Nervensystem und Unterbewusstsein jemanden dazu bringen konnten, unter extremem Druck schreckliche Dinge zu tun. Für die Jury sollte sie die Heldin über unkontrollierbare Gefühle sein und für die Experten Opfer psychologischer Gesetze. In der Öffentlichkeit wurden Frauen mit starken Emotionen bewundert, vorübergehender Wahnsinn war nicht gesetzlich zu ahnden.

Alles lief wie geplant. Nach einem siebentägigen Prozess vor dem Cour d'Assises in Paris wurde Henriette Caillaux freigesprochen. Nach weniger als einer Stunde Beratung entschied die rein männliche Jury, dass der Totschlag ohne Vorsatz oder kriminelle Absicht ausgeführt worden sei. Die Geschworenen akzeptierten, dass sie – als sie schoss – ein Opfer ihrer (wie Labori es ausdrückte) „ungezügelten weiblichen Leidenschaften" gewesen sei.

Yvonne Chevallier

Der Ausdruck „crime passionel" hätte für Yvonne Chevallier erfunden sein können. Ihre Geschichte klang märchenhaft – vom armen Mädchen zur reichen Frau. Es ging Yvonne nicht um Geld oder Ansehen, sondern alles drehte sich um den strahlenden Helden, den sie geheiratet hatte. Doch als ihr über alles geliebter Mann ein Verhältnis hatte, zerbrach ihr ganzes Leben.

Als 24-Jährige arbeitete Yvonne als Hebamme im Krankenhaus in Orleans, Frankreich. Sie kam aus einer Bauernfamilie, besaß nur wenig Geld, war ungebildet, nicht weltgewandt und sehr schüchtern – das Gegenteil vom intelligenten und ambitionierten Arzt Pierre Chevallier, der aus einer angesehenen Familie

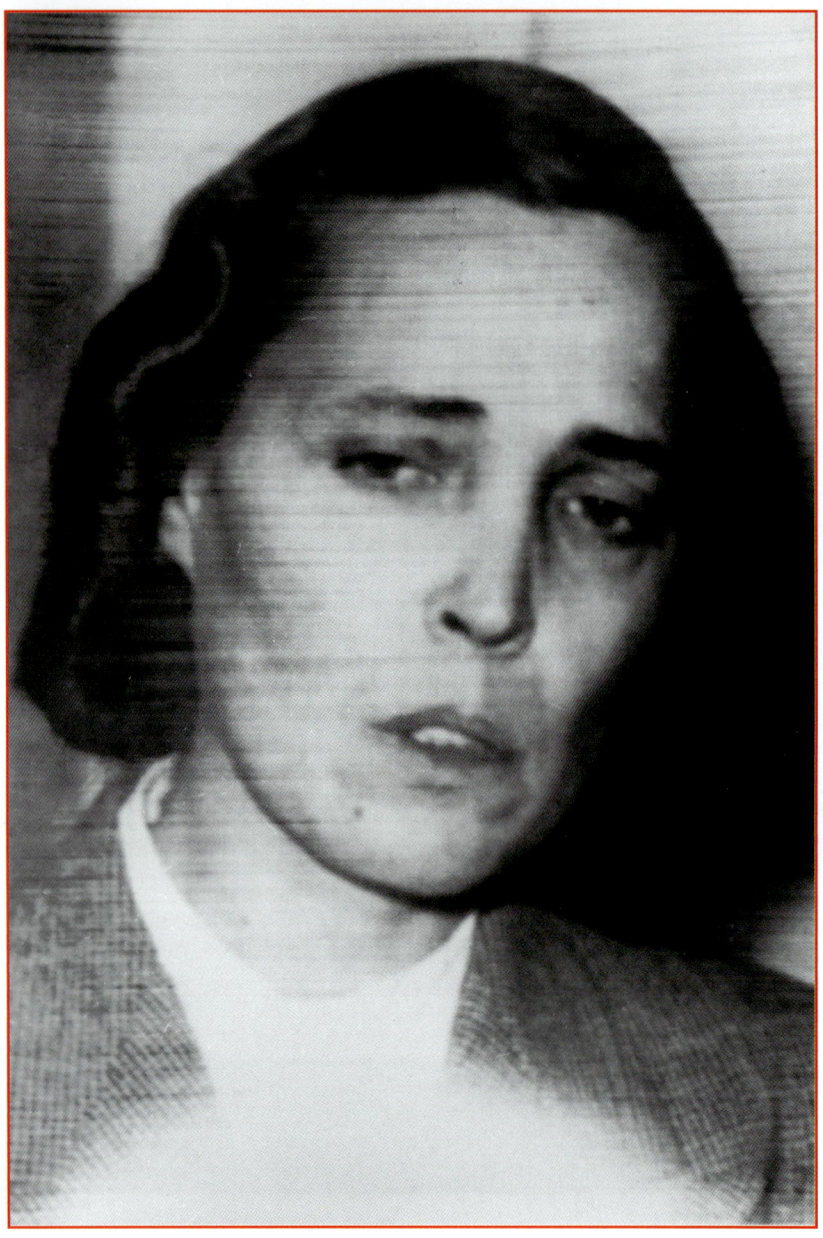

OBEN: Yvonne Chevallier bei ihrem Prozess wegen Mordes an ihrem Ehemann Pierre.

valliers sexuelles Verlangen nach ihr war so groß, dass sie die meiste Zeit im Bett verbrachten. Chevalliers Familie war gegen die Beziehung mit einem einfachen Bauernmädchen, doch er ignorierte die Proteste. Als 1939 der Krieg ausbrach, wurde er in Yvonnes Augen und denen vieler anderer zu einem noch größeren Helden. Er diente als Stabsarzt in der französischen Armee und rettete viele Menschenleben. Während eines Heimaturlaubs und ohne Chevalliers Familie heiratete das Paar 1939.

Als Frankreich wenige Wochen später von den Deutschen besetzt wurde, führte Chevallier die örtliche Widerstandsbewegung an. 1944 zogen sich die Deutschen zurück, und Chevallier wurde als Held gefeiert. Er war mit den Widerständlern gegen die Deutschen gezogen und hatte sie aus Orleans vertrieben. Unter dem Jubel der Bevölkerung wurde Chevallier noch im gleichen Jahr zum Bürgermeister gewählt.

Das war der erste Schritt einer großen Politikerkarriere. Als Bürgermeister organisierte Chevallier den Wideraufbau der Stadt – das brachte ihm noch mehr Anerkennung, da die Stadt offiziell als beste wiederaufgebaute Stadt in Frankreich ausgezeichnet wurde. 1951 wurde er Parlamentsabgeordneter für Orleans, und von nun an hielt er sich hauptsächlich in Paris auf. Die süße, schüchterne Yvonne hielt sich im Hintergrund. Sie bekam mit Pierre zwei Söhne, die sich mit den Kindern der reichen Nachbarn Leon Perreau und seiner Frau Jeanne anfreundeten. Auch Yvonne freundete sich mit ihnen an und erkannte in ihnen ein Paar, das nicht zusammenpasste, aber glücklich war, so wie sie und Chevallier. Was Perreau an Äußerlichkeiten fehlte – er war klein, dick und glatzköpfig –, machte er mit seinem Charme und seinem Erfolg als Besitzer des angesehensten Kaufhauses in Orleans wett. Jeanne war 15 Jahre jünger als

stammte. Nichtsdestotrotz war er nur zwei Jahre älter als sie, und sie fühlten sich sofort intensiv zueinander hingezogen.

Nur wenige Wochen, nachdem sie sich 1937 kennengelernt hatten, zogen sie in seine Wohnung. Che-

ihr Ehemann – eine geistreiche Schönheit, die sich leicht in den politischen und sozialen Kreisen bewegte, die Yvonne so ängstigten.

Leider kümmerte sich Pierre Chevallier nicht nur um Staatsangelegenheiten. Es war eine Ironie des Schicksals, dass er und Jeanne ein perfektes Paar abgaben. Sie verliebten sich schnell ineinander.

Schon bevor Yvonne das herausfand, zeigte sie erste Symptome eines emotionalen Zusammenbruchs. Sie hatte Angst um ihren Mann, der oft unterwegs war, und rauchte ununterbrochen, trank sehr viel starken, schwarzen Kaffee und verließ sich immer mehr auf die Aufputsch- und Schlafmittel, die ihr der Arzt verschrieb. Es dauerte nicht lang, bis sie das Gefühl hatte, die Ehe falle langsam auseinander. Den Beweis dafür erhielt sie, als einer ihrer Söhne krank wurde. Sie brachte ihn in ihr Bett, damit sie nachts für ihn da sein konnte, und Chevallier schlief auf dem Sofa im Büro. Doch als ihr Sohn wieder gesund war, weigerte sich Chevallier, zurück ins Ehebett zu kommen. Konnte er einst nicht genug von Yvonne bekommen, so rührte er sie nun nicht mehr an. Sie ging in Schönheitssalons und Designergeschäfte, sie versuchte sogar, seine Welt der Politik zu verstehen, um seine Aufmerksamkeit wieder zu erlangen, aber nichts half. Er wies sie zurück, und sie war einsam. Aus ihrem Helden war ihr Peiniger geworden.

Als sie einen anonymen Brief erhielt, der die Kaltherzigkeit ihres Manns erklärte, war sie am Boden zerstört. Im Brief stand, Chevallier

OBEN: Yvonne Chevallier im Zeugenstand, wegen des Mordes an ihrem Mann Pierre angeklagt.

habe eine Affäre. Die Bestätigung dafür fand sie in einem Brief, den sie in der Jackentasche ihres Mannes entdeckt hatte. Er war an „Liebster Pierre" adressiert und ging weiter mit „ohne dich wäre mein Leben

trübe und sinnlos." Die Nachricht war mit „Jeanne" unterschrieben. Als sie ihren Mann konfrontierte, leugnete er zuerst wütend alles, dann gestand er und verlangte schließlich die Scheidung, damit er Jeanne heiraten könne. Chevallier sagte zu seiner Frau: „Soweit es mich betrifft, bist du eine freie Frau. Nimm dir einen Liebhaber, weil ich nie wieder mit dir Liebe machen werde."

In ihrer Verzweiflung wandte Yvonne sich an Leon Perreau und hoffte, er würde ihr dabei helfen, die Liebenden zu entzweien. Sie erklärte ihm, sie werde sich umbringen, wenn diese Affäre weiterliefe. Perreau zuckte aber nur mit den Schultern. Er hatte schon von der Affäre erfahren und sich damit abgefunden, ein „mari complaisant" – fügsamer Ehemann – zu sein. Dann suchte Yvonne die Nationalversammlung auf und fand dort ihren Mann. Sie flehte ihn erneut an, Jeanne zu verlassen. Sie wurde abgewiesen, und Chevallier begab sich mit seiner Geliebten auf Reisen, aber nicht ohne vorher seiner Frau zu sagen, sie sei eine „dumme Kuh."

Yvonne versuchte, sich zu vergiften, erkrankte aber nur. Dann besorgte sie sich eine Waffenlizenz und kaufte eine Mab 7,65 mm, eine französische Halbautomatik mit einem Neun-Schuss-Magazin. Wie sie später sagte, war es die perfekte Waffe zum „zweifelsfreien Töten."

Am 11. August 1951 kehrte Pierre Chevallier zurück, um sein restliches Hab und Gut zu holen. Sie bettelte, er möge bleiben, und folgte ihm ins Zimmer seiner Söhne, die er zum Abschied küsste. Das brach Yvonne das Herz. Sie warf sich ihm zu Füßen, umklammerte seine Beine. Er knurrte sie an, sie solle ihn, den Staatssekretär, nicht anfassen. Dann rannte Yvonne davon, um die Waffe zu holen, und schrie, sie würde sich umbringen. Chevallier machte eine obszöne Geste und höhnte: „Tu es. Aber erst, wenn ich gegangen bin." Das waren seine letzten Worte. Er fiel tot zu Boden. Nur der Gedanke an ihre Kinder hielt Yvonne davon ab, die Waffe gegen sich selbst zu richten. Als sie sich erhob, ging die Waffe versehentlich los und traf Chevallier noch in den Rücken.

Ein Aufschrei ging durch die Bevölkerung, als Chevalliers Ermordung in den Medien publik wurde. Yvonne wusste, was für ein Ekel ihr Ehemann geworden war. Doch für den Rest Frankreichs war er ein verehrter Politiker und Nationalheld. Die Emotionen schlugen in Orleans so hoch, dass beschlossen wurde, den Prozess weiter weg stattfinden zu lassen, wo es ruhiger um Yvonne war.

Doch als am 5. November 1952 der Prozess begann, hatte die Öffentlichkeit Mitleid mit Yvonne. Auch über den untreuen Ehemann hatten die Zeitungen berichtet, und der Anblick der gebrechlichen, verlorenen Frau mit ihrem blassen, eingefallenen Gesicht ließ alle Herzen schmelzen. Ein Journalist würde später schreiben: „Die französische Presse spielte verrückt. Sie schlug alle Vorsicht in den Wind, was Polizeiberichte, Gerichtsreporter, schluchzende Schwestern, Psychiater, Schriftsteller, einfach alles betraf. Nichts sollte ungesagt bleiben, und nichts blieb unausgesprochen. Das ganze Land war empört oder empört darüber, dass jemand sich empörte." Die Unterstützung für Yvonne

wuchs mit jedem neuen Detail, das ans Licht kam. Als Jeanne Perreau im Zeugenstand ihre über fünfjährige Affäre mit Chevallier zugab, wurde sie angezischt. Ihre überhebliche Erklärung „Für Liebe muss man sich nicht schämen. Für Liebe wird man nicht bestraft." löste einen solchen Aufruhr aus, dass sie gebeten wurde, das Gericht zu verlassen. Leon Perreau hingegen wurde für die Gelassenheit bewundert, mit der er die Untreue seine Frau hinnahm. In aller Ruhe sprach er davon, dass Pierre Chevallier der Lieblingsgeliebte seiner Frau gewesen war und ihr Bett etwa dreimal die Woche teilen durfte.

Nachdem Yvonne den Zeugenstand betreten hatte, waren alle auf ihrer Seite. Als sie erzählte, wie sehr sie ihren Mann geliebt hatte, wie sie ihn auf Knien angefleht hatte, nicht zu gehen, nur um als Antwort eine obszöne Geste zu erhalten, hielt auch die Anklage die Todesstrafe in diesem Fall nicht für angebracht. Sie sprach sich für eine zweijährige Haftstrafe aus.

In weniger als einer Stunde kam die Jury zu ihrem Urteil. Yvonne wurde freigesprochen. Später sprach auch die Kirche sie von der Sünde der Tötung frei. Die sanftmütige, empfindsame Yvonne jedoch konnte sich selbst so schnell nicht vergeben. Sie zog mit ihren Söhnen in die berüchtigte Kolonie Französisch Guyana nach Westafrika – ein Ort, der einst als Strafkolonie diente und der nun als „tropische Hölle" bezeichnet wurde. Es gab dort noch eine kleine Gemeinde, für die Yvonne als Hebamme arbeitete.

Vincent Ciucci

Der 36-jährige Vincent Ciucci träumte von einem glücklichen Leben mit der Frau, die er heiraten wollte. Doch seine aktuelle Ehefrau und seine Kinder standen ihm im Weg. Weil er seine Träume trotz allem wahr werden lassen wollte, fasste er einen abscheulichen Plan, der ihm einen Neustart mit der Lebensversicherung seiner Frau ermöglichen sollte.

Am 5. Dezember 1953 betäubte Vincent Ciucci seine Frau Anne und seine drei Kinder mit Chloroform, dann schoss er jedem eine Kugel in den Kopf. Anschließend zündete er seine Wohnung in Chicago an, um es so aussehen zu lassen, als wären sie in den Flammen ums Leben gekommen. Weil er dachte, jeglichen Verdacht damit von sich abzulenken, blieb er in der Wohnung, bis die Feuerwehr kam, stolperte den

Männern hustend aus dem Rauch entgegen und flehte sie an, seine Familie zu retten. Er war davon ausgegangen, man sähe die Schusswunden nicht mehr, wenn die Körper verbrannt waren.

Als die Körper gefunden worden waren, stellte die Polizei jedoch schnell fest, dass es sich nicht um einen gewöhnlichen Hausbrand handelte, und Ciucci wurde vernommen. Er leugnete alles: „Ich gebe zu, ich bin ein Spieler und hab gern meinen Spaß mit Frauen. Aber so etwas würde ich nie tun. Wie könnte ein Mann seine eigenen Kinder umbringen? Er müsste sich stattdessen selbst töten." In seiner Verzweiflung erfand er geheimnisvolle Einbrecher, die seine Familie erschossen und dann seine Wohnung in Brand gesetzt

hätten. Er behauptete, die vier Schüsse nicht gehört zu haben, weil er tief und fest schlief.

Ciucci wurde des vierfachen Mordes angeklagt und nach drei Prozessen verurteilt. Bei den ersten beiden wurde er des Mordes ersten Grades an seiner Frau und seinen beiden Kindern für schuldig befunden. Beim dritten Prozess sprach man ihn auch wegen Mordes ersten Grades an seinem dritten Kind schuldig.

Das Gnadengesuch seines Verteidigers fand kein Gehör. Am 23. März 1962 starb er als letzter Mann in Chicago auf dem elektrischen Stuhl. Eine Minute nach Mitternacht fand die Hinrichtung statt, die von fast 30 Menschen – darunter viele Journalisten– verfolgt wurde.

William Corder

William Corder war glücklich über die sexuelle Affäre mit Maria Marten, wie es auch schon andere vor ihm waren, aber heiraten wollte er sie nicht. Stattdessen wollte er mit ihr durchbrennen, doch als sie sich in jener Nacht trafen, erschoss er sie.

Die grausame Geschichte von William Corder und Maria Marten spielt in dem kleinen Ort Polstead in Suffolk, England, zu Beginn des 19. Jh. Sie war 24, er 22 Jahre alt.

Maria hatte von vorherigen Liebhabern bereits zwei uneheliche Kinder. Als sie Corder, den Sohn eines Bauerns, kennenlernte, dauerte es nicht lang, bis sie erneut schwanger war. Corder hatte versucht, die Beziehung geheim zu halten, was wegen ihres Bauches nun nicht mehr möglich war. Er versprach, sie zu heiraten, aber verschob es immer wieder. Als das Baby starb (Gerüchte besagen, es sei ermordet worden), sah er keinen Grund mehr, sein Eheversprechen einzuhalten. Sie aber bestand weiterhin darauf.

Nach weiteren Aufschüben seitens Corders wollte sich das Paar im späten Frühling 1827 an der roten Scheune in der Nähe von Marias Zuhause treffen, um

RECHTS: Illustration des Mörders William Corder aus dem frühen 19. Jh.

zusammen durchzubrennen. Es gab keinen tatsächlichen Grund wegzulaufen. Corder hatte behauptet, die Bezirksbeamten wollten Maria belangen, weil sie uneheliche Kinder habe. Maria Marten wurde nie wieder lebend gesehen.

Eine Zeit lang war Corder verschwunden, tauchte aber wieder auf und erzählte, er und Maria würden nun glücklich zusammen in Ipswich leben. Er könne sie aber noch nicht als seine Frau zurückbringen, denn er fürchtete den Ärger von Freunden und Familie. Die Einwohner des Ortes jedoch wurden misstrauisch, und schließlich wuchs der Druck auf Corder, seine Frau zu holen, so sehr, dass er wieder aus dem Gebiet verschwand. Jetzt schrieb er Briefe an ihre Familie und gab vor, auf der Isle of Wight zu sein. Er erfand auch Ausreden, warum sie ihre Angehörigen nicht mehr kontaktierte.

Das Misstrauen wuchs. Am 19. April 1828 überredete Marias Stiefmutter ihren Ehemann, in den Silos an der roten Scheune zu graben. Dort fand er in einem Sack die Überreste seiner Tochter. Ihr Körper war bereits ziemlich verwest, doch ihre Schwester Ann erkannte sie am Haar, an der Kleidung und an einem fehlenden Zahn. Um ihren Hals fand man Corders grünes Taschentuch. Es war unschwer zu erkennen, dass hier etwas nicht stimmte, doch die Todesursache ließ sich nicht leicht feststellen. Zuerst nahm man an, ein scharfer Gegenstand – vielleicht Corders Kurzschwert – sei in ihr Auge gebohrt worden. Doch diese Wunde konnte ebenso gut vom Spaten ihres Vaters stammen, mit dem er den Körper freigelegt hatte. Das Taschentuch ließ eine Erdrosselung vermuten, andere Wunden sahen aus, als wäre sie erschossen worden.

Man fand Corder in Brentford, Middlesex, wo er mit seiner Ehefrau eine Pension betrieb. Die Polizei klagte

UNTEN: Hinrichtung von William Corder am Galgen in Bury St. Edmunds, Suffolk, am 11. August 1828.

UNTEN: Ein Flugblatt mit Details der schrecklichen Ermordung von Maria Marten.

THE MURDER OF MARIA MARTEN IN THE RED BARN AT POLSTED.

Containing the whole Account of the horrid Murder, COMMITTED BY HER LOVER AND SEDUCER WILLIAM CORDER. Which was revealed in a Dream by her Mother, and also a graphic ACCOUNT OF HIS CONFESSION AND EXECUTION

R. MARCH & CO., ST. JAMES'S WALK, CLERKENWELL.

ihn wegen Mordes an. Er habe Maria Marten mit einer Pistole erschossen und sie gleichfalls mit einem Dolch erstochen. Um sicherzugehen, führte man acht weitere Anklagepunkte an, darunter auch Fälschung.

Der Prozess begann am 7. August 1828 in Bury St. Edmunds. Es fanden sich erwartungsfrohe Zuschauer ein, die nur mit einer Eintrittskarte teilnehmen durften. Vor dem Richter plädierte Corder auf nicht schuldig. Er gab zu, mit Maria in der Scheune gewesen zu sein, habe sie aber nach einem Streit verlassen. Noch im Weggehen habe er einen Schuss vernommen, sie zurückgeeilt und fand Maria mit einer seiner Pistolen tot auf dem Boden liegen.

Nach nur 35 Minuten Bedenkzeit sprach die Jury ihn schuldig. Er sollte gehängt und anschließend zerstückelt werden. Corder rang drei Tage im Gefängnis mit sich, ob er den Mord zugeben sollte oder nicht, um mit Gott ins Reine zu kommen. Nicht nur seine Frau, auch sein Wärter und der Gefängnisdirektor flehten ihn an. Endlich erzählte er eine andere Version der Geschichte. Er leugnete nach wie vor, sie erstochen zu haben. Vielmehr habe er ihr versehentlich durch das Auge geschossen, als sie ihre Reisekleidung anlegte.

Am 11. August 1828 wurde Corder vor einer großen Menschenmenge in Bury St. Edmunds gehängt. Laut einer Zeitung waren 7.000 Zuschauer anwesend, eine andere schrieb von 20.000. Anhand seines Körpers erklärte man später Medizinstudenten das Nervensystem.

Cheryl Crane

Im Lauf der Jahre gab es in Hollywood einige Morde, darunter auch solche, die genauso dramatisch waren wie diejenigen auf der Kinoleinwand. Aber nur wenige waren so sonderbar wie die Ermordung des Gangsters Johnny Stompanato durch die 14-jährige Tochter des Filmstars Lana Turner.

Lana Turner hatte, wie so viele Hollywoodschauspieler, eine gut laufende Filmkarriere, aber ihr Privatleben war weniger erfolgreich. Sie erholte sich gerade vom Scheitern ihrer letzten Ehe, als sie einen Anruf erhielt, der zu einem Gerichtsverfahren gegen ihre junge Tochter Cheryl Crane führen würde. Am anderen Ende der Leitung war ein Mann – ihr völlig fremd –, der erzählte, sie hätten gemeinsame Freunde, und sie zu einem Treffen einlud. Lana schätzte die Situation völlig falsch ein, und so begann eine heiße Beziehung mit dem örtlichen Kriminellen Johnny Stompanato.

UNTEN: Schauspielerin Lana Turner (Mitte) neben ihrem ehemaligen Ehemann Stephen Crane während des Mordprozesses gegen ihre Tochter Cheryl Crane.

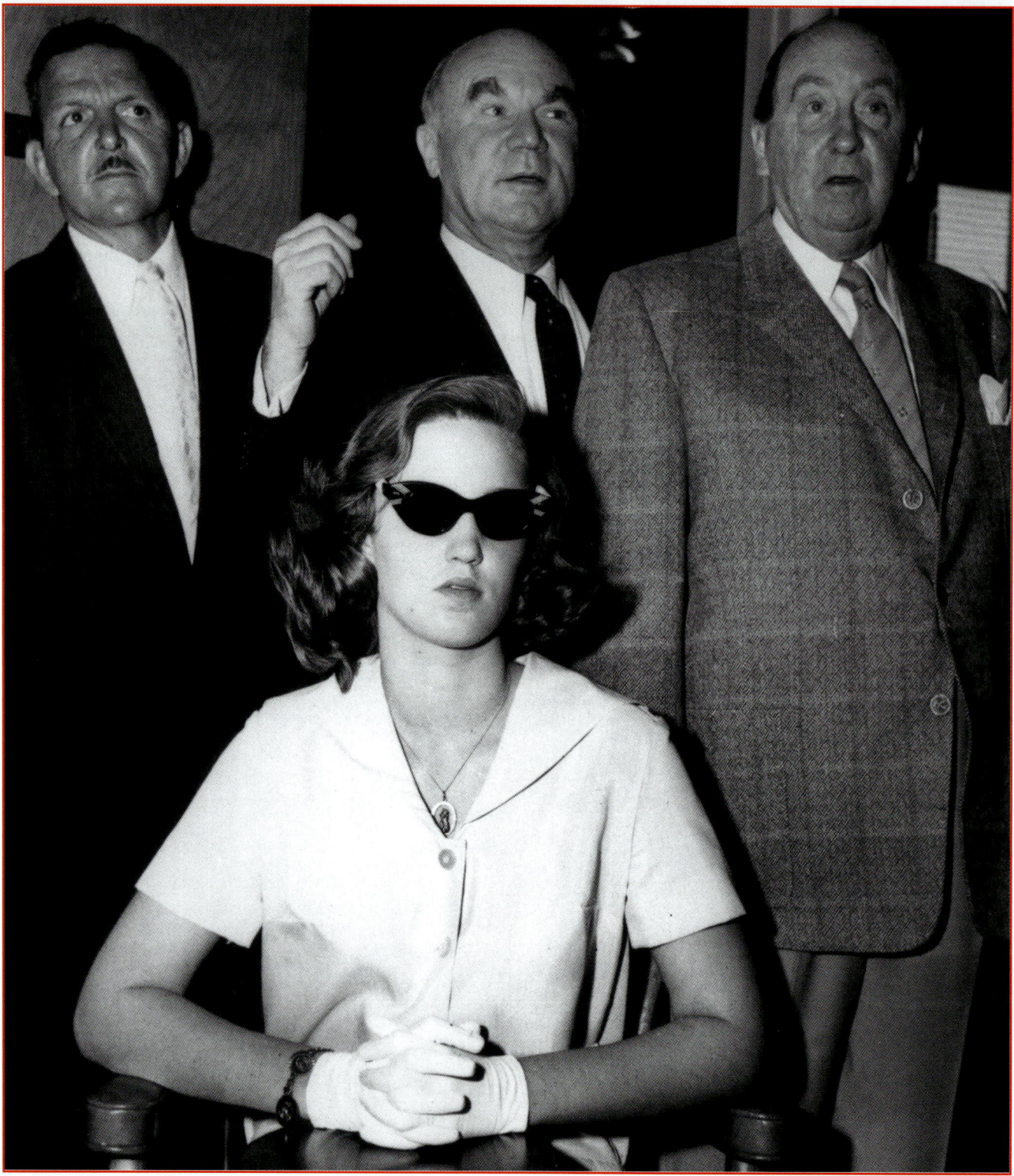

Stompanato, ein ehemaliger Marine, Betrüger und Freund bekannter Gangster, war ein glattzüngiger Redner, der sich schnell in Lanas Bett und in ihr Bankkonto geschlichen hatte. Damit ging es nun rasch bergab. Stompanato quälte und misshandelte seine berühmte Liebhaberin und verspielte ihr Geld. Lanas Tochter Cheryl flehte ihre Mutter immer wieder an, die Beziehung zu beenden, aber Lana antwortete: „Ich habe zu viel Angst." Wie sich später vor Gericht herausstellte, war Stompanato ein guter Freund der beiden bekannten Mafiosi Bugsy Siegel und Mickey

Cohen und hatte Lana für den Fall, dass sie ihn verlassen würde, gedroht: „Ich werde dich verstümmeln. Ich werde dich so verletzen, dass du so hässlich wirst, dass du dich für immer verstecken musst." Ein anderes Mal sagte er zu ihr: „Wenn ich hüpfe sage, hüpfst du. Wenn ich spring sage, springst du."

Diese Drohungen wurden immer häufiger. Am Abend des 4. April 1958 hatten Stompanato und Lana einen heftigen Streit, und wieder drohte er, sie zu entstellen: „Ich kriege dich, ob es einen Tag, eine Woche, einen Monat oder ein Jahr dauert. Und wenn ich es nicht selbst tun kann, suche ich mir jemanden, der es für mich tun wird. Damit kenne ich mich aus."

Cheryl lauschte draußen vor der Tür. Sie sorgte sich um das Leben ihrer Mutter, und die Drohungen des Gangsters machten sie so wütend, dass sie ein langes Messer aus der Küche holte, in das Zimmer rannte, es Stompanato in den Bauch stieß und ihn tötete.

Wie üblich, wenn Prominente beteiligt sind, wurde die gerichtliche Untersuchung zu einer Sensation. Lana gab im Fernsehen ein Interview darüber, was an jenem Abend geschehen war, und verteidigte ihre Tochter leidenschaftlich. Cheryl erschien nicht vor Gericht, da sie minderjährig war, aber machte ihre Zeugenaussage in einem Brief. Dort stand: „Sie haben sich gestritten, und er hat Mutter bedroht. Er sagte, er würde sie umbringen und Papa, Oma und mich verletzen. Er

sagte, er hätte Wege, es zu tun. Meine Mutter fürchtete sich sehr. Ich habe das Messer mitgenommen für den Fall, dass er meine Mutter verletzen würde. Ich bin ins Zimmer gerannt und habe ihn mit dem Messer durchstochen. Er schrie."

Die Jury entschied, dass es sich um Notwehr gehandelt habe, und sprach Cheryl frei. Als das Urteil verkündet wurde, sprang ein Freund Stompanatos im Zuschauerraum auf und rief: „Alles Lügen, alles Lügen! Das Mädchen war auch in ihn verliebt. Sie hat ihn aus Eifersucht umgebracht." Cheryl wurde aus der Jugendhaftanstalt entlassen. Der Skandal wirkte sich positiv auf Lanas Karriere aus. Sie bekam zwei Millionen Dollar für ihren nächsten Film *Solange es Menschen gibt*. Sie brauchte das Geld, denn Stompanatos Familie verklagte sie und erhielt einen Zahlungsausgleich.

Dr. Hawley Harvey Crippen

Der Fall des Dr. Crippen ist einer der berühmtesten Mordfälle. Er beinhaltet alles, was man für eine gute, spannende Geschichte benötigt: eine nörgelnde, untreue Frau, eine sexuelle Affäre, eine verzweifelte Flucht und einen grausigen Fund im Keller.

Crippen, ein amerikanischer Arzt, arbeitete als Ohrenspezialist in England, obwohl er nicht außerhalb der USA praktizieren durfte. In der Öffentlichkeit gab er sich weltgewandt und elegant, aber sein privates Chaos versteckte er. Privat lief nichts, wie es sollte.

Nach dem Tod seiner ersten Frau hatte Crippen 1892 im Alter von 31 Jahren die 19-jährige Cora geheiratet. Der Anfang ihrer Beziehung verlief kompliziert. Cora war bereits die Geliebte eines Ofenherstellers, der ihren Gesangsunterricht bezahlte, damit sie unter dem Namen Belle Elmore eine Karriere im Londoner Varieté beginnen konnte. Sie willigte zwar ein, Crippen zu heiraten, aber sie wurde nicht häuslich. Sie liebte es, im Mittelpunkt zu stehen, bewundert und geliebt zu werden. Sie versuchte, ihre Sucht nach Aufmerksamkeit in den Armen diverser Männer zu befriedigen. Zu ihren Liebhabern zählten ein ehemaliger Boxer und diverse Untermieter, die bei

den Crippens wohnten. Nach und nach begann sie, ihren Ehemann zu verachten, fing Streitereien an oder beschwerte sich über ihn.

Als Crippen die 17-jährige Polin Ethel Le Neve kennenlernte und sich in sie verliebte, fühlte er sich nicht schuldig. Er wusste um Coras Affären, und sie machte ihm das Leben zur Hölle. Er stellte Ethel als Buchhalterin an, und es dauerte ganze sieben Jahre, bis aus ihnen ein Liebespaar wurde.

Coras böse Zunge besiegelte ihr Schicksal. Als Ethel eine Fehlgeburt hatte, demütigte Cora ihren Mann und erzählte ihren Kollegen, das Kind könne von jedem der zahlreichen Männer, mit denen Ethel ins Bett ging, gewesen sein. Das waren gewagte Behauptungen für eine Frau, die selbst einige Geliebte hatte.

Crippen entschied, dass Cora sterben musste. Er wählte Gift für den Mord, und am 31. Januar 1910 verabreichte er seiner Frau in einem Schlaftrunk eine hohe Dosis davon. Als sich der gewünschte Erfolg nicht einstellte, schoss er ihr in den Hinterkopf, zerteilte ihren Körper, vergrub ihn im Keller und bedeckte ihn mit Branntkalk, damit er sich schnell zersetzte. Um seine Spuren zu verwischen, erzählte er ihren Freunden, sie sei zu einem kranken Verwandten nach Amerika gefahren. Als sie nach einiger Zeit nicht zurückgekehrt war, erklärte er das damit, dass sie selbst schwer krank geworden und gestorben sei. Ihre Freunde wurden misstrauisch. Sie alarmierten die Polizei, die Crippen verhörte und das Haus durchsuchte. Obwohl sie nichts fanden, war Crippen so aufgeschreckt, dass er floh.

Mit Ethel, die sich als Junge verkleidet hatte, ging er an Bord der *SS Montrose,* die ihn in sein Heimatland bringen sollte. In London durchsuchte die Polizei zwischenzeitlich das Haus ein zweites Mal, und da es verlassen war, gingen sie gründlicher vor. Noch bevor das Schiff den Hafen verlassen hatte, erschienen Fotos des grausigen Kellerfundes und von Crippen selbst in den Zeitungen. Als das Schiff ablegte, erspähte der Kapitän eines dieser Bilder. Er erkannte seinen Passagier und schickte eine Nachricht an die Küste: „Habe schweren Verdacht, dass Crippen, der Londoner Kellermörder, und sein Komplize an Bord des Schiffes sind." Crippen war der erste Mörder, der per Funk gefangen wurde.

UNTEN: Ein Foto aus dem Jahr 1910 von Dr. Crippen, der angeklagt war, seine Frau ermordet und zerstückelt zu haben, und dann über den Atlantik fliehen wollte.

Im Prozess spielte Crippen edelmütig Ethels Beteiligung am Mord herunter, und sie wurde freigesprochen. Auch Crippen plädierte auf nicht schuldig. Die Gebeine, die man in seinem Keller in Hilltop Crescent gefunden hätte, seien nicht diejenigen seiner Frau. Doch die Geschworenen glaubten ihm nicht. Er wurde schuldig gesprochen und am 23. November 1910 gehängt.

Aber Crippen scheint tatsächlich seine Frau nicht ermordet zu haben. Im Jahr 2007 ergab eine DNS-Analyse, dass der Körper aus Crippens Keller nicht Cora war. Das Mordopfer war ein völlig unbekannter Mann!

RECHTS: 39 Hilltop Crescent, London; das Haus von Dr. Crippen, in dem er seine Frau ermordet haben soll.

UNTEN: Ein Polizist begleitet Dr. Crippen von der *SS Megantic*, bei Ankunft in England im August 1910.

Dr. Philip Cross

Einige in die Jahre gekommene Männer suchen sich gern eine junge Geliebte, um sich durch diese leidenschaftlichen Affären selbst wieder jung und stark fühlen zu können. Diese alles verzehrende Vernarrtheit kann aber auch tödlich enden.

Dr. Cross hatte schon immer junge Frauen bevorzugt. Im Alter von 44 Jahren heiratete er die 22-jährige Laura. 18 Jahre lang lebten sie glücklich in Shandy Hall im Ort Dripsey, County Cork, Irland. Dr. Cross führte eine erfolgreiche Praxis, und das Paar bekam sechs Kinder. Das behagliche Leben endete abrupt, als Laura ein neues Kindermädchen engagierte.

Effie Skinner war zu dem Zeitpunkt 20 Jahre alt, über 40 Jahre jünger als Cross und nicht besonders hübsch. Aber sie hatte einen jugendlichen Charme, der

Cross sofort anzog. Schon bald verliebte er sich heftig in sie. Obwohl ihn seine Lust fast überwältigte, versuchte Cross, dieses Gefühl zu unterdrücken. Doch als Effie eines Tages vor ihm stand, um ihn über den Fortschritt seiner Kinder zu informieren, konnte er sich nicht länger zurückhalten und küsste sie.

Cross bereute es umgehend und fürchtete, dass die erschrockene und regungslose Effie zu seiner Frau gehen oder – noch schlimmer – die Familie verlassen würde. Effie wollte ihren bequemen Job aber nicht aufgeben und hielt still. Doch je länger sie im Haus anwesend war, desto mehr wuchs seine Lust, bis es irgendwann auch Mrs. Cross auffiel. Sie entließ Effie sofort, obwohl diese beteuerte, kein Interesse an dem Arzt zu haben.

Das Kindermädchen ging nach Dublin. Cross verfolgte sie. Weit entfernt von den wachsamen Augen seiner Frau ließ er seiner Lust freien Lauf. Effie erlag seinen Annäherungsversuchen. Als er das Objekt seiner Begierde endlich besaß, schien Cross den Verstand zu verlieren, denn er war entschlossen, sie zur Frau und Hausherrin von Shandy Hall zu machen, koste es, was es wolle. Der Preis dafür war Lauras Leben.

Für den Arzt war es leicht, den Tod seiner Frau zu arrangieren. Er besorgte sich Arsen und begann damit, sie zu vergiften. Als sie sich unwohl fühlte, versicherte er – der Arzt – ihr, dass es keine ernsthafte Krankheit sei, und verschrieb ihr ein Medikament, das ebenfalls Arsen enthielt. Innerhalb eines Monats starb sie. Zwei Wochen später war Philip Cross mit Effie Skinner verheiratet.

Hätte er nicht so schnell seine Geliebte geheiratet, wäre seine Tat vielleicht nie ans Licht gekommen, aber Lauras Freunde und Familie waren ohnehin bereits misstrauisch. Laura war immer eine gesunde, robuste Frau gewesen und hatte nie Herzprobleme, die – wie Cross erklärt hatte – zu ihrem Tod geführt hatten. Obwohl er versuchte, ihre Ehe geheim zu halten, als er Effie zurück nach Shandy Hall brachte, gelang ihm das nicht lang.

Aus dem Verdacht wurde eine Beschuldigung, und die Polizei exhumierte Lauras Leiche. Bei einer Obduktion fand man zwar keine Herzkrankheit, aber dafür jede Menge Arsen und Strychnin in ihrem Körper. Cross wurde in Cork vor Gericht gestellt und am 18. Dezember 1887 für schuldig befunden.

George Crossman

George Crossman beging keine Morde aus Leidenschaft im eigentlichen Sinne, aber sie sind hier erwähnenswert, da sie alle aus Liebe begangen wurden. Er war ein Frauenheld und Bigamist und heiratete sieben Frauen, die er nacheinander tötete.

Im Alter von 32 Jahren war George Crossman mit seiner fünften Frau verheiratet. Seine ersten drei Ehen waren alle legitim, aber sie war die zweite Frau, die er unter falschem Namen geehelicht hatte. Frau Nummer 5 war die verwitwete Krankenschwester Ellen Sampson. Nach ihrer Hochzeit im Januar 1903 zog sie mit ihrem Mann in ihr neues Zuhause in der Ladysmith Road, Kensal Rise, im Norden Londons. Sie ahnte nicht, dass dies bereits das Heim von Edith, Ehefrau Nummer 4, war. Sobald ihre Hochzeitsnacht vorüber war, war Ellen überflüssig. Crossmann erschlug sie und versteckte ihren Körper in einem Koffer auf dem Dachboden. Als Edith von ihrem Besuch bei Freunden zurückkehrte, war alles im Haus wie immer. Sie hätte nie geglaubt, dass ihr Mann in ihrer Abwesenheit Zeit für eine bigamistische Hochzeit und einen Mord gehabt hätte.

Crossman und Edith führten weitere zwei Jahre lang eine glückliche Beziehung. Das wäre aber sicher nicht der Fall gewesen, hätte sie gewusst, dass sie nicht legal verheiratet waren (es gab noch eine weitere Ehefrau im Hintergrund), dass ein Körper im Dachgeschoss verweste und dass Crossmann, als er unterwegs war, die Frauen Nummer 6 und 7 ehelichte.

Erst als sich ihr Untermieter William Dell über den ekelhaften Geruch beschwerte, der aus einem der oberen Räume kam, wurde Crossmans heimlicher Mord entdeckt. Im März 1904 versuchte Crossman, schnell den Koffer außer Hauses zu schaffen, aber es war zu spät. William Dell hatte bereits die Polizei informiert, da ihn der Geruch an einen verwesenden Körper erinnerte. Crossman wurde dabei erwischt, wie er am 23. März den Koffer wegschleppen wollte. Er lief vor der Polizei davon, die ihn verfolgte.

Die Gewissheit, dass er einen schmerzhaften Tod am Galgen sterben würde, war zu viel für Crossman. Er hielt an und schnitt sich die Kehle mit einem Rasiermesser durch.

Sir John Henry Delves Broughton

Man wird vermutlich nie erfahren, wer einen bekannten Frauenhelden in Kenia ermordete, der Hauptverdächtige ist aber nach wie vor Sir Henry Delves Broughton. Er stand zwar wegen Mordes vor Gericht, aber dank seiner jungen Frau – deren Liebhaber das Opfer war – wurde Henry für nicht schuldig erklärt.

Als Kenia noch dem britischen Empire angehörte, nannte man sein weißes Hochland das „glückliche Tal". Dort feierten die reichen Einwohner gern Alkohol-, Drogen- und Sexparties. Josslyn Victor Hay, der 22. Earl of Erroll and Baron Kilmarnock, war einer der führenden Hedonisten. Er war bekannt als „der leidenschaftliche Adlige". Das Motto des weltgewandten, stattlichen 39-jährigen Verführers lautete: „Zur Hölle mit den Ehemännern."

Am 30. November 1940 befand sich Hay im Muthaiga-Club, der Lieblingskneipe der reichen Briten, als zwei gerade angekommene Fremde hereinkamen. Sir John Henry „Jock" Delves Broughton, ein einflussreicher Immobilienhändler und Rennsportfanatiker, betrat den Raum, an seinem Arm eine aschblonde Schönheit, die 26-jährige Diana Caldwell. Das Paar hatte erst wenige Wochen vor seiner Auswanderung nach Kenia geheiratet. Hay erzählte später seinen Freunden: „Ich hatte bisher noch nie eine Frau getroffen, die mich seit der ersten Minute so intensiv angezogen hat. Ihre Augen bohrten sich in meine, und ich wusste, ich musste sie haben. Als Jock an der Bar war, ging ich zu ihr und fragte sie ,Wer sagt es Jock – du oder ich?'"

Es dauerte nicht lang, bis Hay die hübsche, junge Braut verführt hatte. Am 18. Januar 1941 gestand Diana ihrem Ehemann, dass sie sich heftig verliebt hatte, und erinnerte ihn an einen Vertrag, den sie vor ihrer Ehe abgeschlossen hatten. Da Sir Henry sich des großen Altersunterschieds bewusst war, hatte er ihr an-geboten, sich schnell von ihr scheiden zu lassen und ihr ein Jahr später mehrere tausend Pfund zu geben, sollte sie sich einmal in einen jüngeren Mann verlieben. Er hatte nur nicht damit gerechnet, dass ihre Ehe so schnell am Ende sein würde. Statt sein Versprechen einzuhalten, schlug er ihr vor, mit ihm für drei Monate nach Ceylon zu gehen, und wenn sie noch einmal über alles nachdenken würde, dürfte sie auch Hay mitnehmen. Diana dachte einige Tage über das großzügige Angebot nach und lehnte es dann ab. Sie verließ Sir Henry mit den Worten, dass sie jetzt mit Hay zusammenleben werde.

Drei Tage später meldete Sir Henry der Polizei einen Einbruch. Zwei Revolver, Geld und eine Zigarettenkiste seien gestohlen worden. Noch am gleichen Tage suchte er wegen der Scheidung seine Anwälte auf und schrieb an einen Freund: „Sie sagen, sie lieben sich und wollen heiraten. Es ist hoffnungslos, und ich lecke meine Wunden. Ich glaube, ich gehe nach Ceylon. In Kenia hält mich nichts mehr."

Am 24. Januar 1941 entdeckte ein Lkw-Fahrer um drei Uhr morgens Hays Körper zusammengesackt unter dem Armaturenbrett seines Autos, das nicht weit von Sir Henrys Haus von der Straße abgekommen und in einem Graben gestürzt war. Ihm war aus nächster Nähe mit einem Revolver Kaliber .32 in den Kopf geschossen worden.

Erst am 25. Januar erklärte die Polizei den Fall zum Mord. Der Körper war bereits beerdigt worden. Sofort meldete sich Diana und behauptete, ihr Mann habe aus

Eifersucht ihren Geliebten kaltblütig getötet. Sir Henry wurde verhaftet. Doch schon wenig später nahm sie alles zurück. Als Sir Henry des Mordes angeklagt war, floh sie nach Johannesburg und engagierte den Strafrechtsanwalt Harry Morris als Verteidiger für ihren Ehemann.

Morris beauftragte Experten, die nachwiesen, dass die drei Kugeln, die Hay getroffen hatten, aus keiner von Sir Henrys Waffen stammten. Auch der Angeklagte verhielt sich gut im Zeugenstand und sagte: „Ich hätte sie in keinem Fall aufgehalten. Das wäre sinnlos gewesen. Wir trafen uns jeden Tag im Club, und es machte keinen Unterschied, ob ein Mann bei ihr übernachtete. Wenn man einer Frau etwas verbietet, will sie es umso mehr. Eine junge Frau müssen Sie bei Laune halten." Danach stellte man sich die Frage, was für ein Motiv ein Mann, der so gelassen die Untreue seiner Frau hinnahm, für die Tötung ihres Geliebten haben sollte.

Am 1. Juli 1941 wurde Sir Henry Delves Broughton des Mordes an Josslyn Hay für nicht schuldig befunden. Der Fall wurde nie geschlossen, der Mörder nie gefangen. Am 5. Dezember 1942 beging Sir Henry in Liverpool Selbstmord und hinterließ die Nachricht, dass er dem Druck der Öffentlichkeit nicht länger standhalten konnte. Diana kehrte nach Kenia zurück, wo sie bis zu ihrem Tod 1987 blieb.

Geza de Kaplany

Die meisten Männer, die eine wunderschöne und bezaubernde Frau heiraten, genießen ihr Glück, eine Frau zu haben, die andere begehren. Aber für Geza de Kaplany bedeutete das gute Aussehen seiner Frau nur Eifersucht und Misstrauen. Als er impotent wurde und nicht mehr mit ihr schlafen konnte, fand er eine Lösung für sein Problem: Wenn er sie nicht haben konnte, würde er dafür sorgen, dass kein anderer sie haben wollte.

Geza de Kaplany, 1926 in Ungarn geboren, arbeitete in einem Krankenhaus in San Jose, Kalifornen, als er die 25-jährige Hanja kennenlernte. Sie war zehn Jahre jünger als er, ein Werbemodel und ehemaliges Revuemädchen, die unter den Männern wählen konnte. Sie fühlte sich von seinem attraktivem Äußeren angezogen und verliebte sich in ihn. Er wiederum war hingerissen von diesem jugendlichen Wesen, und es dauerte nicht lang, bis sie verheiratet waren. Weniger als vier Wochen später wurde Hanja von ihrem Ehemann brutal und schwerwiegend verstümmelt.

Es begann damit, dass er davon besessen war, die anderen Männer im Apartmenthaus würden die begierige Hanja verfolgen. Kaplanys Geisteszustand litt darunter so sehr, dass er keine Erektion mehr halten konnte. In trüben Gedanken versunken, verglich er seine eigene Unzulänglichkeit mit den offensichtlichen sexuellen Reizen seiner jungen Frau und kam zu einer wahnhaften Schlussfolgerung: Hanja musste hässlich gemacht werden.

Am Abend des 28. August 1962 waren die Ranchero-Palms-Apartments in San Jose erfüllt von lauter klassischer Musik und von Schreien, die das Blut gefrieren ließen. Die Nachbarn riefen sofort die Polizei, doch es war bereits zu spät. Man fand Hanja an ihr Bett gefesselt. De Kaplany hatte sie mit Schwefel- und Salpetersäure übergossen und sie zusätzlich mit einem Messer verstümmelt. 60% ihres Körpers waren von Verätzungen dritten Grades zerstört, die meiste Gewalt war auf ihre Genitalien ausgeübt worden. Ihre Verletzungen waren so schwerwiegend, dass ein Sanitäter, der lediglich ihre Haut berührt hatte, selbst wegen Verätzungen behandelt werden musste. Hanja de Kaplany kämpfte um ihr Leben. Sie verlor den Kampf. Nach 33 Tagen im Krankenhaus erlag sie ihren Verletzungen.

Tatsächlich saß de Kaplany weniger als zwölf Jahre für seinen tödlichen Angriff im Gefängnis. Er wurde 1975 entlassen. Nachdem er in Taiwan als ärztlicher Missionar gearbeitet hatte, verletzte er die Regeln seiner bedingten Haftentlassung, indem er 1980 in München in einem Krankenhaus arbeitete. Als man dort jedoch von seiner Vergangenheit erfuhr, wurde er entlassen. Er fand eine Frau, die ihn heiratete, und nahm die deutsche Staatsbürgerschaft an, um nicht nach Amerika ausgeliefert zu werden.

OBEN: Dr. Geza de Kaplany, der seine Frau mit Säure übergoss und ihren Körper mit einem Messer verstümmelte.

UNTEN: Hanja de Kaplany. Ihre Schönheit kombiniert mit der wahnhaften Eifersucht ihres Mannes führten zu einem schlimmen Ende.

De Kaplany erzählte der Polizei, seine Frau sei ihm untreu gewesen und er habe ihre Schönheit zerstören, aber sie nicht umbringen wollen. Während seines Prozesses 1963 plädierte er wegen Unzurechnungsfähigkeit auf nicht schuldig. Er behauptete, unter einer multiplen Persönlichkeit zu leiden. Dieses sadistische Verbrechen sei nicht von ihm, sondern von einem anderen Ich, Pierre de la Roche, begangen worden. Dennoch wurde de Kaplany wegen Mordes verurteilt, aber wegen seines irrationalen Verhaltens erhielt er lebenslänglich statt der Todesstrafe.

Marie de Morell

Obwohl der aristokratische Franzose Leutnant Emile de La Ronciere für diesen Mord aus Leidenschaft verhaftet wurde, ist es im Nachhinein skandalös, dass er dafür verurteilt wurde. Es ist viel wahrscheinlicher, dass er selbst Opfer eines Verbrechens war – eine grausame Verschwörung eines überdrehten Mädchens, das ihn bestrafen wollte, weil er ihre Mutter liebte und nicht sie.

Emile, Sohn des Grafen de La Ronciere, war ein typischer Aristokrat seiner Zeit. Wie viele junge Adlige zu Beginn des 19. Jh. hatte auch er eine Geliebte und Spielschulden. Sein Leben hätte unauffällig verlaufen können und wäre nur für ein paar Historiker interessant gewesen, wäre er 1834 nicht der Kavallerieschule in Saumur im Loiretal beigetreten. Schon bald wurde er dort zum Mittelpunkt eines Skandals.

Sein Kommandooffizier war Baron de Morell, ein einschüchternder Adliger, der für seine Unberechenbarkeit bekannt war. Wie andere hochgeborene Soldaten wurde La Ronciere oftmals zu abendlichen

UNTEN: Die Kavallerieschule in Saumur im Loiretal, Frankreich , wo sich Emile de La Ronciere aufhielt, als er die Familie Morell kennenlernte.

Empfängen beim Baron eingeladen, wo er die Baronin und ihre Tochter Marie traf.

La Ronciere fühlte sich zur Baronin hingezogen, und die beiden flirteten häufig, aber dies war im damaligen Frankreich nicht ungewöhnlich, und es gab auch keinen Hinweis darauf, dass sie eine Affäre hatten. Doch eines Abends befahl ihm der Baron vor allen Gästen, sein Haus zu verlassen. Nach dieser ungeheuerlichen Beleidigung präsentierte ihm Morell am nächsten Tag Drohbriefe, die an seine Familie gerichtet waren. Er beschuldigte La Ronciere, die Briefe geschrieben zu haben.

Der junge Leutnant versicherte ihm, dass er die Schriftstücke nicht verfasst habe, zumal sie Details enthielten, die nur der Familie bekannt sein konnten. Doch das war erst der Anfang seiner Probleme. Am Abend des 24. September 1843 rannte die hysterische Marie de Morell – Tochter des Barons – in das Zimmer ihrer englischen Gouvernante. Unter Tränen erzählte sie, La Ronciere sei durch ihr Fenster eingestiegen und habe sie unsittlich bedroht. Er habe die Tür verriegelt, nach ihren Brüsten gegriffen, sie gebissen und sie gezwungen ihr Nachthemd hochzuschieben und dann in ihren nackten Schenkel geschnitten. Sie habe um ihr Leben gefürchtet, doch dann sei La Ronciere wieder durch das Fenster verschwunden.

Am nächsten Tag erhielt ein Leutnant, der Marie de Morell nahe stand, einen weiteren anonymen Drohbrief. Tief verletzt in seiner Ehre beschuldigte der junge Mann La Ronciere, den Brief gesendet zu haben und forderte ihn zu einem Duell heraus. Der Herausforderer verlor, nahm aber seine Anschuldigungen trotz schwerer Verwundung nicht zurück.

La Ronciere wurde ein Ultimatum gestellt. Für den Fall, dass er alles gestehen würde, würde man die brisante Angelegenheit fallen lassen. Sollte er weiterhin darauf bestehen, unschuldig zu sein, würde man mit seinem Vater sprechen und den Skandal öffentlich machen.

Nach einer Nacht Bedenkzeit unterschrieb La Ronciere am nächsten Tag dummerweise eine Schulderklärung, um seinen Namen rein zu halten. Dann ritt er nach Paris und hoffte, die Sache wäre nun erledigt. Doch er täuschte sich. Die Morells erhielten

weiterhin Briefe. In einigen stand, Marie sei schwanger, in anderen, dass der Baron und seine Frau bald ermordet werden würden. Die Schriftstücke wimmelten vor Beleidigungen. Am Ende seiner Geduld ließ Baron de Morell La Ronciere verhaften.

Im Prozess wurden nur sehr schwache Beweise vorgelegt, die La Roncieres Verteidiger schnell auseinandernahmen. Er konnte nicht in Maries Zimmer eingebrochen sein, da es sich im oberen Stockwerk befand und das Haus von Wachen umstellt war. Für den Einbruch hätte er eine lange Leiter benötigt, die sofort aufgefallen wäre. Und wieso hatte die Gouvernante, die nebenan schlief, nichts von dem gewalttätigen Vorgehen gehört? Auch der Glaser, der das Fenster repariert hatte, wurde in den Zeugenstand gerufen. Er sagte aus, er sei überrascht gewesen, dass das zerbrochene Glas außen lag, als wäre das Fenster von innen zerbrochen worden. Außerdem sei das entstandene Loch so klein gewesen, dass niemand den Fensterriegel hätte erreichen können.

Die Verteidigung stellte außerdem die Frage, warum die misshandelte Marie, die so erschrocken sein musste, sofort wieder schlafen ging und sich zwei Tage später wieder auf einem Ball habe vergnügen können. Dann war da noch die Wunde an ihrem Schenkel. Man hatte nach dem Angriff nicht sofort danach geschaut, und als man sie nun betrachtete, sah man lediglich einen kleinen Kratzer.

Und es gab weitere Beweise für La Roncieres Unschuld. Selbst nachdem er das Land verlassen hatte und in Haft saß, trafen weiterhin Drohbriefe ein. Es musste sich in der Tat um einen ziemlich dummen Kriminellen handeln, der seine Briefe unterschrieb, denn sie waren zwar mit La Roncieres Initialen und seinem Namen unterschrieben – aber zweimal falsch buchstabiert.

Als Marie de Morell in den Zeugenstand trat, um La Ronciere anzuklagen, durfte seine Verteidigung ihr keine Fragen stellen. In aller Ruhe denunzierte sie ihn und durfte dann das Gericht verlassen.

Hätte man sie ins Kreuzverhör nehmen dürfen, wäre vielleicht ans Licht gekommen, dass sie sich selbst für La Ronciere interessierte und auf ihre Mutter eifersüchtig war, die so viel Aufmerksamkeit von ihm bekam. Weiter war sie darauf aus, seinen Ruf und seine Aussichten zu zerstören. Vor Gericht zählte ihr Wort mehr als all die Beweise, die sie als Lügnerin enttarnten. La Ronciere wurde des Versendens der Briefe und der versuchten Vergewaltigung von Marie für schuldig befunden. Er wurde zu zehn Jahren Haft verurteilt.

Julio Diaz & Nicole Garcia

Dieser Fall schockierte Amerika: Nicole Garcia half nicht nur ihrem Liebhaber, ihren Ehemann zu ermorden, sondern erschien auch noch an seiner Seite bei der Beerdigung! Ihr Mann war kaum eine Woche unter der Erde, als sein Rivale schon in seinem Haus lebte, sein Auto fuhr und auf seine Kinder aufpasste.

Nicole Garcia behauptete zwar, sie habe ihren Mann töten wollen, weil er sie betrunken misshandelte, doch Freunde sagten aus, dass Jason Garcia ein guter und anständiger Ehemann gewesen war, der seiner Frau kein Haar gekrümmt hätte. Viele glaubten eher, er habe ihr im Weg gestanden und sie und ihr Geliebter Julio Diaz wollten dieses Hindernis beseitigen, als sie am 10. Mai 2008 das Haus der Garcias in New York City betraten.

Was dann geschah, ist unklar, denn die Geschichten von Nicole und Diaz deckten sich nicht. Nicole erzählte der Polizei, Diaz habe ihren Mann konfrontiert, ein Kampf brach aus, und sie sei aus dem Zimmer gestürmt. Als sie zurückkam, wäre Garcia in eine Decke eingewickelt gewesen. Diaz hingegen behauptete, Nicole habe ihren Mann geweckt und mit ihm gestritten, und Garcia sei auf sie losgegangen. Diaz habe seinen Gegner über einen Tisch geworfen, und er wurde bewusstlos. Dann habe er geschaut, ob er noch lebe, und Nicole gesagt, sie solle Hilfe holen. Sie sei es gewesen, die die Decke geholt und ihrem Liebhaber aufgetragen hatte, Garcia darin einzuwickeln.

Beide Versionen stimmten darin überein, dass Jason Garcia am Ende des Kampfes in eine Decke eingewickelt war. Wie eine Obduktion ergab, lebte er zu diesem Zeitpunkt noch, aber nicht mehr lang. Diaz würgte ihn mit bloßen Händen und erdrosselte ihn mit einem Seil. Um sicherzugehen, steckte er Garcias Kopf in eine Plastiktüte und verschloss diese mit Klebeband.

Als er tot war, trugen Nicole und Diaz die Leiche ins Auto und fuhren damit durch New York – von Brooklyn nach Queens und zurück nach Brooklyn –, bevor sie sie im namentlich passenden Great Kills Park in Staten Island entsorgten.

Zunächst ging man von einem wahllosen Mord begangen von einem Fremden aus, als man den Körper entdeckte. Doch wie ein Lauffeuer verbreiteten sich Verdächtigungen und Gerüchte, insbesondere nachdem Diaz Nicole zur Beerdigung ihres Mannes begleitet hatte.

Am 15. September 2008 wurde Nicole Garcia wegen Trunkenheit am Steuer von der Polizei festgenommen. Sie hatte mit ihrem großen Chevrolet Suburban nur einen Block entfernt von ihrem Haus einen Unfall gebaut. Sie hatte mehr als das Doppelte der erlaubten Alkoholmenge zu sich genommen. Am nächsten Tag wurde Julio Diaz wegen Mordes verhaftet. Nicht nur Jason Garcias Freunde und Familie waren misstrauisch geworden. Im Verhör wurde die Wahrheit nun nach und nach aufgedeckt.

Nicole Garcia wurde wegen Behinderung der Staatsgewalt und der Vernichtung von Beweisen angeklagt. Diaz wurde zunächst wegen Mordes zweiten Grades zu einer 25-jährigen Haftstrafe verurteilt. Aufgrund eines Abkommens mit der Anklage gestand er dann jedoch den geringeren Tatbestand des Totschlags. Letztendlich wurde er zu einer 17-jährigen Haftstrafe verurteilt.

D

Nannie Hazle Doss

Nannie tötete nicht aus Liebe und Leidenschaft, sondern vielmehr wegen des Fehlens dieser Gefühle. Obwohl sie ununterbrochen nach dem Traummann aus ihren romantischen Büchern und Zeitschriften Ausschau hielt, fand sie ihn nicht. Auf ihrer Suche ermordete sie einen Ehemann nach dem anderen.

Nannie Hazle Doss – auch bekannt als „Arsen-Annie", die „Lustige Schwarze Witwe" und die „Glucksende Großmutter" – präsentierte sich vor Gericht als verschmustes Wesen mit funkelnden Augen und einem breiten Lächeln. Unter dem süßen Äußeren verbarg sich eine Frau, die ohne mit der Wimper zu zucken tötete. Nannie Hazle, geboren 1905 in Blue

RECHTS: Nannie Doss mit ihren Enkeln im Flur des Gerichtsgebäudes während ihrer Anhörung im Mordfall Samuel Doss.

UNTEN: Nannie Doss, lächelnd und entspannt beim Gespräch mit Harry Stege von der Mordkommission, bevor sie wegen Mordes angeklagt wurde.

Mountain, Alabama, hatte keine glückliche Kindheit. Sie wurde verprügelt, vermutlich von ihrem Vater missbraucht und dazu gezwungen, auf dem elterlichen Hof zu arbeiten. Im Alter von 15 Jahren heiratete sie Charlie Braggs, den sie erst vier Monate zuvor kennengelernt hatte, und entfloh so ihrem grausamen Elternhaus.

Die Ehe war von Anfang an dem Untergang geweiht. Braggs bestand darauf, dass seine Mutter zu ihnen nach Tulsa, Oklahoma, zog. Es dauerte nicht lang, bis er nächtelang nicht nach Hause kam und sich mit anderen Frauen vergnügte. Zwischenzeitlich bekam Nannie ein Kind nach dem anderen – vier Töchter in vier Jahren. Sie vermisste die große Liebe, die sie so ersehnt hatte, und verlor sich in kitschigen Liebesromanen.

Dennoch hatte Braggs von ihren fünf Ehemännern am meisten Glück, was man von zweien ihrer Kinder nicht behaupten kann. Als er im Frühling 1927 eines Tages nach Hause kam, fand er zwei seiner Kinder sterbend auf dem Boden (es waren vermutlich Nannies erste Opfer). Er nahm das älteste Kind, das überlebt hatte, an sich und ließ seine Frau mit dem jüngsten zurück. Später sagte er, er sei gegangen, weil er Angst davor hatte, wozu sie noch fähig wäre. Sein Instinkt rettete ihm das Leben. Braggs reichte die Scheidung ein, die im nächsten Jahr vollzogen wurde. Zu dieser Zeit war bereits der künftige Ehemann Nummer 2 in Nannies Leben getreten.

Dieser Ehemann hielt sich nicht lang. Er konnte sie nicht zufriedenstellen. Binnen eines Jahres starb Frank Harelson an Magenproblemen. Ehemann Nummer 3 schien Nannies Traumvorstellungen näher zu kommen, denn er überlebte bis 1952, bevor ihn der gleiche Tod ereilte. Nummer 4, Richard Morton, hinterließ ihr eine stattliche Versicherungspolice. Nannie war nun in Schwung gekommen und wollte sich nicht länger nur auf ihre Ehemänner beschränken. So gerieten Nannies Mutter, ihre beiden Schwestern und der Neffe eines verstorbenen Ehemanns auf ihre Todesliste.

Erst 1954, nach dem Tod ihres fünften Mannes Samuel Doss, wurde eine Autopsie angeordnet. In seinem Körper fand man genug Arsen für 20 Morde. Nannie wurde verhaftet, und während des Verhörs

kicherte und lachte sie ununterbrochen und schien die Schwere ihres Verbrechens nicht zu verstehen.

Auch als man sie beim Prozess mit dem Mord an elf Menschen konfrontierte, hörte sie nicht auf zu lächeln. Sie sagte, sie habe ihre fünf Ehemänner ermordet, weil sie alle „Dummköpfe" waren. Sie wurde zu lebenslanger Haft verurteilt und starb 1965 im Gefängnis an Leukämie.

UNTEN: Nannie Doss auf einem Fahndungsfoto, aufgenommen in Tulsa, Oklahoma, im Oktober 1954.

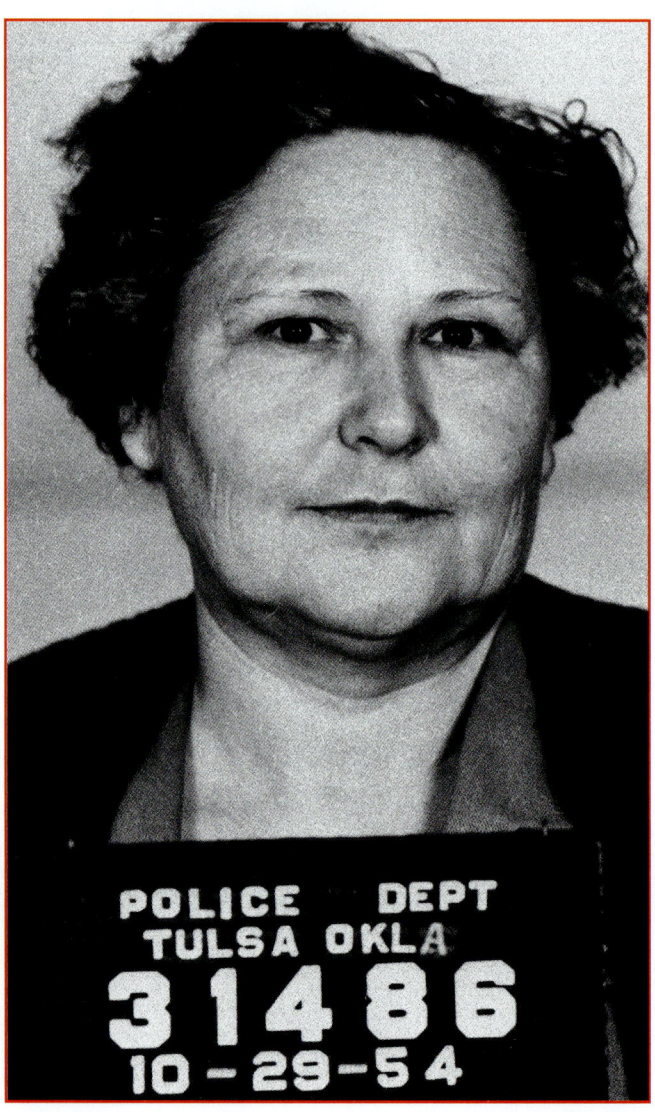

Pauline Dubuisson

Pauline Dubuisson schätzte den treuen, jungen Mann zwar nicht besonders, mit dem sie zusammen war, aber wenn sie ihn nicht haben konnte, sollte ihn auch keine andere haben.

Pauline Dubuisson war eine junge Frau, die es gewohnt war, alles zu bekommen, was sie verlangte. Für Moral blieb da kein Platz mehr. Im Zweiten Weltkrieg war sie als 17-Jährige die Geliebte eines feindlichen deutschen Armeesoldaten gewesen. Als sie sich nach dem Krieg als Medizinstudentin an der Universität von Lille einschrieb, unterschied sie ebenfalls nicht zwischen Recht und Unrecht.

1946 lernte sie an der Universität den charmanten, sanftmütigen Felix Bailly kennen, und die beiden begannen eine Beziehung. In den drei Jahren ihres Zusammenseins war Pauline alles andere als treu. Bailly, der sehr verliebt in sie war, machte ihr einen Antrag nach dem anderen. Ebenso häufig wies Pauline ihn ab und betrog ihn weiterhin.

Emotional angegriffen und unter Liebeskummer leidend, verlor Bailly seine Kraft. Er verließ die übermütige Pauline und nahm in Paris seine Studien wieder auf. Dort traf er Monique Lombard, eine Frau, die seine Liebe verdiente und sie ihm gleichermaßen zurückgab. Endlich glücklich, verlobte sich Bailly Ende 1950 mit Monique.

Pauline wurde wütend, als sie in Lille von dieser Nachricht erfuhr. Obwohl sie sich weniger um Bailly gekümmert hatte, als sie es gekonnt hätte, war sie eine Frau, die Männer wie Spielzeug behandelte und es nicht gewohnt war, einen Mann an eine andere Frau zu verlieren. In ihrer Ehre verletzt, wollte sie ihn zurückgewinnen. Aber das Blatt hatte sich gewendet. Der Mann, der einst alles für ihre Liebe getan hätte, widerstand ihren Annäherungsversuchen und erzählte ihr, er sei nun überglücklich. Seine Verlobte sei die Frau seines Lebens.

Pauline fuhr voller Groll nach Lille und kaufte eine Automatikwaffe vom Kaliber .25. Dann schrieb sie in einem Brief, sie wolle zuerst Bailly und dann sich selbst töten. Paulines Vermieterin entdeckte die Notiz und warnte Bailly umgehend. Als Pauline in Paris ankam, weigerte sich Bailly, sie in seine Wohnung zu lassen. Was sie ihm zu sagen habe, könne sie ihm auch in einem Café mitteilen. Sie vereinbarten ein Treffen, zu dem Bailly pünktlich mit einem Freund erschien, der ihn beschützen sollte.

Pauline kam nicht. Aber sie beobachtete ihn, als er zu Hause eintraf. Auf ein Klopfen hin öffnete Bailly die Haustür – im Glauben, es sei ein anderer Freund, der auf ihn aufpassen sollte. Pauline schoss dreimal auf ihn. Dann richtete sie die Waffe gegen sich selbst und betätigte den Abzug, aber die Waffe klemmte. Der Versuch, sich mit Gas zu vergiften, misslang ebenfalls, als ein Nachbar herbeieilte. Pauline wurde verhaftet. Später erfuhr sie, dass ihr Vater sich für sie so sehr geschämt hatte, dass er der Familie Bailly einen verständnisvollen Brief schrieb und sich dann mit Gift das Leben nahm.

Einen Tag vor ihrem Prozess versuchte Pauline vergeblich, sich die Pulsadern aufzuschneiden. Im November 1952 wurde sie vor Gericht gestellt. Ihr Verteidiger berief sich auf das „crime passionel", um die Jury für sich zu gewinnen. Das überzeugte die Geschworenen nicht, denn ihre Beziehung mit Bailly endete 18 Monate vor seiner Ermordung. Dann erfuhr das Gericht im Detail, wie wechselhaft Paulines Leben gewesen war. Sie hatte über die Leistungen ihrer Liebhaber Buch geführt, darunter auch Baillys, und dieses wurde laut vorgelesen. Als die gutmütige und ruhige Monique Lombard in den Zeugenstand trat, war die Jury zweifelsfrei davon überzeugt, dass die manipulative Pauline rasend vor Wut gewesen sein musste, weil sie ihren Geliebten an eine Frau verloren hatte, die ihr so offensichtlich einiges voraus hatte.

Pauline Dubuisson wurde wegen Mordes verurteilt, aber eines Mordes ohne Vorsatz, und viele waren der Ansicht, das war mehr, als sie verdiente. Sie wurde nicht zum Tod, sondern lediglich zu lebenslanger Haft verurteilt.

Ruth Ellis

Die Geschichte der letzten Frau, die in Großbritannien den Tod am Galgen fand, handelt von verworrenen Beziehungen und Sittenlosigkeit und spielt sich in düsteren, schäbigen Nachtclubs Londons ab. Sie warnt uns: Wenn jemand ein Lasterleben führt, können die Konsequenzen verheerend sein.

Ruth wurde am 9. Oktober 1926 als Ruth Hornby im walisischen Seeort Rhyl geboren. Als Heranwachsende wollte sie so schnell wie möglich ihrer tristen Heimatstadt und ihrer unglücklichen Kindheit entfliehen. Im Alter von 17 arbeitete sie während des

RECHTS: Ruth Ellis auf einem Foto, das vermutlich in ihrer Wohnung in der Brompton Road in Knightsbridge aufgenommen wurde.

UNTEN: Ruth Ellis in Strapsen, auf einem Foto von Kapitän Ritchie im Jahr 1954.

LINKS: Die Kneipe „Magdel" in London, wo Ruth Ellis ihren Ehemann David Blakey erschoss.

Krieges in einer Londoner Fabrik und lernte einen kanadischen Soldaten kennen. Dieser nahm weit weg von zu Hause, seiner Ehefrau und seinen Kindern die Gelegenheit wahr und begann mit dem hübschen jungen Teenager eine Affäre. Er überschüttete sie mit Geschenken und ging abends mit ihr aus. Leider schwand seine Leidenschaft, als er erfuhr, dass sie schwanger war. Wie so viele Mädchen in dieser Zeit blieb sie mit dem Baby allein zurück, als ihr Freund bei Kriegsende zu seiner Familie zurückkehrte.

Die am Boden zerstörte Ruth erklärte, sie wolle nie wieder der Liebe eines Mannes trauen, und überredete ihre Mutter, auf ihren Sohn aufzupassen. Dann ging sie nach London, um sich Arbeit zu suchen. Eine Anzeige interessierte sie besonders: „Gesucht: Modell für Fotografieclub. Nackte, aber künstlerische Aktbilder. Keine Vorkenntnisse nötig." Ruth führte ein Bewerbungsgespräch, zog sich aus und bekam den Job. Sie posierte vor Fotografen, die sich nur selten die Mühe machten, einen Film einzulegen. Außerdem begleitete sie die Männer, die sie nackt sahen, gern zu Abendessen und Tanz ins Londoner West End.

Es dauerte nicht lang, bis Ruth ihren Schwur vergessen hatte und sich wieder mit einem Mann einließ, der in ihr leichte Beute sah. Morris Conley war Inhaber des heruntergekommenen Court Club, wegen Betruges und illegalem Glücksspiel vorbestraft und stellte Frauen ein, die alle Wünsche seiner Kunden erfüllten. Ruth wurde bald eine seiner Angestellten und Meisterin im Verführen männlicher Kundschaft. Sie brachte sie dazu, falschen Champagner und überteuertes Essen zu kaufen. Für ihre Bemühungen erhielt Ruth zu ihren wöchentlichen fünf Pfund Lohn eine zehnprozentige Provision. Da sie noch mehr Geld damit verdienen konnte, auch ihren Körper zu verkaufen, wurde Ruth zur Prostituierten. Ein Kunde berichtete später: „Sie war eine Künstlerin. Sie gab dir das volle Programm, und am Ende warst du überglücklich." Sie schlief auch mit Conley, der sich das Recht herausnahm, selbst Sex mit seinen angestellten Prostituierten zu haben. Wenn sie sich fügten, bekamen sie kostbare Abendkleider geschenkt. Lehnten sie ab, wurden die Kleider zerrissen und die Mädchen gefeuert.

Im Alter von 23 wurde Ruth erneut schwanger, entschied sich aber für eine gefährliche Hinterhofabtreibung. Binnen eines Jahres war sie mit dem 41-jährigen geschiedenen Zahnarzt George Ellis verheiratet und wieder schwanger. Ob das Kind von ihm stammte, war ungewiss. Sie bekam eine Tochter, und ihre Mutter sorgte für sie, während Ruth und George weiterhin ihr dekadentes Leben in zwielichtigen Ecken Londons führten. Die Ehe hielt nicht lang. Ruths Ehemann war ein gewalttätiger Alkoholiker. Das Paar trennte sich immer wieder und fand wieder zusammen, je nachdem, ob sie sich gerade liebten oder hassten. Schließlich verließ George seine Ehefrau mit der Ausrede, dass er bezweifelte, dass er der Vater ihrer Tochter sei. 1951 wurden sie geschieden.

Da Georges finanzielle Unterstützung nun fehlte, nahm Ruth wieder ihre Arbeit im Court Club auf. Dieser war zwischenzeitlich in Carroll Club umbenannt worden, ansonsten hatte sich aber nichts geändert. Conley belohnte Ruths Arbeitseifer mit einem mietfreien Zwei-Zimmer-Apartment in Mayfair. Ihre Fähigkeiten als Prostituierte brachten ihr weitere zahlreiche Geschenke ihrer Klienten ein. Ein Verehrer kaufte ihr ein Rennpferd, andere überhäuften sie mit teurer Designerkleidung, und reiche internationale Geschäftsmänner füllten ihre Börse mit Geldscheinen. Sie zählte nun auch Prominente zu ihren Freunden, darunter den Weltmeister im Rennsport, Mike Hawthorn, der Ruth den Mann vorstellte, der ihrem Leben ein Ende setzen würde.

David Blakely war verlobt, als er sich mit Ruth einließ. Er war drei Jahre jünger als sie und zeigte das gleiche Verhalten wie seine Vorgänger: Er wurde gewalttätig und misshandelte sie, wenn er betrunken war. Was ihn von den anderen unterschied, waren seine gute Bildung und seine hervorragenden Manieren, wenn er nüchtern war. Dann behandelte er sie mit mehr Respekt als die meisten anderen Kunden im Carroll Club. Zum ersten Mal ging Ruth mit einem Mann ins Bett, weil sie es wollte, und nicht, weil es zu ihrer Arbeit gehörte.

Als sie 1953 schwanger wurde, schien Blakely die Verantwortung dafür übernehmen zu wollen. Ruth erinnerte sich später: „David sorgte sich sehr um mein Wohlergehen. Obwohl er mit einer anderen verlobt war, bot er mir an, mich zu heiraten, und sagte, es sei nicht nötig, das Kind abtreiben zu lassen. Ich wollte ihn aber nicht ausnutzen. Ich war nicht wirklich in ihn verliebt, und eine Hochzeit erschien mir überflüssig. Ich dachte, ich könnte dem Durcheinander entkommen – genau das tat ich, mit einer Abtreibung."

Nach dem Abbruch ihrer Schwangerschaft erlosch ihr Interesse an Blakely, und sie ging ohne sein Wissen mit anderen Männern aus. Der Unternehmer Desmond Cussen war einer von ihnen, und sie verließ sich auf seine Hilfe. Da Blakely sehr eifersüchtig und misstrauisch war, konnte Ruth nicht länger Klienten im Carroll Club unterhalten und wurde entlassen. Cussen besorgte ihr eine Wohnung und besuchte sie regelmäßig. Sie schlief dennoch weiterhin mit Blakely, und

ihre Beziehung war sehr stürmisch geworden. Umarmungen und gewalttätige Streitereien wechselten sich ab. Trotz ihrer eigenen Untreue und der Tatsache, dass Blakely mit Mary Dawson verlobt war, wurde sie rasend vor Wut, als sie erfuhr, dass er mit einem Au-pair-Mädchen eine Affäre hatte. Einmal fuhr sie zu dem Haus, in dem das Mädchen arbeitete, und als sie Blakelys Auto dort sah, schlug sie jedes Fenster an der Hausvorderseite ein.

Überraschenderweise sah es dann eine Zeit lang danach aus, als würde sich Ruths Leben beruhigen. Blakely beendete seine Verlobung und machte Ruth einen Antrag. Sie war erfreut und erzählte ihren Freunden, das sei der Wendepunkt ihres Lebens. Dieser Frieden und das Glück waren allerdings nur das

UNTEN: Die Waffe, mit der Ruth Ellis David Blakely tötete.

OBEN: Menschenmenge vor dem Holloway-Gefängnis vor der Hinrichtung von Ruth Ellis.

Auge des Sturms. Blakely besuchte immer noch seine Geliebte und wurde Ruths überdrüssig. Eines Nachts im Januar 1955 schlug er Ruth in betrunkenem Zustand so heftig in den Bauch, dass sie eine Fehlgeburt hatte. Die Zeiten der brutalen, betrunkenen Streitereien, der Affären und des üblen Verhaltens fanden am Ostersonntag 1955 ihr Ende.

Der einstige Traummann verhielt sich nicht besser als alle Männer vor ihm, und so begab sich Ruth in die Kneipe „Magdala" in Hampstead im Norden Londons. In ihrer Tasche befand sich ein Smith-&-Weston-Revolver, den Desmond Cussen ihr geschenkt hatte. Er hatte ihr nicht nur gezeigt, wie man ihn benutzt, er hatte sie auch in dieser Nacht zur Wirtschaft gefahren. Als Ruth Blakely im „Magdala" sah, überkam sie eine eisige, ruhige Wut. Später erklärte sie dem Gericht: „Ich hatte den Wunsch, David umzubringen."

Blakely verließ mit seinem Freund Clive Gunnell den Pub, als er Ruth schreien hörte: „Aus dem Weg, Clive!" Dann traf ihn eine Kugel, und er fiel zu Boden. Ruth feuerte drei weitere Schüsse auf ihn ab. Sein Leben als Trinker und Frauenheld war beendet.

Am 20. Juni 1955 begann Ruths Prozess. Die Geschworenen benötigten nur 14 Minuten, um sie des Mordes schuldig zu sprechen und zum Tod durch den Strang zu verurteilen. Viele meinten, sie sei selbst dafür verantwortlich gewesen, denn sie habe vor Gericht keine Reue gezeigt. Trotzdem gab es einen öffentlichen Aufschrei. Niemand zweifelte daran, dass Ruth eine Mörderin war. Aber in Großbritannien hatte gerade eine Kampagne gegen die Todesstrafe begonnen, und die meisten waren der Meinung, dass es zu hart sei, eine Frau an den Galgen zu bringen, die von so vielen Männern ausgenutzt und misshandelt worden war. Am 13. Juli 1955 versammelten sich über 1.000 Menschen vor dem Holloway-Gefängnis und forderten Ruths Begnadigung. Auch beim Innen-minister waren bereits viele Petitionen eingegangen, auf einer fanden sich sogar 50.000 Unterschriften.

Doch der Protest stieß auf taube Ohren, und Ruth wurde gehängt. Die Kolumnistin Cassandra bewegte im *Daily Mirror* das Volk mit den Worten: „Wenn Sie das nach 9 Uhr morgens lesen, wird es die Mörderin Ruth Ellis nicht mehr geben. Das Einzige, was der Menschheit Gestalt und Würde gibt und sie von den Tieren unterscheidet, wurde ihr versagt – Mitleid und die Hoffnung auf endgültige Erlösung."

Ruth Ellis wurde in einem anonymen Grab innerhalb der Gefängnismauern begraben. In den frühen 1970er-Jahren wurde das Gefängnis restauriert, und alle bestatteten Frauenleichen wurden ausgegraben, um an einem anderen Ort begraben zu werden. Ellis wurde in St. Mary's Church in Amersham, Buckinghamshire, beerdigt. Auf ihrem Grabstein stand ursprünglich „Ruth Hornby 1926–1955", aber er wurde 1982 von ihrem Sohn Andy zerstört, kurz bevor er Selbstmord beging.

Sergeant Frederick Emmett-Dunne

Oft sind die Opfer leidenschaftlicher Morde unschuldige Menschen, die sich in der Nähe einer Person befanden, welche in starken Emotionen gefangen war. Der Mordfall Sergeant Reginald Watters ist ein Beispiel dafür, wie Liebe aus einem anständigen Mann jemanden machen kann, der seinen besten Freund tötet.

Der stattliche, gut aussehende Sergeant Frederick Emmett-Dunne und sein eher klein geratener Freund Sergeant Reginald Watters waren als Teil der britischen Nachkriegsbesatzung in Duisburg stationiert. Dort heiratete Watters die hübsche Mia, eine ehemalige Nachtclubsängerin. Zunächst unterdrückte Emmett-Dunne seine Gefühle für die Frau seines Freundes. Doch je öfter er mit ihnen zusammen war, desto mehr wuchs seine Leidenschaft und desto mehr ärgerte er sich darüber, dass sein nicht sehr bemerkenswerter Freund sie geheiratet hatte, wo sie doch eigentlich ihm gehören sollte. Schon bald überdeckte Eifersucht ihre Freundschaft bis zu dem Punkt, an dem Emmett-Dunne plante, seinen besten Freund zu töten.

Am 30. November 1953 fand man den toten Körper von Reginald Watters am Geländer einer Kaserne im britischen Armeestützpunkt hängend. Es war Emmett-Dunne, der Mia darüber in Kenntnis setzte und der Witwe versprach, in ihrer Trauer immer für sie da zu sein. Der Polizei erzählte er, er habe Watters am Abend zuvor um 19 Uhr zu seinem Quartier gefahren, ihm eine gute Nacht gewünscht und ihn dann verlassen. Der obduzierende Arzt stellte fest, dass der Tod durch Schock, ausgelöst durch Strangulieren, eingetreten war. In seinem Bericht schrieb er, Watters habe Selbstmord durch Erhängen begangen.

Doch etwas stimmte nicht. Gerüchte verbreiteten sich. Es wurde geflüstert, Watters habe Selbstmord begangen, weil seine Frau eine heimliche Affäre mit seinem besten Freund gehabt hätte. Die sieben Monate später in England geschlossene Ehe zwischen Mia und Emmett-Dunne heizte die Gerüchte an.

Dies wurde auch vom offiziellen Ermittlungsbeamten der Armee, Sergeant Frank Walters, misstrauisch verfolgt. Er glaubte nicht daran, dass Watters Selbstmord begangen hatte, auch wenn er noch so schwere persönliche Probleme gehabt hätte. Als er von der Heirat erfuhr, kontaktierte Walters Scotland Yard und teilte seine Bedenken mit.

Im Februar 1955 ging im Duisburger Hauptquartier der Befehl ein, Watters' Leiche zu exhumieren. Die Obduktion durch einen erfahreneren Pathologen ergab, dass er nicht durch Erhängen starb, sondern durch einen „schweren Schlag auf die Kehle" – wie ihn jemand ausführen konnte, der im unbewaffneten Kampf ausgebildet war. Zur gleichen Zeit gestand Ronald, der Halbbruder Emmett-Dunnes, der als Grenadier in Duisburg stationiert war, seine Beteiligung an Watters' Tod. Er erzählte den Fahndern, er habe Emmett-Dunne geholfen, Watters an das Geländer zu hängen, nachdem sein Halbbruder sagte, er habe ihn versehentlich getötet.

Emmett-Dunne wurde in seinem Haus in Taunton, Somerset, verhaftet. Er wurde wegen Mordes angeklagt, obwohl er behauptete, in Notwehr gehandelt zu haben, als Watters drohte, ihn zu erschießen. Er wollte ihn nur bewusstlos schlagen. Der Prozess fand vor einem siebenköpfigen Militärgericht statt und wurde in der britischen und deutschen Presse verfolgt. Im Juli 1955 wurde Emmett-Dunne des Mordes für schuldig befunden und zum Tod verurteilt. Aber er entkam dem Schicksal, das er nach Meinung vieler verdient hatte. Westdeutschland hatte die Todesstrafe abgeschafft, und ausländische Militärstützpunkte mussten im Einklang mit dem vor Ort geltenden Recht handeln. Stattdessen wurde Emmett-Dunne zu lebenslanger Haft verurteilt. Er saß zehn Jahre der Strafe in Großbritannien ab und wurde dann entlassen.

Dr. Yves Evenou & Simone Deschamps

Yves Evenous dritte Ehefrau war die gut aussehende, junge Marie-Claire. Doch obwohl sie atemberaubend schön war, konnte sie seine perversen Sexneigungen nicht befriedigen. Dafür suchte er sich eine ältere, gewöhnlichere Frau. Und als er beider überdrüssig wurde, beschloss er, beide Frauen mit einer einzigen widerlichen Tat loszuwerden.

Simone Deschamps sah zwar nicht gut aus, aber das machte sich durch begeisterten Einsatz in sexuellen masochistischen Spielen wett. Kaum dass sie Mitte der 1950er-Jahre die Arztpraxis von Dr. Yves Evenou betreten hatte, wusste er, dass er mit dieser Frau seine heimlichen sexuellen Gelüste würde ausleben können. Kurze Zeit später ließ er sie in die Wohnung unterhalb derjenigen einziehen, die er mit Marie-Claire teilte. Für Evenou war es das perfekte Arrangement: eine liebende, anständige, hübsche Ehefrau in der einen Wohnung und eine unterwürfige Geliebte, die alle seine perversen Wünsche erfüllte, in der Wohnung darunter. Evenou sagte zu einem Freund sogar: „Sie mag zwar nicht gut aussehen, aber sie versteht es, Liebe zu machen."

Simone, die sich willentlich am Betrug beteiligte, half sogar der kränkelnden Frau ihres Geliebten im Haushalt. Simone und Evenou gingen bis an die äußersten Grenzen ihrer sexuellen Spiele, doch der Doktor wurde seiner Frau und seiner Liebhaberin immer überdrüssiger und beschloss, sie beide zusammen mit einem einzigen hinterhältigen Streich loszuwerden. Für einen verdrehten und sadistischen Geist musste der Plan von schlichter Eleganz gewesen sein: Er würde Simone anstiften, Marie-Claire zu töten, und sie dann der Polizei übergeben.

LINKS: Dr. Yves Evenou (Mitte) mit seinem Anwalt Charles Marcelpoll im Palais de Justice in Paris.

Evenou erwärmte seine Geliebte langsam für sein Vorhaben. Eines Abends erzählte er ihr: „Meine ersten beiden Frauen haben mich freiwillig verlassen, aber diese klebt an mir." Nach ein oder zwei Tagen äußerte er: „Ich glaube, ich sollte sie töten, oder vielleicht solltest du das für mich tun." Am nächsten Tag – nach sechs Gläsern Portwein – schien er sich entschieden zu haben. „Wir müssen sie umbringen", sagte er zu Simone. Ohne ein weiteres Wort erhob diese sich, ging zum nächsten Laden und kaufte ein Messer.

Abends beschwerte sich Marie-Claire über Zahnschmerzen, und ihr Ehemann schlug ihr vor, eine Schlaftablette zu nehmen, um den Schmerz zu lindern. Sobald sie schlief, rief Evenou Simone an, die nackt, nur bekleidet mit Mantel und Schuhen, in seine Wohnung kam und sich auszog. Dann deckte Evenou die Brust seiner Frau auf und befahl: „Stoß zu!" Simone gehorchte. Marie-Claire erwachte, als sich das Messer in ihren Körper bohrte, und schrie. Evenou hielt sie in seinen Armen und flüsterte: „Alles ist gut, ruhig, ganz ruhig." Die von Drogen betäubte Marie-Claire spürte den Schmerz noch nicht, entspannte sich, und Simone stieß insgesamt elfmal zu. Dann küssten sich die Liebenden. Als alles vorbei war, wusch Simone sich im Bad die Hände, und Yves Evenou schlich sich hinaus. Ein paar Minuten später erzählte er der Polizei, Simone Deschamps habe seine Frau getötet.

Für Evenou mag es die perfekte Verschwörung gewesen sein, aber sein Plan hielt den Ermittlungen und Verhören nicht stand. Er wurde zusammen mit seiner Geliebten verhaftet, entkam aber dem Prozess, da er vor seiner Anhörung starb. Simone Deschamps wurde zu lebenslanger Haft verurteilt.

Dr. Renzo Ferrari

Als Tranquillo Allevi aus einer Likörflasche trank, die genug Strychnin für den Tod von 500 Menschen beinhaltete, war die Polizei zunächst verwirrt. Doch die Beamten entlasteten einen Geliebten seiner Ehefrau nach dem anderen, bis sie den Mann fanden, der ihn vergiftet hatte.

Im Alter von 38 Jahren war Renata Allevi eine Frau von Welt. Sie liebte ihren Ehemann, einen wohlhabenden Milchbauern, der ihr allen Luxus ermöglichte, den sie sich wünschte. Sie erfreute sich aber auch an ihren Intrigen und Leidenschaften ihrer außerehelichen Liebschaften und hielt sich einen Stall voller Männer, die sie bewunderten. Doch ihr Leben nahm am 26. August 1937 sein Ende.

Zwei Tage zuvor war eine Flasche Likör aus Mailand eingetroffen – mit der Nachricht, ein bekannter italienischer Getränkehersteller plane vor Ort eine Werbeaktion und bat Tranquillo Allevi, lokaler Repräsentant dafür zu werden. Allevi war ein einflussreicher Mann und erhielt häufig solche Anfragen, daher dachte sich Renata nichts dabei, als die Flasche eintraf. Sie bestätigte den Empfang und stellte sie auf den Schreibtisch ihres Mannes. Als dieser nach Hause kam, stellte er sie in den Kühlschrank und vergaß sie dort erst einmal.

Am 26. August, nachdem er mit seiner Frau zum Abendessen ausgegangen war, ging Tranquillo Allevi in sein Büro, um sich dort mit zwei Freunden zu treffen. Ihm fiel die Flasche wieder ein, und er nahm sie aus dem Kühlschrank, goss drei Gläser ein und – während seine Freunde höflich daran nippten – leerte sein Glas in einem Zug. Der Tod trat schnell ein. Als die Flüssigkeit seinen Magen erreichte, schrie Allevi auf, und sein Körper zuckte unkontrolliert. Er wurde schnell ins Krankenhaus gebracht, aber starb kurz nach der Aufnahme. Die Diagnose war eindeutig, denn auch seine Freunde zeigten Anzeichen einer Vergiftung, doch sie blieben vom Tod verschont.

OBEN: Renzo Ferrari bei seinem Prozess 1964, als er die Fragen des Gerichtsvorsitzenden in Imperia an der italienischen Riviera beantwortete.

Die Polizei verdächtigte zunächst Renata, aber ihre Trauer war echt, und sie machte kein Hehl daraus, dass sie die Flasche angenommen hatte. Ratlos suchten sie nach einem anderen Täter, aber Allevi war ein beliebter Mann gewesen, der keine Feinde hatte. Dann gab Renata widerwillig zu, dass sie drei Liebhaber habe, die sie regelmäßig traf: den Buchhalter ihres Mannes, einen Soldaten und den Tierarzt, der sich um Allevis Tiere kümmerte. Einen weiteren Anhaltspunkt gab die Flasche selbst, die am 23. August in Mailand abgeschickt worden war. Eine Rückfrage beim Getränkehersteller ergab, dass zwar über 100 Flaschen verschickt worden waren, aber dass Allevis Name nicht auf der Liste gestanden hätte. Der Begleitbrief war auch nicht auf dem Briefpapier des Unternehmens verfasst worden. Tests ergaben, dass Strychnin durch den Korken in die Flasche injiziert worden war.

Die Polizei verhörte Renatas Liebhaber. Die ersten beiden hatten Alibis, die bewiesen, dass sie sich nicht in der Nähe von Mailand aufgehalten hatten, als die Flasche verschickt wurde. Der Buchhalter war bei einem Klienten in San Remo gewesen, der Soldat war in der Toskana im Manöver. Die Ermittlungsbeamten befassten sich nun mit dem Veterinär Dr. Renzo Ferrari, der an dem fraglichen Tag in Mailand gewesen war, um seine Lizenz erneuern zu lassen. Er hatte auch Strychnin gekauft. Als man die Büros im Rathaus überprüfte, die Ferrari in seiner Funktion als Regierungsbeamter nutzte, fand man die Schreibmaschine, mit der der Begleitbrief verfasst worden war.

Am 1. September 1973 wurde Ferrari wegen Mordes an Tranquillo Allevi angeklagt. Er plädierte auf nicht schuldig, und sein Verteidiger sagte vor Gericht, er habe kein Motiv gehabt. Ferrari habe sich mit der Tochter einer reichen Familie verlobt und seine Beziehung mit Renata kürzlich beendet. Er sah einer glücklichen Zukunft entgegen, und es habe keinen Grund für ihn gegeben, diese aufs Spiel zu setzen. Renata aber hielt den Geschworenen ein ganz anderes Bild vor Augen, das zu den Fakten passte. Im Zeugenstand erzählte sie, ihr Ehemann habe von der Affäre erfahren. Sie habe aber die anderen Männer nur zu ihrem Vergnügen gehabt, geliebt habe sie nur ihren Mann. Deshalb habe sie zugestimmt, mit Ferrari Schluss zu machen. Als sie ihm sagte: „Ich werde nie

wieder zu dir zurückkommen", antwortete er: „Wir werden sehen."

Ein Vertreter des Getränkeherstellers lieferte das letzte Beweisstück. Er sagte unter Eid aus, dass Allevi keine Probe erhalten habe. Aber es sei eine Flasche mit einer Nachricht auf dem Briefpapier des Unternehmens an Dr. Renzo Ferrari geschickt worden.

Am 15. Mai 1974 wurde Ferrari des vorsätzlichen Mordes schuldig gesprochen. Seine Strafe belief sich auf 30 Jahre und beinhaltete auch den versuchten Mord an Allevis Freunden. Obwohl er nie gestanden hat, ist es sehr wahrscheinlich, dass der Mörder hoffte, Allevi und seine Frau würden die Flasche gemeinsam leeren. Nachdem die Flasche erst einmal zugestellt war, konnte Ferrari nicht kontrollieren, wer den vergifteten Likör trank, was darauf schließen ließ, dass es ihm egal war, welcher der beiden Allevis ums Leben kam.

Sheila Garvie und Brian Tevendale

Im Nachhinein ist es nicht verwunderlich, dass Max Garvie ermordet wurde, denn die Sexspiele, die er so genoss, wurden immer verdorbener. Es war fast unumgänglich, dass es früher oder später zu einem emotionalen Chaos kommen würde.

Im Jahr 1955 schätzte sich Sheila Watson glücklich, Max Garvie als Ehemann ergattert zu haben. Er war attraktiv, reich und besaß eine große Farm in Fordoun, Kincardineshire, Schottland. Sie bekamen zwei Töchter und einen Sohn, und hätte sich Max nicht so gelangweilt, hätte die Familie ein frohes Leben haben können. Zuerst versuchte Garvie, sein Leben mit teurem Spielzeug zu bereichern. Er sammelte schnelle Autos und kaufte ein Privatflugzeug, aber nichts schien ihn zu befriedigen, und er suchte andere Abenteuer.

Es fing harmlos an. Garvie gründete eine „Nudistenkolonie", und Freunde wurden zu Partys eingeladen, wo sie sich fröhlich und nackt zwischen Bäumen und Sträuchern tummelten, die Garvie zu diesem Zweck angepflanzt hatte. Es dauerte allerdings nicht lang, bis die Gäste ihre Hemmschwelle überwunden hatten und aus den Nacktfesten reine Sexorgien wurden.

Sheila Garvie hatte kein Interesse daran und versuchte, die Nackten und Zügellosen in ihrem Garten zu ignorieren. Stattdessen hielt sie ihre Kinder vom Geschehen vor ihrer Haustür fern und lehnte die wiederholten Bitten ihres Mannes, den Spaß mitzumachen, ab. Schließlich aber ließ sie sich von ihm überreden. Sheila gab nach und wurde ein williges und sogar begeistertes Mitglied der Gruppe.

Die West Cairnbeg Farm war mittlerweile als „Kinky Cottage" im Ort bekannt, und die Gäste spielten ein gefährliches Spiel mit der Eifersucht und gebrochenen Regeln. Garvie dehnte seine sexuellen Abenteuer auf Homosexualität aus und brachte den 20-jährigen Brian Tevendale mit nach Hause – nicht für sein eigenes Vergnügen, sondern für Sheila. Diese war entsetzt. Sex in Gesellschaft ihres Mannes war für sie akzeptabel, aber nicht die Intimität mit einem anderen.

Dennoch gab sie erneut nach. Eines Nachts im Jahr 1976, als Tevendale zu Besuch war, öffnete sich plötzlich seine Schlafzimmertür, und eine nackte, zitternde Sheila wurde von ihrem Mann ins Zimmer geschoben. Garvie hatte sich endlich durchsetzen können. Nun nahm das Spiel einen anderen Verlauf. Garvie und Tevendale warfen eine Münze, um zu entscheiden, wer mit Sheila schlafen dürfe. Als Garvie verlor, bestand er darauf, dass sie alle drei zusammen ins Bett gingen. Dann begann Garvie eine Affäre mit Tevendales Schwester, Trudi Birse, Frau eines Polizisten. Trudi nahm an sexuellen Spielen zu viert, darunter Garvie und ihr eigener Bruder, teil. Auch Trudis Ehemann schloss sich an. Max hatte ihm vorausschauend eine andere Frau als Partnerin gewählt.

OBEN: Sheila Garvie auf ihrem Weg zum High Court in Stonehaven, Schottland, im Jahr 1968.

Doch Garvie suchte nach immer neuen Sinneserlebnissen. Er langweilte sich mit Trudi und schlug Sheila vor, sich nach neuen Bettgesellen umzusehen. Sheila lehnte ab. Ihr Ehemann hatte nicht berücksichtigt, dass echte Gefühle entstehen könnten, doch seine Frau hatte sich leidenschaftlich in Brian Tevendale verliebt. Gewohnt, seinen Willen zu bekommen, versuchte Garvie, sich zwischen die beiden zu stellen. Der Mann, der sie zum Zusammensein gezwungen hatte, wollte sie nun auseinanderbringen.

Am Morgen des 15. Mai 1968 meldete Sheila Garvie ihren Mann bei der Polizei als vermisst. Sie sagte, als sie wach geworden war, sei ihr Mann nicht in seinem Bett gewesen und sie habe ihn nirgendwo finden können. Sheila, die entweder ihre Spuren verwischen wollte oder wirklich unschuldig war, vertraute ihrer Mutter Edith Watson an, dass sie glaubte, Tevendale habe ihren Ehemann getötet. Mrs. Watson ging zur Polizei.

Max Garvies Überreste wurden am 17. August 1968 im Abflusskanal von Laurieston Castle, St. Cyrus – Tevendales Heimatort –, gefunden. Die polizeilichen Untersuchungen führten schnell zu den sittenlosen Vorgängen auf der Farm, und Sheila Garvie, Brian Tevendale und dessen Freund Alan Peters wurden verhaftet und wegen Mordes an Garvie angeklagt.

Am 19. November 1968 begann am Aberdeen High Court der Prozess. Während Details der schmutzigen Ereignisse bekannt wurden, beschuldigten sich Sheila und Tevendale gegenseitig des Mordes.

Sheila behauptete, sie sei mitten in der Nacht wach geworden und habe gesehen, dass Tevendale und Peters ihren Ehemann ermordet hatten. Tevendale erwiderte, der Mord sei Sheilas Idee gewesen, und er habe mitgemacht, da sie ihn betörte. Die Anklage aber blieb dabei, dass Sheila und Tevendale den Mord gemeinsam geplant hatten, um Garvie daran zu hindern, sie zu trennen. In der Nacht, als Garvie starb, sei Sheila aus dem Ehebett geschlüpft, habe Tevendale und Peters ins Haus gelassen und ihnen eine Waffe gegeben. Dann sah sie zu, wie Tevendale Max' Schädel damit zertrümmerte, ihm ein Kissen auf das Gesicht drückte und ihm in den Kopf schoss. Dann wickelten die Männer seinen Körper in eine Decke, warfen ihn in Peters Auto und entsorgten ihn im Abflusskanal von Laurieston Castle.

Die Geschworenen und die Bevölkerung waren entsetzt über die perversen Taten und das Verbrechen selbst. Ein Geschworener wurde sogar ohnmächtig, als der vergilbte Schädel von Max Garvie als Beweismittel vorgelegt wurde.

Letzten Endes setzte sich die Staatsanwaltschaft durch – wenn auch knapp. Die Jury sprach Tevendale einstimmig des Mordes schuldig. Sheila wurde mehrheitlich für schuldig befunden – genug, um sie unter schottischem Recht zu bestrafen. Gegen Peters war die Beweislage nicht eindeutig.

1978 wurden Tevendale und Sheila aus dem Gefängnis entlassen, sahen sich aber nie wieder und führten ein normales Leben. Tevendale heiratete und wurde Inhaber einer Kneipe in Perthshire. Er starb 2003. Sheila heiratete zweimal – einmal geschieden, einmal verwitwet – und führte eine kleine Pension.

William Gardiner

Das „Peasenhall Mystery" aus dem Jahr 1902 ist einer der bemerkenswertesten Fälle in der britischen Kriminalgeschichte. Die Beteiligten könnten einer Agatha-Christie-Geschichte entsprungen sein. William Gardiner war Sonntagsschullehrer, streng gläubiger Kirchgänger und Vater von sechs Kindern. Das Opfer – Gardiners schwangere Geliebte – war Sängerin im örtlichen Kirchenchor. Der Fall ist zwar offiziell ungelöst, aber Gardiner wäre verurteilt worden, hätte die Frau, der er betrogen hatte, ihm nicht ein Alibi verschafft.

Über die Affäre der 23-jährigen Rose Harsent und Gardiner wurde im kleinen Örtchen Peasenhall in Suffolk viel geredet. Sie war ein Dienstmädchen, das im Kirchenchor sang, er lehrte an der Sonntagsschule und predigte von der Kanzel. Das Paar schien sich sehr zueinander hingezogen zu fühlen, auch wenn es Gerüchte gab, dass Gardiner nur ein Mann von vielen sei, mit denen Rose sich einließ. Es hieß, der Vikar wäre gekommen, um sie zu warnen, nachdem man sie in einer kompromittierenden Situation entdeckt hatte. Doch auch er konnte ihre Leidenschaft nicht mindern, und die Verabredungen fanden weiterhin statt.

Am 1. Juni 1902 fand ihr Vater Rose tot im Providence House, in dem sie arbeitete. Ihr halbnackter

Körper lag am Fuß der Treppe, ihre Kehle war durchgeschnitten. Sie hatte Verletzungen an ihren Schultern, und ihr Nachthemd war verbrannt. Es sah so aus, als hätte der Mörder versucht, sie anzuzünden, um Beweise zu vernichten. Weitere Untersuchungen ihres Körpers ergaben, dass sie schwanger gewesen war.

Es dauerte nicht lang, bis man Gardiner verdächtigte. In Roses Zimmer hatte man eine Notiz in seiner Handschrift gefunden. Er hatte mit ihr ein heimliches Treffen um Mitternacht vereinbart. Zwei Tage später wurde er festgenommen.

Am 7. November begann Gardiners Prozess, und es sah schlecht für ihn aus. Im Haus hatte man ein blutverschmiertes Messer gefunden (Gardiner sagte, er habe Kaninchen damit getötet), und Nachbarn berichteten von einem nächtlichen Feuer in Gardiners Garten am 31. Mai. Die Polizei ging davon aus, dass Gardiner und seine Frau seine blutige Kleidung verbrannt hatten. Doch Mrs. Gardiner erklärte, sie habe mit ihrem Mann einen gewöhnlichen Abend verbracht, sie seien ins Bett gegangen und dort bis zum nächsten Morgen geblieben.

Von zwölf Geschworenen waren elf von Gardiners Schuld überzeugt. Da das Ergebnis nicht eindeutig war, wurde ein zweiter Prozess für den 21. Januar 1903 angesetzt. Wieder kam die Jury nicht zu einem eindeutigen Urteilsspruch. Zehn Geschworene hielten ihn für nicht schuldig. Ein dritter Prozess wurde geplant, aber das Innenministerium entschied, dass es keine Aussicht auf ein Urteil gäbe, und der Fall wurde geschlossen. Gardiner wurde ohne Verurteilung und ohne Freispruch aus der Haft entlassen.

Lilian Getkate

Hin und wieder schlüpft jemand durch eine Gesetzeslücke – darunter auch Lilian Getkate. Als ehemalige Pfadfinderin und Kirchgängerin erwartete Lilian für das Verbrechen, ihren Mann mit seinem eigenen Gewehr erschossen zu haben, eine Gefängnisstrafe. Doch sie konnte niemanden davon überzeugen, dass sie guten Grund zur Tötung gehabt hatte. Die Jury befand sie lediglich des Totschlags schuldig und verurteilte sie zu 200 Stunden Sozialarbeit. Außerdem hatte sie das Glück, dass ihr Urteil drei Wochen vor einer Gesetzesänderung gesprochen wurde. Nach der neuen Gesetzeslage wurde jemand, der einen Totschlag mit einer Waffe begangen hatte, mit mindestens vier Jahren Haft bestraft.

Lilians Fall war kompliziert. Ihr Verteidiger erzählte der Jury, sie sei jahrelang von ihrem Mann Maury missbraucht worden. Während ihrer 16-jährigen Ehe sei sie an den Haaren gezogen worden, eine Gefangene im eigenen Heim gewesen, vergewaltigt und mit dem Tod bedroht worden. Lilian erklärte, letztlich habe sie die Drohung ihres Mannes, ihre Tochter ebenfalls zu vergewaltigen, dazu gebracht, ihn zu töten. Laut eines Berichts in der kanadischen Zeitung Ottawa Citizen war Maury Getkate ein großer, stattlicher Mann, ein „paramilitärischer Fan und ehrgeiziger Ninja", der eine Sammlung exotischer Waffen besaß. Zwei Psychiater, die Lilian untersucht hatten, bestätigten außerdem, dass sie alle Kriterien einer misshandelten Frau aufwies.

Die Beweislage war dennoch nicht so eindeutig. Verwandte und Freunde erzählten eine andere Geschichte. Dem Anschein nach waren die Gatkates ein glückliches, ganz gewöhnliches Paar, das sich gut um seine Kinder kümmerte, und Lilian habe gern die Rolle der Mutter übernommen. Maury Getkate, so hieß es, war ein hart arbeitender und erfolgreicher Mann, der von seinen Kollegen bewundert wurde.

Julianne Parfett, die Staatsanwältin, machte das Gericht darauf aufmerksam, dass jeder Beweis gegen Lilian von ihr selbst kam. „Niemand kann es bestätigen", sagte Parfett. „Es gibt keine blauen Flecke, keine Krankenakte, keinen Polizeibericht. Nichts. Das ist sehr bedenklich. Wir sagen einfach: ‚Ja, du bist misshandelt worden. Du bist frei.' Darum geht es hier, und ich denke, das ist für die Öffentlichkeit eine erschreckende Nachricht." Da kein Dritter eine Aussage machen konnte und es keinen physischen Beweis gab, schlug Parfett vor, dass Lilian höchstens „mäßigen Missbrauch" erfahren haben könne.

Eine Jury aus zehn Frauen und zwei Männern hielt Lilian dennoch nur des Totschlags für schuldig und verurteilte sie zu gemeinnütziger Arbeit und der Teilnahme an Treffen der „anonymen Abhängigen", einer Gruppe für emotional abhängige Menschen. Dieses Urteil gefiel Parfett nicht. Sie sagte: „Die Entscheidung, sie vor der Haft zu bewahren, zeigt anderen Frauen, dass sie erst töten und dann behaupten kön-

nen, sie seien misshandelt worden. Auch wenn sie es nicht beweisen können, bleiben sie auf freiem Fuß." Lilians Verteidiger Patrick McCann antwortete: „Es gibt in Kanada viele Frauen, die von ihrem Ehemann oder Partner missbraucht wurden, sie umbrachten, wegen Totschlags verurteilt wurden und dennoch keine Freiheitsstrafe erhielten. Das ist nichts Neues."

Mitten in diesem Durcheinander war Lilian Gatkate wie alle anderen überrascht, dass sie nicht ins Gefängnis musste. Ihre Überraschung muss sich in Erleichterung gewandelt haben, als sie erfuhr, dass ab Januar 1996 eine vierjährige Haftstrafe für Totschlag mit Waffen zwingend vorgeschrieben war. Lilian hatte ihren Mann im Dezember 1995 erschossen.

Chester Gillette

Als Heranwachsender reiste Chester Gillette mit seiner tiefreligiösen Familie kreuz und quer durch die USA. Im Alter von 22 Jahren, im Jahr 1905, ließ Gillette sich in New York City nieder, wo er in der Hemdenfabrik seines reichen Onkels arbeitete. Hier lernte er auch die 18-jährige hübsche Sekretärin Grace Brown kennen.

Grace verliebte sich in den schneidigen Neffen des Chefs, und in einem Wirbelwind der Gefühle ging sie schon bald mit ihm ins Bett. Das Ergebnis war eine Schwangerschaft. Grace, die erwartete, dass Gillette sie zu einer ehrbaren Frau machen würde, kehrte nach Hause zurück, um sich auf ihre Mutterschaft vorzubereiten und auf den Heiratsantrag zu warten. Doch dieser kam nicht. Stattdessen fand Grace heraus, dass Gillette nie treu gewesen war und nun ganz offen andere Frauen traf. Als sie erfuhr, dass ihr Liebster eine attraktive, reiche Frau bei einer Tanzveranstaltung kennengelernt und sich mit ihr verlobt hatte, war sie am Boden zerstört. Ihre Briefe an ihn wurden immer verzweifelter, aber Gillette bekannte sich weder zu ihr noch zu dem ungeborenen Kind. Als sie nicht mehr wusste, an wen sie sich noch wenden sollte, drohte sie Gillette damit, seinem Onkel von seinem schrecklichen Benehmen zu erzählen. Diese Drohung schien zu wirken. Im Juli 1906 trug Gillette Grace auf, ihre Sa-

chen für einen Wochenendausflug zu packen. Aufgeregt und in der Hoffnung, während des Ausflugs zu heiraten, packte Grace all ihre Kleidung ein. Gillette hingegen hatte kaum Gepäck.

Zuerst bezog das Paar ein gemietetes Häuschen am Tupper Lake in Herkimer County, aber die Gegend war zu gut besucht für das, was Gillette plante. Er bestand darauf, zum Big Moose Lake zu fahren, wo sie getrennte Zimmer in einem Hotel nahmen. Gillette mietete unter dem Namen Carl Graham (die Initialen stimmten mit denen auf seinem Koffer überein) ein Boot und ruderte seine schwangere junge Freundin auf den See hinaus. Als sie sich weit genug vom Ufer entfernt hatte, schlug Gillette mit einem Tennisschläger auf Grace ein, warf sie über Bord und ruderte allein zurück. Die bewusstlose Grace ertrank. Gillettes Aufstieg in der Gesellschaft stand nichts mehr im Weg.

Gillette versuchte, die Spuren zu verwischen, indem er zum Arrowhead Hotel an der Eagle Bay weiterzog.

OBEN: Chester Gillettes herzloser Mord an seiner Geliebten führte zu seiner Hinrichtung.

OBEN: Grace Browns einziges Verbrechen bestand darin, sich in den falschen Mann zu verlieben.

Doch er beging einen Fehler, als er sich beim Rezeptionisten nach kürzlich gemeldeten Badeunfällen erkundigte. Als man am nächsten Tag den Körper von Grace Brown entdeckte, erinnerte dieser sich an die seltsame Frage. Man fand außerdem am Big Moose Lake den Tennisschläger, und Gillette war nervös, als er von der Polizei befragt wurde. Vor Gericht las die Anklage jeden von Graces herzergreifenden Briefen vor, und die Jury erfuhr das ganze Ausmaß der Gefühllosigkeit Gillettes. Am 4. Dezember 1906 wurde er des Mordes für schuldig befunden und zum Tod auf dem elektrischen Stuhl verurteilt.

Gary Grinhaff

Während einige Mörder ihrer Wut in einem Anfall tödlicher Raserei Ausdruck verleihen, leiten andere sie in berechnende Rachepläne um. Gary Grinhaff war davon überzeugt, dass die Affäre seiner Frau, die sie gestanden hatte, noch nicht beendet war, und so plante er methodisch einen Mord – und seinen Suizid.

Im Februar 2008 entdeckte Grinhaff, dass seine Ehefrau Tracey eine Affäre hatte. Ein paar Wochen später konfrontierte er sie damit, und um die Situation friedlich zu lösen, rief er seine Frau und ihren Liebhaber zu sich, um darüber zu sprechen. Diese ungewöhnliche Maßnahme schien zu wirken; das Paar stimmte zu, die außereheliche Beziehung zu beenden.

In den folgenden Wochen jedoch beharrte Grinhaff darauf, dass Tracey ihr Versprechen nicht gehalten habe. Er ignorierte ihre Unschuldsbeteuerungen und wollte beweisen, dass sie immer noch heimliche Treffen arrangierte. Zuerst versteckte er eine Abhörwanze in ihrem Auto, dann stattete er es mit einem Routen-Kontrollgerät aus. Zudem kaufte er ein anderes Auto, mit dem er ihr unerkannt folgen konnte. Am 1. Mai hatte er den Beweis, den er wollte: Tracey betrog ihn in der Tat immer noch.

Um 6 Uhr morgens am 3. Mai 2008 weckte Grinhaffs dreijährige Tochter Niamh ihre ältere Schwester Chloe und weinte, weil sie ihre Mutter nicht finden konnte. Die 13-jährige Chloe schaute nach, fand das Bett leer vor und die Decken auf dem Boden liegend.

In der Küche sah sie an der Dunsthaube eine Notiz. Es war die Handschrift ihres Vaters, und er gab ihr darauf Anweisungen. Der Teenager rief einen Nachbarn an, der den Kindern sagte, sie sollten nicht in die Schule gehen, und die Polizei kontaktierte.

Die Polizei fand im Schlafzimmer Spuren eines Kampfes, aber es war der Versuch unternommen worden, alles zu säubern und Blutflecken vor den Kindern zu verbergen. Später fand man die Körper. Tracey Grinhaffs Leiche fand man im Gartenhäuschen. Sie war erdrosselt und mit einem schweren Gegenstand geschlagen worden. Kurz darauf entdeckte die Polizei Gary Grinhaffs Leiche in einem Wald in der Nähe. Er hatte sich umgebracht, indem er sich mit dem Sägeaufsatz seiner elektrischen Bohrmaschine in Arm und Bein geschnitten hatte. In dem Auto, das Grinhaff benutzt hatte, um seine Frau zu verfolgen, waren Nachrichten hinterlegt, die seine Töchter nicht finden sollten. Eine Notiz war an den Geliebten seiner Frau gerichtet und lautete: „Das kann so nicht weitergehen, das ist mein einziger Ausweg."

Bei der gerichtlichen Feststellung der Todesursache bemerkte Donald Coutts-Wood, dass Grinhaff beträchtliche Unannehmlichkeiten auf sich genommen hatte, um zu beweisen, dass seine Frau ihn weiterhin betrog. Er kam zu dem Urteil, dass Mrs. Grinhaff unrechtmäßig getötet wurde und ihr Ehemann Selbstmord begangen hatte.

Albert Guay

Das abscheuliche Verbrechen des Albert Guay ist unbeschreiblich. Selbst wenn wir uns nicht vorstellen können, was in den Köpfen von Mördern vorging, die sich dazu gezwungen fühlten, zu töten, so kann man doch wenigstens ansatzweise nachvollziehen wie eine Person so wütend wird, dass sie die andere Person, welche den Schmerz verursachte, bestrafen will. Doch das Verbrechen von Guay geht viel weiter. Er plante den Tod seiner Frau, die zwischen ihm und seiner jungen Geliebten stand – und es machte ihm nichts aus, dass er dabei 22 andere Menschen, darunter 4 Kinder, tötete.

Joseph-Albert Guay wurde am 12. Januar 1919 geboren. Er war das jüngste von fünf Kindern und wurde sehr verwöhnt. Seine Wutanfälle, wenn er etwas nicht bekommen konnte, was er haben wollte, nahm er mit ins Erwachsenenalter. Als junger Mann verkaufte Guay auf Kommission Uhren und Schmuck.

Als der Zweite Weltkrieg ausbrach, arbeitete er bei Canadian Arsenals Limited in St. Malo. Dort lernte er Rita Morel kennen und heiratete sie. 1945 schloss die Waffenfabrik, und Guay investierte das wenige Geld, das er besaß, in eine eigene Schmuck- und Uhrenwerkstatt. Das Leben hätte schön sein können, doch das Paar stritt sich von Anfang an häufig, und es wurde schlimmer, als ihr erstes Kind auf der Welt war. Der Laden lief nicht gut, und zur finanziellen Belastung kam nun die Anspannung daheim hinzu. Wie so vielen unreifen Männern gefiel es Guay nicht, dass er in seinem Haus nicht länger der Mittelpunkt des Geschehens war. Als er merkte, dass sein Sohn nun an erster Stelle stand, wuchsen seine Eifersucht und seine Besitzgier. Nach acht Jahren Ehe entschied er, dass er sich nur wieder wichtig fühlen konnte, wenn er jemanden fand, der ihn so anhimmelte, wie es einst seine Frau getan hatte.

Er erwählte die 17-jährige Marie-Ange Robitaille, Kellnerin in einem Nachtlokal, die Mary Angel genannt werden wollte. Um nicht von seiner Frau erwischt zu werden, gab Guay sich einen falschen Namen, als er sie zum ersten Mal traf, den er im Lauf der Beziehung beibehielt. Trotz seiner finanziellen Sorgen zahlte er seiner Geliebten eine Wohnung und versprach, sie zu heiraten. Marie-Ange zweifelte nicht daran, dass sie ernsthaft von einem Mann mit Namen Roger Angers umworben wurde, der die Absicht hegte, sie vor den Traualtar zu führen.

Obwohl er sich alle Mühe gab, nicht entdeckt zu werden, fand Rita alles heraus. Als Guay Mary-Ange in ihrem Elternhaus besuchte, wartete dort seine Frau auf ihn, und sein heimliches Leben wurde komplett zerstört. Mary-Ange wurde von ihren entsetzten Eltern des Hauses verwiesen, und auch die Guays verließen das Haus unter heftigem Streit. Zu Hause angekommen, packte Rita

RECHTS: Albert Guay mit seiner Frau Rita, ein Opfer des Flugzeugabsturzes, den er inszeniert hatte.

ihre Sachen zusammen und zog mit ihrer fünfjährigen Tochter zu ihrer Mutter.

Wenn Rita geplant hatte, die Affäre zu beenden, dann war ihr das nicht gelungen. Nichts davon schien Guay zu berühren. Er traf sich weiterhin mit seiner Geliebten, und sein Leben änderte sich nur wenig. Dennoch änderte die Konfrontation sein Verhältnis zu Mary-Ange für immer. Nun bestand sie darauf, dass er sie zu einer ehrbaren Frau machte. Sollte er das nicht tun, würde sie die Affäre beenden. In den 1940ern gab es in der katholischen Gegend von Quebec nur selten eine Scheidung. Für Guay gab es deshalb nur einen einzigen Weg, seine hübsche junge Liebhaberin zu heiraten – indem er die 28-jährige Rita tötete.

Zunächst dachte Guay daran, sie zu vergiften, doch er fürchtete die Entdeckung. Nicht zuletzt gab es genug Menschen, die wussten, dass er einen guten Grund hatte, seine Frau umzubringen. So heckte er einen Plan aus, um nicht verdächtigt zu werden. Als Juwelier flog er oft mit dem Flugzeug, um Waren auszuliefern oder abzuholen. Er kam zu dem Schluss, dass sein Verbrechen nie entdeckt werden würde, wenn er es schaffte, seine Frau an seiner Stelle in das Flugzeug zu bekommen und eine Bombe an Bord zu schmuggeln, die es zum Absturz bringen würde. Und wenn er die Bombe zeitlich so einstellen würde, dass das Flugzeugwrack in den St.-Lawrence-Strom stürzen würde, wären alle Beweise verloren.

Er fand immer mehr Gefallen an seiner Idee, aber es gab ein Problem: Für den Mordplan benötigte er Komplizen. Leider wusste er, wo er sie finden konnte.

Er musste hohe Belohnungen versprochen haben, denn schließlich fand er seine Mitverschwörer. Der im Rollstuhl sitzende Uhrmacher Genereux Ruest würde ihm helfen, die Bombe zu bauen und zu verpacken. Aber obwohl dieser auch in der Munitionsfabrik gearbeitet hatte, fehlte ihm doch das Detailwissen zum Bau einer Bombe oder dazu, wie man ein Flugzeug explodieren lässt. Daher beschlossen er und Guay, einen Testlauf zu machen. Um sich darauf vorzubereiten, suchten sie lokale Sprengstoffexperten auf und erzählten, sie müssten einen Teich in die Luft sprengen. Als sie alle nötigen Informationen hatten, begann Ruest mit dem Bau der Bombe. Schließlich hatte er eine einfache, aber effektive Zeitbombe aus 20 Stangen Dynamit, einem Wecker und einer Batterie zusammengesetzt. Guays zweiter Komplize war die 41-jährige Margeuritte Pitre. Sie war Ruests verheiratete Schwester und Guays ehemalige Geliebte. Sie sollte die Bombe zu ihrem Ziel bringen.

Nun musste Guay nur noch Rita dazu überreden, im Flugzeug zu reisen. Guay bestand darauf, dass, obwohl ihre Ehe am Ende war, es keinen Grund gab, warum sie ihm nicht weiter bei seinen Geschäften helfen sollte. Es sei dringend notwendig, dass sie nach Baie Corneau aufbreche, um dort Juwelen abzuholen. Rita weigerte sich, aber ihr Ehemann beharrte, er sei zu beschäftigt, um sich selbst darum zu kümmern, und machte sie darauf aufmerksam, dass ihr Einkommen von seinen Geschäften abhing. Als sie erneut protestierte, sagte er, er habe bereits das Ticket gekauft. Er vergaß zu erwähnen, dass er für sie eine Lebensversicherung in Höhe von $ 10.000 abgeschlossen hatte, zusätzlich zu $ 5.000 aus dem Jahr 1942. Schließlich willigte Rita ein, aber sie stritten sich heftig, als sie am Morgen des 9. September 1949 zum Flughafen in Quebec City fuhren.

In der Zwischenzeit befand Pitre sich in einem Taxi auf dem Weg zum Flughafen. Sie trug ein sehr schweres Paket bei sich und erklärte dem Flughafenpersonal, dass es sich um eine religiöse Statuette handele, die einem Monsieur Larouche in Baie Comeau zugestellt werden müsse. Das Paket wurde als Fracht registriert.

Kurz danach ging Rita mit 22 weiteren Passagieren an Bord der Canadian Pacific Airlines DC-3. Das Flugzeug hob um 10:25 Uhr ab – fünf Minuten später als geplant, was Guays sorgsam ausgetüftelten Plan gefährdete. Es stieg hoch in den Himmel und flog Richtung Nordwesten auf den St.-Lawrence-Strom zu. 20 Minuten später explodierte es, und die Trümmer landeten am Ufer des Flusses statt im Wasser. Ein Fischer in der Nähe von Sault-au-Cochon, 50 Meilen nördlich von Quebec City, erzählte später, wie er das rauchende Flugzeug Richtung Cap Tormente im bewaldeten Norden von Quebec habe abstürzen sehen. Andere Zeugen sagten, die Flugzeugmotoren liefen noch, als es aufschlug, was bedeutete, dass die Ermittlungsbeamten einen Motorschaden als Absturzursache ausschließen konnten.

Auch fünf Gleisarbeiter beobachteten den Vorfall und eilten zum Ort des Geschehens. Aber es gab dort nichts für sie zu tun. Flammen loderten aus dem Inneren des Flugzeugs, und es war klar, dass niemand überlebt haben konnte. Einer der Arbeiter berichtete der Zeitung *La Patrie:* „Auf dem Boden lagen Arme, Beine und abgetrennte Köpfe. Der vordere Teil des Flugzeugs schien intakt zu sein. Dort stapelten sich die Körper, als wären sie nach vorn geworfen worden, als das Flugzeug abstürzte ... Wir konnten nichts weiter tun, deshalb haben wir rasch die Eisenbahnbehörde informiert."

Schon bald verbreiteten die Radiostationen die Nachricht vom Unglück, und die Polizei eilte zur Absturzstelle. Unter den Toten befanden sich die Besatzung, vier Kinder und drei amerikanische Geschäftsführer der Kennecott Copper Corporation. Guay und seine Mitverschwörer hatten es geschafft, Rita Guay zu ermorden, doch mit ihr starben 22 weitere Menschen. Und all das nur, damit Albert Guay seine junge Liebe heiraten konnte!

Doch Guay trat niemals den Gang vor den Traualtar an. Bei forensischen Untersuchungen der Trümmer fand man schnell Spuren von Dynamit, und die Ermittler schlossen daraus, dass eine Zeitbombe im Gepäckraum das Flugzeug zum Absturz gebracht hatte. Kurz darauf wurden Pitre, Guay und Ruest verhaftet. Bei den Untersuchungen kamen viele Hinweise zu Tage, einer führte sie direkt zu Guay: die Warenliste der Fracht. Alle bis auf eine der mitgeführten Waren kamen von regulären Spediteuren und konnten schnell abgehakt werden. Es war jedoch kein Versender für die „religiöse Statuette" angegeben. Der Taxifahrer, der Pitre zum Flughafen gefahren hatte, verriet ihre Adresse. Außerdem erinnerte er sich daran, dass die Dame in Schwarz ihn gewarnt habe, nicht über Bodenwellen zu fahren.

Als die Polizei bei Margueritte Pitre anrief, erreichte sie sie nicht. Sie lag wegen eines missglückten Selbstmordversuchs im Krankenhaus. Sie wollte sich das Leben nehmen, als sie von dem Ausmaß des Verbrechens erfuhr, zu dem sie ihren Teil beigetragen hatte. Da sie die Polizei schon auf ihren Spuren vermutete, schluckte sie eine Überdosis Schlaftabletten. Sie überlebte zwar, aber nur um einen schlimmeren Tod zu

erfahren. Im Verhör blieb sie dabei, nicht gewusst zu haben, was sich in dem Paket befunden hatte. Niemand glaubte ihr. Auch schenkte niemand ihrer Geschichte Gehör, Guay habe gedroht, sie zu ruinieren, würde sie sich weigern, ihm zu helfen. Und dass er sie dazu überredet habe, nach dem Absturz Selbstmord zu begehen, erschien ebenso unplausibel.

Vor seiner Verhaftung hatte Guay sich als der um seine Frau trauernde Ehemann ausgegeben. Er drängte die Ermittlungsbeamten, „der Sache auf den Grund zu gehen", platzierte während Ritas Trauerfeier ein großes Blumenkreuz auf ihrem Sarg und sagte zu einem Priester: „Wenn Gott es so will, dann akzeptiere ich es." Nach seiner Verhaftung am 23. September 1949 sah er sich jedoch bald dazu gezwungen, sein Täuschungsmanöver aufzugeben.

Kurze Zeit später wurde Reust verhaftet. Zwischen 1950 und Anfang 1951 wurden die drei Mörder einzeln vor den Supreme Court of Canada gestellt. Guay wurde des Mordes an 22 Menschen und des Attentats an seiner Frau angeklagt und für schuldig befunden. Er erhielt die Todesstrafe, und der Richter sagte zu ihm: „Ihr Verbrechen ist abscheulich. Mir fehlen die Worte"

Am 19. Januar 1951 wurde Albert Guay im Bordeaux-Gefängnis bei Montreal gehängt. Eine Glocke läutete dort der Tradition entsprechend siebenmal, um die Hinrichtung eines Mannes zu verkünden (sie erklang zehnmal bei einer Frau). In den Zeitungen stand, seine letzten Worte seien gewesen: „Nun, immerhin sterbe ich als berühmter Mann."

Reust behauptete vergeblich, er habe nicht gewusst, dass mit seiner selbstgebastelten Bombe Menschen getötet werden sollten. Es gab jedoch Zeugen, die ihn am Absturztag auf der Terrasse eines Hotels gesehen hatten: Er hatte diesen Aussichtspunkt gewählt, weil er von dort aus die Flugroute und den Absturz verfolgen konnte. Reust wurde in seinem Rollstuhl zum Galgen gefahren und am 25. Juli 1952 gehängt.

Pitres Prozess begann im März 1951, zu spät für Guay, um gegen sie auszusagen, wie er es bei Reust getan hatte, um der Todesstrafe zu entgehen. Obwohl sie ihre Unschuld betonte, wurde sie ebenfalls schuldig gesprochen und war die letzte Frau, die am 9. Januar 1953 in Kanada hingerichtet wurde.

Frances Hall, Henry Carpender, & Willie Stevens

Sehr wahrscheinlich wurde dieser blutige und schreckliche Doppelmord von einer verschmähten Ehefrau angezettelt, die genau wusste, dass die Untreue ihres Mannes allgemein bekannt war. Einige Mörder können sich erfolgreich das Mitleid des Gerichts sichern, anderen werden aus Mangel an Beweisen freigesprochen, doch Mrs. Hall und ihre Verbündeten hatten es offensichtlich geschafft, genug Verwirrung zu stiften, um die Anklage gegen sie völlig zu auszuschalten.

Am 16. September 1922 fand man die Leichen von Pfarrer Edward Wheeler Hall und seiner Geliebten Eleanor Mills. Sie trug ein blaues Kleid mit roten Punkten, schwarze Strumpfhosen und einen blutigen Seidenschal um ihren Hals geschlungen. Ihre linke Hand lag auf dem Knie von Pfarrer Hall, sein rechter Arm war unter ihrer Schulter. Eine Visitenkarte war gegen seinen Schuh gelehnt, rundherum befanden sich Fetzen zerrissener Briefe. Auf einem stand: „Oh, Liebling, ich glühe heute. Brennende, lodernde Liebe." Hall hatte zwei Schusswunden über dem rechten Ohr. Auf Eleanor war dreimal geschossen worden: in die rechte Schläfe, unter das rechte Auge und über das rechte Ohr. Außerdem waren der Chorsängerin nach ihrem Tod ihre Zunge und ihr Kehlkopf herausgetrennt worden. Es sah nach einem typischen Mord aus Leidenschaft aus.

Hall war Pfarrer der Evangelistenkirche des heiligen Johannes in New Jersey gewesen; Eleanor Mills war Sängerin im Kirchenchor. Beide waren verheiratet. Halls Ehefrau war Frances Noel Stevens, Erbin eines Teils von Johnson & Johnson, Eleanors Ehemann James war der Küster der Kirche. Es gab nur wenige Menschen in der Gemeinde, die nicht von der Affäre wussten. Hall und Eleanor waren seit vier Jahren ein Liebespaar, und später erzählte man, sie hätten sich jeden Nachmittag in Mills Haus getroffen.

Es war nichts Ungewöhnliches daran, dass Eleanor am Abend des 14. September bei den Halls anrief. Sowohl das Dienstmädchen als auch Mrs. Hall sagten später aus, Eleanor habe wegen einer Arztrechnung angerufen, und der Pfarrer habe kurz darauf das Haus unter dem Vorwand verlassen, das Problem mit ihr besprechen zu wollen. Doch es war kein gewöhnlicher Abend. Nach Jahren außerehelicher Treffen und heimlicher Leidenschaft hatten Eleanor und Mills endlich beschlossen, miteinander durchzubrennen.

Eleanor sagte ihrem Ehemann, sie würde Pfarrer Hall anrufen. Dann teilte sie ihm mit, sie ginge zur Kirche, und es gab eine kleine Szene, bei der sie ihrem Mann verächtlich sagte, er könne ihr ja folgen, wenn er sich traute. Das war das letzte Mal, dass Eleanor lebend gesehen wurde. Bis 11 Uhr abends wartete der besorgte Mills, dann ging er zur Kirche, um nach ihr zu sehen. Er fand nichts und kam um 2 Uhr nachts zurück. Auch dort war nichts von den Liebenden zu sehen.

Als er am nächsten Tag zur Arbeit ging, fragte er Mrs. Hall, ob sie dachte, ihre Ehegatten seien zusammen weggelaufen. Sie erzählte ihm, sie glaube, sie seien tot. Etwa zur gleichen Zeit sagte Willie Stevens, der Bruder von Mrs. Hall, zum Dienstmädchen Louise Geist, dass „etwas Schreckliches" in der Nacht geschehen sei. Seltsamerweise waren bis dahin die Leichen noch nicht entdeckt worden.

Das änderte sich am nächsten Tag, und die Polizei verhörte vier Verdächtige: Frances Hall, Stevens, einen weiteren Bruder von Frances mit Namen Henry (der als hervorragender Schütze bekannt war) und ihren Cousin Henry Carpender. Kurz darauf wurden Hall, Carpender und Willie Stevens wegen Mordes an Pfarrer Hall und Eleanor angeklagt.

Die gerichtliche Anhörung war von Anfang an verworren und unorganisiert und wurde letztlich aus Mangeln an Beweisen eingestellt. Doch ein paar Jahre

später kamen Beweise dafür ans Licht, dass die An-geklagten die Rechtsfindung behindert hatten. 1926 behauptete Geists Ehemann, seine Frau habe $ 5.000 von der Familie Hall erhalten. Sie hatte von Halls Plänen erfahren und seine Frau vorgewarnt. Das Geld sollte ihr Schweigen sichern. Ein Polizist, der an den

OBEN: Zwei Staatspolizisten aus New Jersey (Mitte) mit zwei Verkehrspolizisten die darauf warten, einen Zeugen zum Hall-Mills-Prozess im Jahr 1926 zu begleiten.

Untersuchungen beteiligt war, gestand, dass er von Carpender bezahlt worden war, das Land zu verlassen.

OBEN: Willie Stevens während der Verhandlung im Zeugenstand als Mitangeklagter im Mordfall von Pfarrer Edward Hall und Eleanor Mills.

In einem neuen Verfahren trat eine wichtige Zeugin auf. Jane Gibson (bekannt als „Schweinefrau", denn ihr gehörte eine Schweinefarm) sagte aus, dass sie die Morde gesehen hatte. Sie identifizierte Carpender als Schützen und sagte, er sei mit Hall und Stevens am Tatort gewesen. Gibson behauptete, er sei zu den Leichen zurückgekehrt und Mrs. Hall habe geweint. Dennoch wurde ihre Aussage ignoriert, da sie 1922 etwas ganz anderes erzählt hatte. Obwohl man auf der Visitenkarte einen Fingerabdruck von Willie Stevens gefunden hatte, wurden am 3. Dezember 1926 alle drei Angeklagten für nicht schuldig befunden. Beobachter waren der Ansicht, das Urteil sei eine Trotzreaktion auf die Juristen der Anklage aus Jersey City gewesen.

Gavin Hall

Als der Röntgentechniker Gavin Hall Nachrichten auf dem Computer seine Frau fand, die eine schmutzige Affäre beschrieben, erlitt er einem Nervenzusammenbruch, der in einer Tragödie endete. Seine untreue Ehefrau konnte seinen mörderischen Absichten entkommen, nicht aber ihre dreijährige Tochter.

Eines Abends im Oktober 2005 vergaß Garvin Halls 31-jährige Frau Joanna, ihren Computer auszuschalten. Als ihr Mann einen Blick darauf warf, traute er seinen Augen kaum, denn nun erfuhr er vom Doppelleben seiner Frau. Joanna war Mitglied einer sexuellen Kontaktseite für Verheiratete im Internet. Der völlig bestürzte Harry entdeckte, dass seine Frau sich als „sehr gelangweilte Ehefrau" und als „leichte Beute" bezeichnete. Er fand auch Nachrichten ihres Geliebten; des 45-jährigen verheirateten Amtsrichters James Muir-Little. In seinem Profil stand, er sei ein 38-jähriger Nichtraucher mit einer „regen Fantasie."

Als Hall die Mitteilungen las, die sie ausgetauscht hatten, wurde ihm klar, dass das Paar bereits in einer sexuell aktiven Beziehung steckte. Sie hatten Nacktfotos ausgetauscht und in grafischen Einzelheiten die Sexaktivitäten beschrieben, denen sie frönen wollten. Der Richter hatte sogar Sex zu dritt vorgeschlagen.

Als Hall sie damit konfrontierte, gestand Joanne das kurze Liebensabenteuer, sagte ihm aber, dass es vorbei sei. Sie log. Als sich der Geisteszustand ihres Mannes verschlechterte, nahm sie ihre Liebesbeziehung zu Muir-Little wieder auf, versicherte Hall aber gleichzeitig, es gäbe nichts, worüber er sich sorgen müsse.

Schließlich bekam Hall starke psychische Probleme, sodass er nicht mehr arbeiten konnte und sich wegen persönlicher Probleme krank meldete. Nun brach er vollends zusammen. Die einzige Lösung, die für ihn infrage kam, war Selbstmord, und er beschloss, dass auch ihre Tochter Amelia – oder „Millie", wie sie genannt wurde – sterben musste. Wie er später dem Gericht erklärte, habe das kleine Mädchen immer wieder gesagt, es wolle „mit Papa gehen."

Am 29. November 2005 gab Gavin Amelia Antidepressiva, um sie schläfrig zu machen. Vater und Tochter nahmen Abschied „wie Romeo und Julia", bevor er sie in ein chloroformgetränktes Tuch wickelte.

Hall, der sich vor Gericht an nichts mehr erinnerte, schickte seiner Frau und ihrem Geliebten in dieser Nacht lange SMS-Nachrichten. Um 2:57 Uhr erhielt Joanne diese: „Ich habe dich geliebt. Millie will bei mir bleiben. Ich habe zwei Monate mit deinem Betrug gekämpft, nun kannst du den Rest deines Lebens mit den Konsequenzen kämpfen." Kurz vor 4 Uhr schrieb er ihr erneut: „Leb wohl, Millie schickt dir alles Liebe. Sie starb um 3:32 Uhr. Bis der Tod uns scheidet, sagte ich, und so habe ich es gemeint."

Dann betäubte er sich selbst mit Chloroform und schnitt sich die Pulsadern auf. Millie starb nur zwei Tage vor ihrem vierten Geburtstag. Ihre Mutter fand sie am Morgen unter einer Bettdecke auf dem Wohnzimmerflur liegend.

Halls Suizidversuch jedoch misslang. Er wurde im November 2006 wegen Mordes angeklagt und nach einem sechstägigen Prozess zu einer Mindesthaftstrafe von 15 Jahren verurteilt.

Muhammed & Ahmed Hanif

Die 14-jährige Affäre von Arshad Mahmood und Zahida Hanif wäre noch länger verborgen geblieben, hätte Arshad nicht beschlossen, die Leidenschaft seiner Geliebten dazu zu nutzen, Geld von ihr zu erpressen. Als ihre Familie davon erfuhr, rächte sie sich.

Die heimliche Liebesbeziehung des Pförtners Arshad Mahmood mit der verheirateten Zahida Hanif hatte Anfang 1990 begonnen. Er war ein Cousin ihres Mannes Muhammed. Jahrelang hatte sich das Paar zu sexuellen Stelldicheins getroffen, ohne Verdacht zu erregen, bis sich Muhammed und der Geliebte seiner Frau über Geld stritten. Arshad hatte Muhammeds jüngerem Bruder Ahmed geholfen, von Pakistan in die USA zu kommen, und war der Ansicht, er habe für seine Mühe $ 20.000 verdient. Muhammed sah das nicht so. Arshad mochte außerdem nicht, dass Ahmed bei den Hanifs wohnte, was die heimlichen Treffen mit seiner Geliebten erschwerte. Er entschied, dass Erpressung die beste Lösung für sein Problem sei.

Arshad hatte ein besonders erotisches Zusammensein mit Zahida gefilmt. Nun drohte er ihr, den Film ihrem Ehemann zu zeigen, gäbe sie ihm nicht die $ 20.000, die er verdiente. Außerdem sollte sie auch Ahmed hinauswerfen. Monatelang versuchte die erschrockene Zahid, seinen Forderungen nachzukommen, doch irgendwann hatte sie keine Kraft mehr. Sie brach zusammen und gestand ihrem Ehemann alles.

Muhammed wollte nicht zur Polizei gehen. Das Problem sollte innerhalb der Familie gelöst werden. Gemeinsam mit seinem Bruder wollte er den Erpresser bestrafen.

Als Arshad nach der Arbeit im Haus seines Cousins eintraf, ergriffen ihn die beiden Männer, schlugen ihm mit einem Metallrohr ins Gesicht und würgten ihn mit Händen und Schals. Dann legten sie den Körper in Muhammeds Auto, zerrissen seine Kleider und nahmen alles, was er bei sich trug, um es nach einem Raubüberfall aussehen zu lassen. Dann entsorgten sie ihn auf der 54th Avenue in der Nähe seines Hauses in Elmhurst. Die Polizei fand jedoch zum Leidwesen der Mörder am 9. Juni 2005 das Video in Arshads Schließfach, und der Fall begann sich zu entwirren. Muhammed und Ahmed wurden verhaftet und wegen Mordes angeklagt. Sie zeigten keinerlei Reue für ihr Verbrechen. Ein Polizeisprecher sagte später: „Sie waren sogar stolz darauf. Sie machten Witze darüber."

Muhammed wurde des Totschlags für schuldig befunden und zu einer 18-jährigen Haftstrafe verurteilt. Ahmed erhielt eine 21-jährige Haftstrafe. Im Lauf des Prozesses hatte Robana Mahmood – Arshads Tochter – deutlich gemacht, wen sie für den Schuldigen hielt. Sie deutete auf Zahida Hanif und sagte: „Ihr habt getan, was sie wollte."

Jean Harris

Als die intelligente und respektierte Schuldirektorin Jean Harris einen Mann kennenlernte, den sie mochte und bewunderte, dachte sie gewiss nicht an Mord. Aber Jahre voller Betrug und Enttäuschungen können auch aus der sensibelsten Person eine rachsüchtige Mörderin machen.

Im Alter von 42 Jahren war Jean Harris eine geschiedene und eher schüchterne Frau, die von ihren Freunden und Kollegen sehr respektiert wurde. Sie hoffte, noch einmal auf die Liebe zu treffen. Bei einer Party im Jahr 1966 traf sie endlich einen Mann, von dem sie glaubte, er könne sie glücklich machen. Dr. Herman Tarnower war ein hervorragender Forscher am Scarsdale Medical Center, der später mit seinem erfolgreichen Buch *The Scarsdale Diet* eine hübsche Stange Geld verdienen würde. Die beiden fühlten sich sofort zueinander hingezogen und begannen, miteinander auszugehen. Kurz darauf wurden Jean und Tarnower ein Liebespaar.

Aber er war nicht der Typ Mann, der mit nur einer Liebhaberin zufrieden war, besonders nachdem er so etwas wie eine Berühmtheit geworden war. Im Lauf der 14-jährigen Beziehung betrog er sie immer wieder. Jean, die nie sehr selbstsicher gewesen war, sah weg, doch mit jeder neuen Enthüllung sank ihr Selbstbewusstsein tiefer.

Die Situation erreichte 1980 ihren Höhepunkt, als Tarnower eine Beziehung mit Lynne Tryforos, Empfangsmitarbeiterin am Medizinzentrum, anfing. Jean glaubte, es spiele sich zwischen ihrem Partner und der Kollegin mehr ab als sonst, und war der Überzeugung, sie würde Tarnower für immer verlieren. Am 10. März schrieb sie ihrem Liebsten einen zehnseitigen Brief, in dem sie all ihre Unsicherheit preisgab und ihrem Selbsthass Ausdruck verlieh. Außerdem verfasste sie ein sehr detailliertes Testament. Dann fuhr sie zu Tarnowers Haus. Später sagte sie aus, die mitgenommene Waffe sei für ihren Selbstmord gedacht gewesen.

Jean erklärte, sie habe nicht erwartet, dass ihr letztes Flehen erhört werden würde. Sie habe nur sich selbst das Leben nehmen wollen. Doch als sie im Schlafzimmer ihres Liebsten Lynne Tryforos Spitzenunterwäsche fand, wurde sie rasend vor Wut und schoss viermal aus nächster Nähe auf Tarnower.

Jean wurde verhaftet und wegen Mordes zweiten Grades angeklagt. Nach Zahlung einer Kaution in Höhe von $ 40.000 wies sie sich selbst in die Psychiatrie ein. Im Prozess, der am 21. November 1980 begann, plädierte sie auf nicht schuldig und beharrte darauf, dass die Waffe versehentlich losgegangen sei, als Tarnower sie ihr wegnehmen wollte. Es war offensichtlich, dass es sich um einen Schwindel handelte. Gerichtsbeobachter stellten später die Frage, warum ihre Verteidigung nicht damit argumentiert hatte, dass Jean in einem Zustand extrem emotionaler Verstörtheit gehandelt hatte. Dann wäre es vielleicht nur zu einer Verurteilung wegen Totschlags gekommen. Genau das hatte ihr Verteidiger auch geplant, doch sie hatte abgelehnt. Nach einem 14-tägigen Prozess wurde Jean des Mordes für schuldig befunden und inhaftiert. Dem Urteil folgten zahlreiche Berufungen, doch die höheren Gerichte stimmten alle darin überein, dass sie einen fairen Prozess erhalten hatte. Sie saß zwölf Jahre ihrer Strafe ab und wurde schließlich im Dezember 1992 begnadigt.

Catherine Hayes

Der Tod der letzten Frau in Tyburn – Londons berühmtem Hinrichtungsgelände – war ebenso blutig wie ihr begangenes Verbrechen. Catherine Hayes bevorzugte ein ungezügeltes Leben. Sie liebte es, viel zu trinken und mit ihren beiden jungen Geliebten Spaß zu haben. Doch ihr Ehemann verdarb ihr die Freude daran. Dafür gab es nur eine Lösung: John Hayes musste sterben.

Die Mordmethode, die Hayes wählte, war ihrem Wesen entsprechend direkt und extrem. Es war ein Leichtes gewesen, ihre beiden jungen, starken Liebhaber dazu zu überreden, ihr zu helfen. Catherine Hayes, Thomas Billings und Thomas Wood stimmten sich beim Trinken in der Kneipe Brawn's Head in Londons New Bond Street auf ihr Vorhaben ein. Dann kehrten sie zu Hayes' Haus zurück, gaben vor, freundlich zu sein und drängten John Hayes große Mengen Alkohol auf.

Nachdem er sechs Gläser Wein getrunken hatte, torkelte Hayes zu seinem Bett und brach zusammen. Selbst wenn er bei Bewusstsein gewesen wäre, hätte er sich nicht gegen das wehren können, was als Nächstes geschah. Billings schlug ihm mit einer kleinen Axt auf den Hinterkopf, und während Hayes sich im Todeskampf befand, betrat Woods das Zimmer und schlug noch zweimal auf ihn ein. Dann gesellte sich Catherine dazu, und zu dritt enthaupteten sie ihn.

Sie stecken Hayes' Kopf in einen blutgefüllten Eimer, um ihn in die Themse zu werfen. Den Rest des Körpers zerlegten sie und verbargen die Teile in einer Kiste, die sie im Wald vor Ort versteckten. Aber in ihrer Eile und Trunkenheit begingen Woods und Billings einen Fehler: Hayes' Kopf wurde nicht vom Fluss hinweggespült, sondern blieb am Ufer liegen. Nachtwachen entdeckten ihn. Am nächsten Tag wurde er aufgespießt auf einem Pfahl durch Londons Straßen getragen, um ihn zu identifizieren.

Es dauerte nicht lang, bis man das Mordtrio verhaftet und am 30. April 1726 im Old Bailey schuldig gesprochen hatte. Alle drei erhielten die Todesstrafe.

RECHTS: Catherine Hayes enthauptete ihren Mann John Hayes mit der Hilfe ihrer beiden jungen Geliebten Thomas Billings und Thomas Wood.

H

120

LINKS: Catherine Hayes auf dem Scheiterhaufen. Die Flammen schossen so hoch, dass der Henker das Seil fallen ließ und sie tatsächlich zu Tode verbrannte.

Während Catherine im Newgate-Gefängnis auf ihre Hinrichtung wartete, schrieb sie Wood und Billings, dass es ihr Leid täte, sie in diese grauenhafte Tat einbezogen zu haben. Später verbreitete sich außerdem das Gerücht, sie habe auch gestanden, dass Billings ihr Sohn aus einer anderen Affäre sei. Wood starb vor seiner Hinrichtung an einem Fieber.

Am 14. Mai wurde Catherine Hayes zum Scheiterhaufen gebracht. Laut Berichten wurde sie „mit einem Eisenhalsband am Pfosten festgemacht, um den Körper eine Eisenkette geschlungen. Um den Hals trug sie einen Strick, an dem der Henker zog, als sie zu schreien anfing. In weniger als einer Stunde war nur noch Asche von ihr übrig."

Frances Howard & Robert Carr

Die junge Frances Howard, Tochter des Earl of Suffolk, konnte den Versuchungen sexueller Abenteuer am Hof von König James I. nicht widerstehen. Verstrickt in einem Netz aus Liebschaften, zu denen vielleicht auch der König selbst gehörte, plante sie, die anderen Sexualpartner ihrer Liebhaber zu vergiften.

Jung, hübsch und aus einer Adelsfamilie stammend, hatte Frances Howard die besten Heiratsaussichten. Sie wurde 1610 ordnungsgemäß mit dem jungen Earl of Essex verheiratet. Doch entweder hatte dieser andere sexuelle Interessen oder er war noch zu jung, um das Vergnügen zu schätzen. Die Ehe wurde nicht vollzogen. Kurz danach brach Frances' Ehemann zu einem langen Aufenthalt nach Frankreich auf.

Die leidenschaftliche junge Frau blieb an einem Ort zurück, an dem viele sexuelle Ränkespiele stattfanden, und es dauerte nicht lang, bis sie das Bett mit dem jungen, gut aussehenden Diener Robert Carr teilte. Carr befand sich zwar auch in einer homosexuellen Beziehung mit dem elf Jahre älteren Thomas Overbury, doch er erfüllte auch Frances' Wünsche gern. Außerdem flüsterte man, Carr sei auch der Bettgeselle des Königs höchstpersönlich! Er war ganz sicher ein Liebling des Monarchen, denn er stieg schnell in dessen Dienerschaft auf. Carr stellte Overbury als Assistenten ein, nachdem er eine Stelle am königlichen Gericht erhalten hatte.

Mit der Rückkehr des Earl of Essex, Frances' Mann, begannen die Probleme. Der Earl wollte nun seine Mannhaftigkeit beweisen und brachte seine Frau außer Landes, um die Ehe zu vollziehen. Doch diese war mittlerweile den Umgang mit ihren erfahreneren bisexuellen Liebhabern gewöhnt und wies die plumpen Annäherungsversuche ihres Mannes zurück. Frances weigerte sich, mit ihm Sex zu haben. Der frustrierte Earl dachte über Scheidung nach, und die Ehe wurde vom Erzbischof von Canterbury aufgelöst.

Die Scheidung war ein Schock für Thomas Overbury. Er war überzeugt, dass Frances ihm nun Carr wegnehmen würde. Er wurde hysterisch und machte einen öffentliche Szene, sodass König James ihn in den Kerker im Tower von London werfen ließ. Frances und Carr wollten Overbury nun tatsächlich loswerden, denn seine Enthüllung war für beide beschämend gewesen.

Mit der Hilfe von Sir Gervase Elwes, Direktor des Towers, und einem Apothekerassistenten planten sie, Overbury langsam mit Quecksilbersublimat in seiner Zelle zu vergiften. Das war eine törichte Idee, denn auch wenn Overbury inhaftiert worden war, um ihn zum Schweigen zu bringen − er war auch ein homosexueller Liebhaber des Königs. Trotzdem führten sie das Vorhaben aus. Am 15. September 1613 starb Overbury nach einem fünfmonatigen Todeskampf.

Zuerst sah es so aus, als ob der Mord unentdeckt bliebe. Doch unerwartet erkrankte der Apothekerassistent schwer und legte auf dem Sterbebett ein Geständnis ab. Elwes und drei weitere Beteiligte wurden verhaftet und Ende des Jahres 1615 hingerichtet. Carr und Howard kamen im Folgejahr vor Gericht und erhielten die Todesstrafe. Doch die Strafe wurde ihnen erlassen, vermutlich weil der König immer noch Carr zugeneigt war, und das Paar wurde im Tower eingesperrt. Nach sechsjähriger Inhaftierung durften sie nach Hause zurück. Nach all den Vorfällen war aus ihrer Liebe Hass geworden. Howard starb im Alter von 39 an einer Gebärmutterkrankheit, Carr lebte weiter. Etwas später erzählte man sich, König James habe zum Schluss den toten Körper seines alten Liebhabers in den Armen gehalten und an seiner Schulter hemmungslos geweint.

Gus Huberman

Eines der ungewöhnlichsten Verbrechen begann mit einer einfachen außerehelichen Affäre und endete mit einem erschossenen Ehemann. Dazwischen behandelte seine ältere Geliebte Gus Huberman im wahrsten Sinne des Wortes wie ein Haustier. Er war auf dem Dachboden eingesperrt, wurde gefüttert, bekam Wasser, und sie spielte mit ihm, wenn ihr danach war.

Als Gus Huberman 16 Jahre alt war, wurde Dotty Walburger auf ihn aufmerksam. Ihr Ehemann war zwar wohlhabend und erfolgreich, doch er frönte gern gutem Essen und war so dick geworden, dass er keine Treppen mehr steigen konnte. Für sie war der energetische 16-Jährige, der in einer Farbenfabrik arbeitete, ein krasser Gegensatz zu dem Mann, den sie geheiratet hatte. Es dauerte nicht lang, bis der Teenager und Dotty eine leidenschaftliche Affäre begannen.

Ihr Ehemann bemerkte ihr verändertes Verhalten und beäugte die Beziehung zu ihrem neuen jungen Freund misstrauisch. Er engagierte einen Privatdetektiv, der sie verfolgen sollte, und schon bald kam die Wahrheit ans Licht. Dotty gestand ihre Untreue und bat um die Scheidung, aber Walburger lehnte ab in der Angst, das Gericht würde ihr – und ihrem jungen Geliebten – einen großen Teil seines Reichtums zusprechen.

Dotty, die ihren Mann nicht loswurde und ihm versprechen musste, ihre Affäre zu beenden, traf verzweifelte Maßnahmen. Sie wusste, dass Bert die obersten Stockwerke ihres Hauses nicht erreichen konnte. Sie fand eine bizarre Lösung von eleganter Einfachheit: Sie schmuggelte Hubermann auf den Dachboden. Nun konnte sie jederzeit ihrer Lust nachgeben, ohne das Haus zu verlassen. Wann immer die Walburgers umzogen – was wegen des gut gehenden Geschäftes von Bert oft geschah –, kam Huberman heimlich mit ihnen. Dotty wollte jedes Mal ein hohes Haus mit einem großen Dachboden.

Das hätte ewig so weitergehen können, wäre es am 29. August 1922 nicht zu einem gewalttätigem Streit zwischen Bert und seiner Frau gekommen. Huberman hörte ihn auf dem Dachboden, sorgte sich um die Sicherheit seiner Geliebten und eilte mit einem Revolver in der Hand die Treppe hinunter. Die Waffe, so erzählte er später der Polizei, habe er immer zum Schutz vor Einbrechern bei sich getragen. Er kam gerade rechtzeitig an, um zu sehen, wie Dotty auf den Boden geworfen wurde. Walburger blickte auf und sah sich dem Liebhaber seiner Frau gegenüber, von dem er geglaubt hatte, dass er schon längst Vergangenheit sei. Walburger wurde noch wütender und griff Huberman an. Während des Kampfes löste sich ein Schuss aus der Waffe. Walburger wurde getroffen und starb.

Gus Hubermans Prozess dauerte fünf Wochen, in denen die Presse ihn als „Phantom vom Dachboden" bezeichnete. Obwohl der Vorfall schockierend war, weckte Hubermans Zwangslage Sympathien. Er war nur ein Junge, der verführt worden war und von einer Frau, die es hätte besser wissen müssen, wie ein Tier gehalten wurde. Letztlich war es die bewegende Rede seines Anwalts, die ihm vor einer Verurteilung wegen Mordes bewahrte. Huberman wurde des Totschlags für schuldig befunden und zu drei Jahren Haft verurteilt. Da er aber bereits länger als drei Jahre in Haft gewesen war, um auf seinen Prozess zu warten, konnte er als freier Mann das Gericht verlassen.

Als Dotty Walburger vor Gericht gestellt wurde, war Huberman bereits verheiratet. Dotty wurde ebenfalls freigesprochen. Das Gericht war der Meinung, Gus Huberman habe schon genug durchgemacht und müsse nicht ein weiteres Mal bei einem Prozess erscheinen.

Lila Jimerson und Nancy Bowen

Für den Künstler Henri Marchand war die zwanglose Liebelei mit der Indianerin Lila Jimerson nur eine von vielen. Aber es war eine Liebesbeziehung, die in einem Mord endete. Obwohl die Frau, die die Tat begangen hatte, leicht zu finden war, war der Fall so verworren, dass wir wahrscheinlich nie erfahren werden, wer wirklich hinter dem Plan steckte, Clothilde Marchand zu töten. Aber es war interessant, dass Marchand bereits vor dem Urteilsspruch der Geschworenen eine neue, junge Ehefrau gefunden hatte.

Am 6. März 1930 betrat **Nancy Bowen,** eine 66-jährige Cayuga-Indianerin aus dem nah gelegenen Cattaraugus-Reservat das Haus von Henri Marchand, Künstler in Buffalos naturgeschichtlichem Museum. Im Haus konfrontierte Bowen Marchands Ehefrau Clothilde und fragte sie: „Bist du eine Hexe?" Verblüfft antwortete Mrs. Marchand scherzhaft: „Ja." Als Bowen das hörte, schlug sie mit einem Hammer auf Clothilde ein, stopfte ihr ein mit Chloroform getränktes Tuch in den Mund und ließ sie tot liegen.

Als Henri, der jüngste Sohn der Marchands, nach Hause kam, fand er seine Mutter auf dem Treppenabsatz liegen und rannte ins Museum, um seinen Vater und seine zwei Brüder zu holen. Zuerst glaubte man, Clothilde sei die Treppe hinuntergefallen und am Sturz gestorben. Der untersuchende Arzt fand jedoch blutende Wunden, roch das Chloroform und stellte Zeichen eines Kampfes fest. Die Polizei wurde gerufen, und nachdem die Beamten Henri Marchand und einen Freund befragt hatten, suchten sie nach der 39-jährigen Lila „Red Lilac" Jimerson.

Sie wurde zusammen mit Bowen verhaftet, die Glasscherben von Clothildes Brille und Fetzen ihrer blutigen Kleidung aufbewahrt hatte. Was nach einem einfachen Mord aus Rache aussah, war alles andere als das. Das Gericht musste sich durch seltsame Anklagen,

Verleugnungen und Gegenanklagen arbeiten, um dem Fall Sinn geben zu können. Außerdem fielen während des Prozesses rassistische Bemerkungen wie die des Staatsanwalts Guy Moore, der Jimerson einmal als „dreckige Indianerin" bezeichnete.

Die Anklage argumentierte, Lila Jimerson – entschlossen, Rache an Marchand zu nehmen, der sie schlecht behandelt hatte – hatte Clothildes Ruf als weiße Hexe dazu benutzt, ihm zu schaden. Die Französin hatte wie viele ihrer Landesgenossinen gern wild wachsende Pilze gepflückt und gegessen. Bei den Indianern galten diese jedoch als „fremdes, höllisches Gemüse", und sie waren überzeugt, dass Clothilde sie für magische Zwecke brauchte. Jimerson überzeugte Nancy Bowen, deren Ehemann kürzlich gestorben war, davon, dass Clothilde mit ihren dunklen Kräften seinen Tod herbeigerufen hatte. So hatte sie Bowen dazu gebracht, ihre Rache auszuführen und die Frau ihres treulosen Geliebten zu töten.

Während des ersten Prozesses gab Marchand die Affäre zu , sagte aber, sie sei aus einer Notwendigkeit zwischen Künstler und Modell heraus entstanden. Er fügte hinzu, er habe so viele Affären gehabt, an die er sich nicht mehr erinnern könne, Jimerson sei nur ein kurzes Abenteuer gewesen. Der Rest der Verhandlung verlief nicht gut. Jimerson, die an Tuberkulose litt, brach zusammen. Auch die Staatsregierung versuchte, in den weiteren Verlauf einzugreifen, und engagierte zu Jimersons Verteidigung Richard Harkness Templeton, einen hervorragenden Anwalt. Das machte Staatsanwalt Moore so wütend, dass er im Gericht schrie, man solle Templeton hinausbefördern. Am Ende des turbulenten Prozesses hatte man sich nicht auf ein Urteil geeinigt.

Als der zweite Prozess stattfand, war der 53-jährige Marchand mit einer 18-Jährigen verheiratet, und Jimerson hatte sich mit finanzieller Unterstützung der Seneca- und Cayuga-Stämme einen Anwalt besorgt. Jimerson leugnete nach wie vor die Tat und klagte Marchand des Mordes an. Er habe ihr gesagt, er wolle jemanden engagieren, der seine Frau tötete. Dann kam eine dramatische Wende: Von ihrem Krankenhausbett aus sagte sie, sie sei des Mordes zweiten Grades schuldig. Bald darauf nahm sie den Einwand zurück, gab Mord ersten Grades zu, wechselte dann wieder zu Mord zweiten Grades. Nun gestand sie die Tötung, beharrte aber, sie sei in Marchands Mordkomplott nur ein Fußsoldat gewesen. Sie habe alles getan, weil sie ihn liebte.

Am 28. Februar 1931 wurde Jimerson nach monatelanger Verwirrung freigesprochen. Nancy Bowen plädierte auf Totschlag ersten Grades und wurde am 13. März 1931 zu einer zehnjährigen Haftstrafe verurteilt. Weil sie aber schon länger im Gefängnis verbracht hatte, als die Minimalstrafe vorsah, durfte sie das Gericht als freie Frau verlassen.

Winnie Ruth Judd

Es ist oft schwierig, eine Wohnung mit Freunden zu teilen, besonders wenn diese sich an den eigenen Besitztümern vergreifen. Agnes Ann LeRoi und Helwig Samuelson fanden heraus, wie schlimm die Rache sein kann, wenn die Zimmergenossin glaubt, ihre Mitbewohner würden ihr den Partner wegnehmen.

Im Jahr 1931 beschlossen die drei unverheirateten Mädchen Winnie Ruth Judd, Agnes Ann LeRoi und Helwig Samuelson, sich eine Wohnung zu teilen. Alles verlief zunächst gut. Wie viele junge Menschen, die mit Freunden leben, erfreuten sie sich am Miteinander, liehen sich Kleidung aus und tratschten gemeinsam. Leider hielt die Unbeschwertheit nicht an. Winnie war ein wenig promisk und brachte einen Mann nach dem anderen mit in die Wohnung. Agnes und Helwig waren damit nicht einverstanden. Die drei Frauen stritten heftig, und Winnie fing an zu glauben, ihre Freundinnen legten ihr Steine in den Weg, weil sie die Männer für sich selbst haben wollten. Ihre Wut und Eifersucht wuchsen. Schließlich war sie davon überzeugt, Agnes und Helwig schliefen mit den Männern, die rechtmäßig ihr gehörten.

Am 16. Oktober 1931 drehte sie durch und wollte wütend wissen, warum die anderen ihre Beziehungen zerstörten. In dieser Situation taten die Mitbewohnerinnen das denkbar Schlechteste: Sie lachten Winnie aus. Sie erschoss beide.

Geistesgegenwärtig schoss sich Winnie in die eigene Hand, um sagen zu können, sie habe in Notwehr gehandelt. Dann machte sie sich daran, die Leichen wegzuschaffen. Ihr Plan war, sie im Meer in ihrem Heimatstaat Kalifonien zu entsorgen. Sie packte die Toten in eine große Kiste und buchte ein Zugticket. Als ein Gepäckträger kam, um die Kiste abzuholen, beschwerte er sich, sie sei zu schwer. Sie solle ihre „medizinischen Fachbücher" – wie sie den Inhalt angegeben hatte – in kleinere Kisten umpacken. Winnie löste das Problem, indem sie die Körper zersägte.

Die Kisten erreichten problemlos Kalifornien und blieben am Bahnhof, während Winnie ihren Bruder um Hilfe bat und ihm schamlos erzählte: „In den Kisten befinden sich zwei Körper, und je weniger du darüber weißt, desto besser ist das für dich." Nun löste sich Winnies Plan langsam auf. Ein Gepäckträger bemerkte den durchdringenden Geruch verwesenden Fleisches, der aus den Kisten kam, und verdächtigte Winnie und ihren Bruder, Fleischschmuggler zu sein. Er befahl ihnen, die Kisten zu öffnen, doch Winnie erwiderte, sie habe keine Schlüssel. Sie fürchtete sich davor, entdeckt zu werden. Sie nahm ihren Bruder am Arm und führte ihn schnell weg. Als das Paar losfuhr, notierte sich der Angestellte das Kennzeichen. Dann rief er die Polizei – immer noch in der Annahme, es handle sich um einen verbotenen Fleischtransport. Sein Irrtum wurde grausam korrigiert. Beamte öffneten die Behältnisse und fanden darin die Körper zweier junger Frauen.

Die Jagd nach dem Mörder begann, und Winnie konnte sich nicht lang dem Arm des Gesetzes entziehen. Die Polizei machte das Auto ihres Bruders ausfindig. Zwischenzeitlich hatte sich die Wunde an Winnies Hand entzündet. Sie war gezwungen, ein Krankenhaus aufzusuchen. Ihre Deckung flog auf, und sie wurde verhaftet.

Vor Gericht blieb Winnie bei ihrer Geschichte der Notwehr. Sie erzählte den Geschworenen, Helwig habe zuerst auf sie geschossen, und sie habe ihr die Waffe entrissen. Die Tatsache, dass ihre Mitbewohnerin nun bewaffnet war, habe Agnes und Helwig nicht davon abgehalten, sie weiter anzugreifen. Aus Angst um ihr Leben habe sie die beiden erschossen.

UNTEN: Winnie Ruth Judd (Mitte) wird nach ihrer Flucht zurück ins psychiatrische Krankenhaus gebracht.

Niemand glaubte ihr. Winnie Judd wurde des Mordes an Agnes Ann Le Roi und Helwig Samuelson für schuldig befunden und zum Tode verurteilt. Während sie im Gefängnis auf ihre Hinrichtung wartete, konnte sie die Ärzte davon überzeugen, wahnsinnig und nicht verantwortlich für ihr Verbrechen zu sein. Bei einer psychischen Untersuchung schauspielerte sie: Sie gab vor, Stimmen zu hören, murmelte Unverständliches und zog an ihren Haaren und ihrer Kleidung. Aus der Todesstrafe wurde ein lebenslanger Aufenthalt in einer psychiatrischen Anstalt. Winnie schaffte es, mehrfach aus dem gesicherten Krankenhaus zu entkommen – einmal sogar für sieben Jahre, während derer sie als Hausmädchen arbeitete. Am 22. Dezember 1941 wurde Winnie endgültig aus der Haft entlassen, 40 Jahre nach ihrem Verbrechen aus Eifersucht.

Thomas Andrew Keir

Die Geschichte des Australiers Thomas Andrew Keir ist verworren. Während er auf seinen Prozess wegen Mordes an seiner zweiten Ehefrau Rosalina Canonizado wartete, fand die Polizei unter seinem Haus in New South Wales die Gebeine seiner ersten Ehefrau Jean. Zwar wurde er im Fall Rosalina nicht verurteilt, doch trotz mehrfacher Widersprüche inhaftierte man ihn letztendlich für den Mord an seiner ersten Ehefrau.

Im August 1984 heiratete Keir, damals 26, seine erste Frau Jean, damals 18. Vier Jahre später behauptete Keir, seine Frau sei mit einem anderen Mann durchgebrannt und habe ihren dreijährigen Sohn zurückgelassen. Ein paar Wochen später lernte Keir bei einer Hochzeitsfeier in Sydney Rosalina Canonizado kennen. Er ließ sich von Jean scheiden, weil sie ihn verlassen hatte, und heiratete 1989 auf den Philippinen Rosalina. Am 13. April 1991 fand man Rosalina ermordet in dem Haus, in dem auch schon Jean gelebt hatte. Sie war mit dem Kabel einer Lampe erdrosselt und dann angezündet worden. Keir wurde wegen Mordes angeklagt. Als Motiv gab der Staatsanwalt eine hohe Lebensversicherung an. Am 6. April 1993 wurde Keir freigesprochen, da man ihm glaubte, dass er zurzeit des Mordes einkaufen gewesen war. Doch während Keir 1991 im Gefängnis auf seinen Prozess gewartet hatte, fand die Polizei unter Keirs Haus menschliche Knochenreste. Ein DNS-Test ergab, dass es sich um die Überreste von Jean handelte.

Am 17. September 1999 wurde Keir vor dem höchsten Gericht in New South Wales des Mordes an Jean Keir schuldig gesprochen und zu 24 Jahren Haft verurteilt. Keir hatte seine 22-jährige Ehefrau in einem Anfall von Eifersucht getötet, als er von ihrer Untreue erfahren hatte. In diesem Verfahren wurde der Fall Rosalina Canonizado nicht erwähnt. Am 28. Februar 2002 wurde Keirs Verurteilung vom New South Wales Berufungsgericht in Strafsachen für ungültig erklärt, da der Richter in Bezug auf den DNS-Test die Geschworenen irregeführt hatte. In diesem ersten Berufungsverfahren wurde Keirs Strafe auf 22 Jahre reduziert, von denen er ein Minimum von 16 Jahren absitzen musste.

In einem neuen Prozess, der im Juli 2002 begann, wurde Keir am 17. Oktober erneut des Mordes an Jean schuldig gesprochen. Er legte zum zweiten Mal erfolgreich wegen Irreführung der Jury Berufung ein, doch wieder wurde er in einem dritten Prozess im Dezember 2004 wegen Mordes an Jean verurteilt. Das vorherige Strafmaß wurde bestätigt. Die Geschworenen hörten dieses Mal, das Keir Jean gedroht hatte, sie umzubringen, sollte sie ihn verlassen oder „mit einem anderen rummachen." Einen Tag nach der Ermordung seiner ersten Frau habe Keir „kühl und gelassen ein extensives Verwirrspiel geplant, um den Mord zu verdecken." Er hatte später Jeans Gebeine ausgegraben und an einem anderen Ort versteckt, aber sieben Knochen hatte er vergessen. Es waren diejenigen, die die Polizei 1991 gefunden hatte.

Keir hat 2014 die Möglichkeit, eine Haftaussetzung zu erhalten, da er bereits einige Jahre im Gefängnis verbracht hat. Man könnte an der Freisprechung im Fall Rosalina Canonizado Zweifel hegen, da er für den Mord an seiner ersten Frau schuldig gesprochen wurde. Vielleicht verfolgte Jean ihn über den Tod hinaus und sorgte dafür, dass ihr und Keirs zweiter Frau Gerechtigkeit wiederfuhr.

Ralph Klassen

Die Ermordung von Ralph Klassens zweiter Frau erregte 1990 in Kanada die Gemüter, nicht zuletzt weil er eine milde Strafe erhalten hatte. Dem Prozess folgte eine große Kontroverse. Eine Petition mit 15.000 Unterschriften wurden dem Parlament übergeben, die die Abschaffung des Einwandes der Provokation forderte.

Die 13-jährige Ehe von Ralph und Susan Klassen verlief recht stürmisch. Sie hatten sich bereits einige Male getrennt und wieder vertragen. Im Oktober 1995 beschlossen sie erneut, sich auf Probe für sechs Monate zu trennen. Klassen verließ das Haus in Whitehorse und zog nach Alberta. Seine Frau versuchte, sich ein unabhängiges Leben aufzubauen. Tatsächlich war sie froh, ihren Mann loszusein. Seine Launen und seine Eifersucht hatten das Zusammenleben schwierig gestaltet, und nun genoss sie ihr friedliches und freies Leben. Als ihr Mann im Lauf des Monats anrief und ihr vorschlug, sofort wieder zusammenzuziehen, statt die sechs Monate abzuwarten, lehnte sie ab.

Am 1. November kehrte Ralph Klassen in der Annahme, seine Frau habe einen anderen Mann, nach Whitehorse zurück und verlangte erneut, Susan möge ihn wieder aufnehmen. Wieder weigerte sie sich.

In den frühen Morgenstunden des 2. November 1995 erdrosselte Ralph Klassen seine 36-jährige Frau im Bett und drückte dabei so fest zu, dass er sich beide Daumen verstauchte. Dann nahm er einen Kissenbezug und zog ihn fest um Susans Hals. Es gab keine Zeichen eines Kampfes.

Er schrieb eine Notiz an den Liebhaber, den sie seiner Meinung nach hatte: „Es tut mir Leid, ich habe aus Eifersucht gehandelt. Die Vorstellung von dir und meiner Frau als Paar hat mich wahnsinnig gemacht." Dann fuhr er mit seinem Auto in einen Lkw, um sich zu töten, überlebte jedoch. Als die Polizei am Unfallort eintraf, gestand er, seine Frau getötet zu haben.

Klassen wurde des Mordes zweiten Grades angeklagt, berief sich aber auf den kanadischen „Einwand der Provokation", und die Anklage wurde auf Totschlag reduziert. Am 17. Januar 1997 sprach ihn die Jury schuldig. Er wurde für die Tötung seiner Frau zu fünf Jahren Haft verurteilt. Die Öffentlichkeit war entsetzt über dieses Urteil. Es wurde auch entschieden, dass er im Mai 2000 die Haftaussetzung beantragen durfte, er hätte dann erst zwei Drittel seiner Zeit abgesessen

Es gab einen Aufruhr. Eine Woche später demonstrierten 300 Menschen in Whitehorse. Auch Klassens erste Frau ging an die Öffentlichkeit und erzählte, wie ihr Mann sie während ihrer Ehe wiederholt angegriffen habe. Einmal sei sie sogar gewürgt worden.

Am 27. Mai 1997 legte das Justizministerium gegen das geringe Strafmaß Berufung ein. Die Strafe sei „unangemessen im Hinblick auf die ehelichen Gewaltausbrüche und den Treuebruch". Ein Monat später wiesen drei Richter die Berufung zurück. Die Strafe sei im Vergleich mit ähnlich gelagerten Fällen angemessen.

Aber der Aufruhr ebbte nicht ab. Das Parlament wurde aufgefordert, das Gesetz zu überarbeiten, damit andere sich zukünftig nicht weiter darauf berufen könnten. Ralph Klassens Strafe blieb jedoch unverändert. Wie beim Prozess vorgeschlagen, wurde er im Jahr 2000 aus der William Head Institution auf Vancouver Island entlassen.

Ada Le Bouef & Dr. Thomas Dreher

James Le Bouef durfte nur so lange leben, wie er ein Auge zudrückte bei der Affäre seiner Frau und seines besten Freundes. Als er begann, Einwände zu erheben, war sein Schicksal besiegelt.

Um 1920 war Morgan City in Louisiana ein einfacher Ort auf dem Land. Da es wegen des nah gelegenen Mississippi viele Moore und Flüsse gab, verdienten sich viele als Froschfänger, Pelzjäger, Schwarzbrenner oder Alligatorjäger ihren Lebensunterhalt. Doch James und Ada Le Boeuf hoben sich ein wenig von den anderen ab. Elektrizität entwickelte sich gerade vom Luxus zu einer Notwendigkeit, und James genoss als Leiter der

UNTEN: Lake Palourde im Süden Louisianas, in den Ada Le Bouef, Thomas Dreher und Jim Beadle den Leichnam von Adas Ehemann geworfen hatten.

Morgan City Light and Power Company ein gewisses Ansehen in der kleinen Stadt.

Die Le Bouefs waren schon lange verheiratet und hatten fünf Kinder, als Ada heftige Kopfschmerzen bekam, die sie ans Bett fesselten. Ihr besorgter Ehemann rief nach seinem guten Freund, Dr. Thomas Dreher, der ihren Schmerz lindern sollte. Am Anfang dachte Le Bouef, Dreher würde Ada aus Sorge um ihr Wohlbefinden so häufig besuchen. Doch Ada schien regelmäßig dann Kopfschmerzen zu bekommen, wenn Dreher Dienst hatte. Ihm wurde klar, dass der Arzt nicht wegen der Medizin zu Besuch kam.

Nichtsdestotrotz hatte Le Bouef nicht den Mut, sich dem Skandal auszusetzen, der in einem so kleinen Ort einer Konfrontation folgen würde. Er erlaubte ihnen diskret, ihre Affäre beizubehalten – in der Hoffnung, sie würde im Sande verlaufen und alles würde wie vorher.

Doch natürlich blieb die Affäre nicht lang unentdeckt. Schon bald tuschelten die Nachbarn über einen Ehebruch, der sich im Hause der Le Bouefs abspiele. Drehers Ehefrau erhielt einen anonymen Brief: „Vor zwei Tagen befanden sich ein Mann und eine Frau in der kleinen Hütte in der Bucht – Ada Le Boeuf und dein Ehemann!" Jemand anderes erzählte, er habe Dr. Dreher und Ada Le Bouef nackt in der Bucht schwimmen sehen.

James Le Boeuf hatte das Geheimnis bewahrt, damit es nicht an die Öffentlichkeit kam, aber da nun alle davon wussten, verlangte er, dass die Affäre ein Ende haben müsste. Doch er unterschätzte die Leidenschaft der Liebenden. Sie trafen Maßnahmen, um ihre Beziehung zu schützen. Im Juli 1927 zog man Le Boeufs Körper aus der Bucht. Jemand hatte ihm zweimal in den Kopf geschossen.

Ada und ihr Liebhaber wurden festgenommen. Kurz danach verhaftete man auch einen dubiosen Pelzjäger mit Namen Jim Beadle, über den bekannt war, dass er einen Groll gegen James Le Boeuf gehegt hatte.

Sie wurden zusammen in Franklin, Louisiana, vor Gericht gestellt. Dreher sagte aus, Ada habe ihm eine Nachricht geschrieben. Er solle für das Verschwinden ihres Mannes sorgen. Sie würde am 1. Juli mit James auf den See hinausrudern. Dies sei der Zeitpunkt, zuzuschlagen. Dreher rief Beadle zu sich, und gemeinsam ruderten sie hinaus. Dreher behauptete, es sei Beadle gewesen, der die zwei Schüsse abgegeben hatte, doch dieser widersprach. Er sagte, der Arzt habe James Le Bouef erschossen und habe ihm anschließend den Bauch aufgeschlitzt, damit die Leiche auf den Grund des Sees sinken und für immer im Verborgenen bleiben würde.

Alle drei wurden des Mordes und der Verschwörung zum Mord für schuldig befunden. Dr. Thomas Dreher und Ada La Bouef erhielten die Todesstrafe und wurden am 1. Februar 1929 gehängt. Jim Beadle erhielt für seinen Tatbeitrag lebenslänglich.

Thomas Ley

Einige begehen in einem Anfall schrecklicher Wut oder Eifersucht einen Mord aus Leidenschaft, bei anderen wird die Eifersucht langsam stärker und treibt sie in den Wahnsinn. John McMain Mudie hatte das Pech, auf einen Mann zu treffen, der völlig von seinen fiebrigen Verdächtigungen besessen war.

Am 30. November 1946 entdeckte man den Körper von John Mudie in einem Kalksteinbruch. Er war zusammengeschlagen worden, man hatte ihm ein dreckiges Tuch in den Mund gestopft, dann wurde er verschnürt und weggeworfen. Er war ein anständiger Mann gewesen; beliebt und heiter, er hatte im Zweiten Weltkrieg seinem Land treue Dienste geleistet und danach als Barmann gearbeitet. Sein einziges Verbrechen bestand darin, eine Wohnung in einem Londoner Haus zu beziehen, in dem auch Maggie Brook, die langjährige Geliebte von Thomas John Ley, einem ehemaligen Justizminister von Neuseeland, lebte.

Die Polizei fand den Mörder schnell. Mithilfe des Personalausweises in Mudies Tasche kamen sie zu dessen Unterkunft. Dort stießen sie bei ihren Ermittlungen schon bald auf einen Verdächtigen, denn Ley war sehr bekannt für seine schreckliche Eifersucht. Und als der Mann, der ihm beim Mord geholfen hatte, gegen ihn aussagte, um straffrei auszugehen, kam die ganze Geschichte ans Licht.

Obwohl Maggie Brook eine achtbare Frau war, wachte ihr Geliebter wie besessen über sie. Er verdächtigte sie, mit buchstäblich jedem Mann, den sie kannte, geschlafen zu haben, inklusive derer, die im gleichen Haus wie sie wohnten. Aus einem unerklärlichen Grund jedoch fixierte er seine Eifersucht auf Mudie, vielleicht weil sein einfaches, liebenswertes Wesen so anders war als sein eigenes.

Ley war so eifersüchtig, dass er einen Plan ausheckte, wie er seinen Rivalen loswerden konnte. Er zog den

RECHTS: Eine Aufnahme aus dem Jahr 1947 vom Mörder Thomas John Ley, ehemaliger Justizminister von Neuseeland.

UNTEN: Der Kalksteinbruch von Woldingham in Surrey, wo die Leiche von John Mudie 1946 entdeckt wurde.

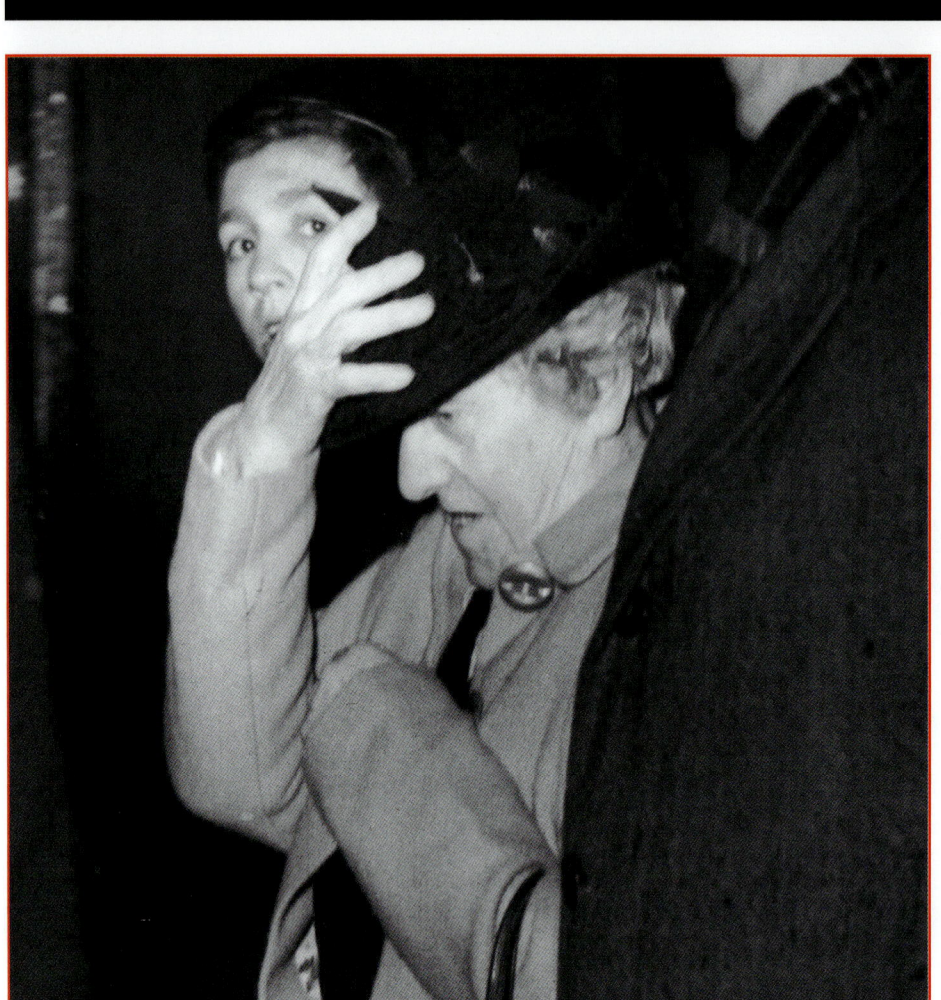

LINK: Emily Ley, Frau von Thomas John Ley, am Waterloo-Bahnhof auf dem Weg zum Prozess ihres Mannes.

RECHTS: John Buckingham und sein Sohn (links), nachdem sie vor dem Old Bailey in London gegen Thomas John Ley ausgesagt haben.

Tischler Lawrence Smith und den Fahrer John Buckingham als Gehilfen hinzu. Eine Freundin, Lilian Bruce, bezahlte er dafür, die Rolle einer reichen Frau zu spielen, die sich zu Mudie hingezogen fühlte. Sie sollte ihn im Auto, gefahren von Buckingham, in ihr Haus locken. Dieses Haus gehörte allerdings nicht tatsächlich ihr, sondern Ley. Im Haus wurde Mudie von Ley und Smith angegriffen. Sie schlugen auf ihn ein und hängten ihn an einem Seil auf. Dann gab Ley Smith und Buckingham 200 Pfund für ihre Mühe – und ihr Stillschweigen.

Als Buckingham erfuhr, dass man John Mudies Körper gefunden hatte, ging er sofort zur Polizei. Er war während der Tat draußen im Auto gewesen und wusste nicht, dass er ein Mordgehilfe war. Die Anklage gegen ihn wurde fallen gelassen, später sagte er gegen Ley und Smith aus.

Am 19. März 1947 begann der viertägige Prozess. Ley und Smith plädierten auf nicht schuldig. Der Fall war jedoch so unwiderlegbar, dass sie die Todesstrafe erhielten. Doch man erklärte Ley für unzurechnungsfähig, und es wurde eine Begnadigung ausgesprochen. Das führte zu einem juristischen Dilemma: Wenn jemand, der einen so brutalen Mord organisiert hatte, nicht hingerichtet wurde, wie konnte man dann denjenigen töten, der für seine Hilfe „nur" bezahlt worden war? Smith erhielt ebenfalls eine Begnadigung und wurde zu lebenslanger Haft verurteilt.

Innerhalb von vier Monaten, nachdem er in die psychiatrische Anstalt eingeliefert worden war, starb Ley an einer Hirnblutung.

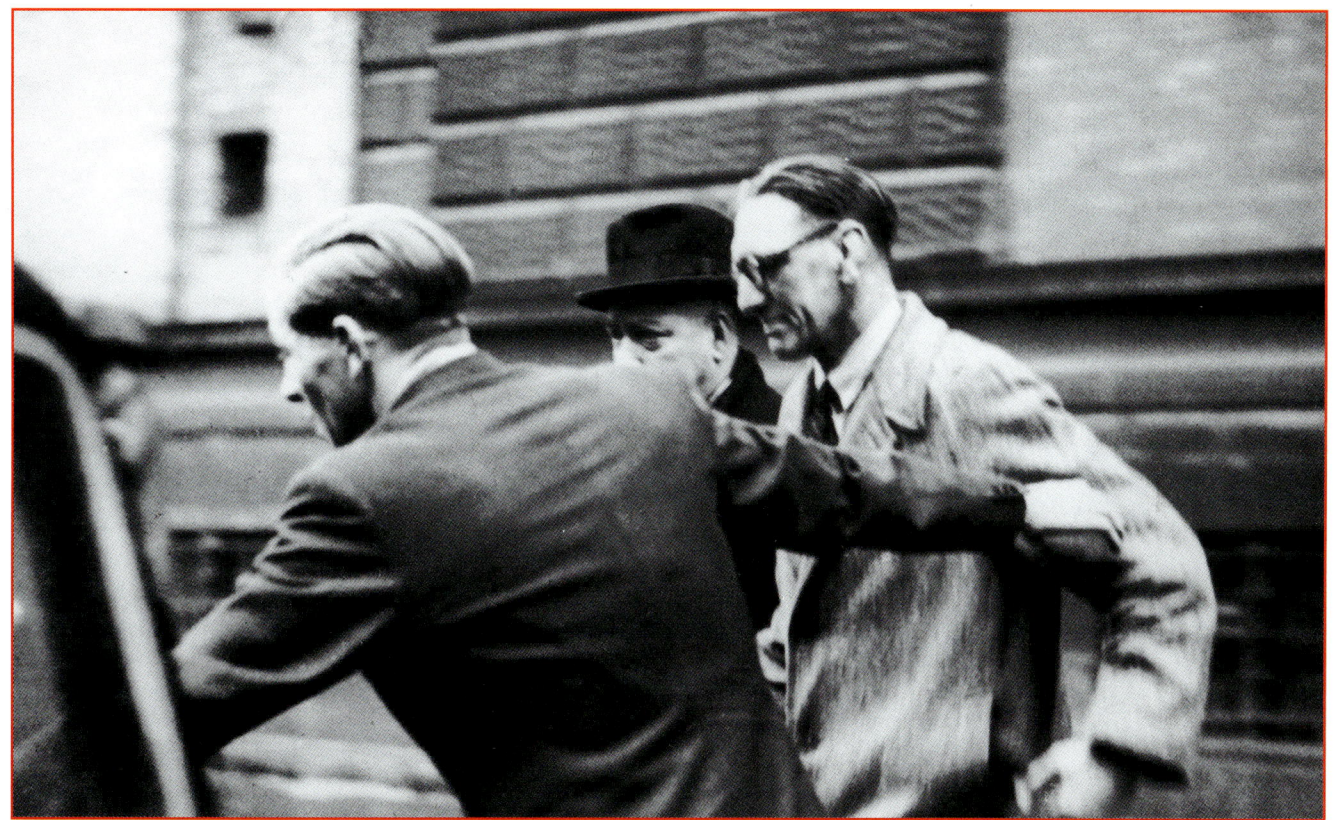

Ann Marie Linscott

Ann Marie Linscotts Plan, die Ehefrau ihres Geliebten zu ermorden, wurde zwar frühzeitig aufgedeckt, doch es ist ein interessanter Fall, weil er zeigt, wie Morde aus Leidenschaft im digitalen Zeitalter ablaufen können.

In Zeiten des Internets entstehen seltsame Beziehungen. Viele, die sich sonst nicht getroffen hätten, entwickeln über das Netz intensive Gefühle füreinander. In zahlreichen Fällen hat der virtuelle Kontakt verhängnisvolle Auswirkungen auf bestehende Partnerschaften. Eine dieser Affären begann im Jahr 2004, als Ann Marie Linscott in einem Internetchat einen Mann kennenlernte, der seine Identität nicht preisgab. Ann Marie war 49, Ehefrau und Mutter zweier Teenager. An ihre Familie dachte sie aber nicht, als ihr On-lineliebhaber lustvolle Nachrichten schrieb. Schließlich planten sie ein Treffen. 2005 nahm er an einer Konferenz in Reno, Nevada, teil, und Ann Marie begleitete ihn. Dieses kurze sexuelle Erlebnis vertiefte ihre Vertrautheit, und das Paar führte seine Beziehung über Telefon und Mail weiter. Die räumliche Distanz zwischen ihnen intensivierte ihre Leidenschaft, was besonders auf Ann Marie zutraf. Es genügte ihr nicht, dass sie sich ein weiteres Mal sahen. Sie beschloss, die Ehefrau ihres Geliebten zu töten.

Im November 2007 lasen drei Kalifornier, die auf craigslist.com eine neue Arbeitsstelle suchten, eine interessante Anzeige. Die Stelle war als „freiberuflich" ausgeschrieben, und jeder von ihnen forderte separat weitere Informationen an. Sie tauschten mit Ann Marie Linscott, die dabei ein Pseudonym benutzte, einige Mails aus. Schnell merkten sie, dass ein „freiberuflicher Mörder" gesucht wurde.

Linscott forderte von jedem der Drei, eine Frau in Butte County, Kalifornien, „auszulöschen". Sie gab ihnen eine detaillierte Beschreibung des Opfers, ihr Alter und die Adresse ihres Arbeitsortes. Zweimal bot sie $ 5,000 für die Erledigung der Aufgabe. Die drei Arbeitsuchenden merkten, dass es ihr ernst war, und meldeten den mysteriösen Arbeitgeber der Polizei.

Die kalifornischen Ermittlungsbeamten stellten sehr bald die Identität des Opfers fest und erfuhren, dass es sich um eine verheiratete Frau handelte. Befragungen brachten die Untreue des Ehemanns ans Licht, und das wiederum führte die Polizei zu Ann Marie. Über-prüfungen ihrer Person ergaben eine Reihe von Unstimmigkeiten. Sie hatte einst gegen einen Kollegen eine einstweilige Verfügung erwirkt. Dieser antwortete darauf mit einer weiteren einstweiligen Verfügung und behauptete, dass sie unerwünschte Annäherungsversuche gemacht hatte. Außerdem log sie in ihrem Lebenslauf, in dem sie sagte, sie habe als Massagetherapeutin in einem Krankenhaus gearbeitet, das allerdings nie etwas von ihr gehört hatte.

Im Januar 2008 wurde Linscott festgenommen und wegen Auftragmordes angeklagt. Am 4. Februar 2009 wurde sie schuldig gesprochen und zu zwölf Jahren und sieben Monaten Haft verurteilt.

Der Richter hielt Linscott vor, keine Reue gezeigt zu haben. Die Strafe sei dazu gedacht, die Öffentlichkeit vor Leuten wie ihr zu schützen, und andere abzuschrecken, über das Internet einen Mörder zu engagieren. John, ihr Ehemann, unterstützte sie unverständlicherweise während des gesamten Prozesses.

Denise Labbe & Jacques Algarron

Dieser Mord aus Leidenschaft ist ungewöhnlich und widerwärtiger als die meisten anderen. Er wurde nicht aus Rache begangen oder in einem extremen Gefühlsmoment. Er traf eine völlig unschuldige Frau, die das Pech hatte, einen Philosophiestudenten mit geisteskranken Ansichten zu treffen. Er verlangte von ihr einen äußerst abscheulichen Beweis ihrer Liebe.

Denise Labbes Leben war oft ein Kampf gewesen, doch sie tat viel dafür, es zu verbessern. Sie war die Tochter eines armen Briefträgers und wurde im Alter von 13 Jahren zur Waisen. Sie hatte selbst für ihre Bildung gesorgt und schließlich Arbeit als Sekretärin gefunden. Nebenbei erlaubte sie sich ein klein wenig Spaß mit männlichen Studenten in ihrer Heimatstadt Rennes in Frankreich, und im Alter von 25 Jahren war sie Mutter einer Tochter mit Namen Catherine. Trotz allem hatte sie ihr Leben ziemlich gut im Griff, bis sie den charismatischen Philosophieabsolventen Jacques Algarron kennenlernte. Er war drei Jahre jünger als sie und verführte sie mit dem Spruch, den er bei jeder Frau anbrachte: „Ich biete dir Leidenschaft." Sie ließ sich von dem belesenen jungen Mann verzaubern und begann eine leidenschaftliche Affäre mit ihm.

Algarron war ein großer Bewunderer der Philosophie vom Übermenschen und erzählte seiner Freundin, er glaube, sie seien ein „Überpaar". Leider verwandelten sich seine wahnsinnigen Ideen schnell in Besessenheit. Denise sollte beweisen, dass sie besser war als andere Frauen und seine Liebe verdiente. Sie

OBEN: Jacques Algarron in einem Polizeiwagen am zweiten Tag seines Prozesses in Blois, Frankreich.

merkte nicht, wie gefährlich dieses Denken Algarron machte. Sie war Hals über Kopf in ihn verliebt und ertrug den Gedanken nicht, ihn vielleicht zu verlieren. Algarron las Denise eine Geschichte vor, in der eine Mutter ihr Kind eines anderen Mannes tötete, um ihrem Geliebten zu gefallen, und wie schön dies sei. Er sagte, auch sie müsse leiden. Denise stimmte zu – überzeugt von Algarrons hoher Intelligenz und seinen fortschrittlichen philosophischen Betrachtungen.

Ihr erster Versuch, Catherine zu töten, war nicht erfolgreich. Das Ausmaß der Tat, die von ihr verlangt wurde, machte ihr Angst. Außerdem störte sie das Auftauchen eines Nachbarn. Sie konnte ihre Tochter nicht wie geplant aus dem Fenster fallen lassen. Ihr zweiter Versuch verlief etwas „besser": Sie warf ihre Tochter in einen Abwasserkanal, wurde aber von ihren mütterlichen Instinkten, ihr Kind zu schützen, überwältigt. Sie rief Hilfe herbei, und ein Passant zog das kleine Mädchen aus dem Wasser.

Mittlerweile wurde Algarron ungeduldig und drohte ihr, sie zu verlassen. Am 8. November 1954 ertränkte sie daher Catherine in einer Waschwanne und telegrafierte ihm, sie habe getan, was er verlangt hatte. Später sagte er zu einem Freund: „Man braucht Mut, um seine eigene Tochter zu töten." Die Nachbarn wurden misstrauisch, weil sie Denises Kind nicht mehr sahen. Sie riefen die Polizei. Sie gestand ihr Verbrechen, schob aber die Schuld auf Algarron.

Das Gewitter, das den Prozessauftakt begleitete, sah man als Symbol der dämonischen Leidenschaft zwischen Denise Labbe und Jacques Algarron. Beide wurden des Mordes schuldig gesprochen. Denise erhielt eine lebenslange Haftstrafe, Algarron wurde zu 20 Jahren verurteilt. Algarron hatte dem Gericht noch etwas zu sagen. „Einige Monster", erklärte er den erstaunten Zuschauern, „sind heilig, denn ein Monster und ein Heiliger haben viel gemeinsam." Niemand verstand ihn und das schauderhafte Verbrechen, zu dem er Denise angestiftet hatte.

Adolph Luetgert

Der Prozess von Adolph Luetgert, der 1897 seine Frau umgebracht hatte, war einer der ersten in Amerika, der in den Medien detailliert verfolgt wurde und bei dem die Bevölkerung eifrig auf jede Neuigkeit wartete. Das überraschte nicht, denn der Fall beinhaltete alles, was eine „schrecklich schöne" Geschichte benötigt: Untreue, Gewalt, Mord und eine besonders grausige Methode, die Leiche loszuwerden.

Wie so viele Ehen, die hier vorgestellt werden, war die von Adolph und Louise Luetgerts nicht besonders glücklich. Er war Inhaber einer Würstchenfabrik, sie war seine zweite Frau. Die Tatsache, dass er verheiratet war, hielt ihn nicht davon ab, zahlreiche Affären zu unterhalten. Wenn sie darüber stritten und Louise von ihm verlangte, aufzuhören mit anderen Frauen zu schlafen, wurde er oft gewalttätig. Nachbarn berichteten, ihn einmal dabei beobachtet zu haben, wie er seine Frau würgte und erst aufhörte, als er sah, dass er Zuschauer hatte.

Als ihr Bruder am 1. Mai 1897 kam, um nach ihr zu sehen, gab Luetgert zu, dass sie verschwunden sei. Er behauptete, sie habe ihn verlassen, und er wisse nicht, wohin sie gegangen sei, aber ihr Bruder wurde misstrauisch. Er informierte die Polizei, die Luetgert verhörte. Die Beamten fragten, warum er sie nicht als vermisst gemeldet hatte, wenn er ein Jahr zuvor sogar wegen seines vermissten Hundes bei ihnen gewesen war. Luetgert gab an, einen Privatdetektiv mit der Suche nach seiner Frau beauftragt zu haben, weil er einen Skandal fürchtete, wenn seine Eheprobleme publik wurden.

Niemand glaubte ihm. Ein Zeuge meldete sich zu Wort, der gesehen hatte, wie Luetgert am 24. April seine Frau in eine Seitenstraße seiner Fabrik führte. Die Suche nach ihr begann. Zuerst schaute man im nahe gelegenen Fluss nach ihr. Als das erfolglos blieb, nahm man die Fabrik ins Visier, und schon bald fand man den grausamen Beweis in einer Fleischwanne: menschliche Knochenteile und einen Ehering mit den Initialen „LL". Außerdem machte die Polizei einen Mann der Nachtwache ausfindig, der Luetgert unwissentlich dabei geholfen hatte, seine Frau zu zerkochen. Er hatte sich über den seltsamen Schleim gewundert und wurde von Luetgert gebeten, ihn zu entsorgen. Später sagte er aus, Luetgert habe zu ihm gesagt: „Wenn Sie darüber kein Wort verlieren, sorge ich dafür, dass Sie ihr Leben lang eine gute Arbeitsstelle haben werden."

Die Presse rotierte. Zeitungen übertrumpften sich gegenseitig mit Sensationsnachrichten, Menschen im ganzen Land behaupteten, die Frau lebend gesehen zu haben, und jeder neue Hinweis führte zu neuen Spekulationen. Die Würstchenverkäufe florierten, als Gerüchte aufkamen, Luetgert habe den Körper seiner Frau durch einen Fleischwolf gedreht. Tatsächlich jedoch wurde der Rest ihres Körpers nie gefunden, und niemand kann sagen, was sich in der Fabrik nun genau abgespielt hatte.

Während des Prozesses sprachen Zeugen von seinen gewalttätigen Neigungen, und Briefe diverser Liebhaberinnen wurden vorgelesen. Ihnen war zu entnehmen, dass Luetgert anderen Frauen versprochen hatte, sie zu heiraten und seinen Reichtum mit ihnen zu teilen, obwohl er sich am Rand des finanziellen Ruins befunden hatte. Luetgert beharrte auf seiner Unschuld und erzählte den Geschworenen, eines Ta-

ges würde Louise zu ihm zurückkehren. Die Beweislage sprach jedoch gegen ihn. Adolph Luetgert wurde des Mordes an seiner Frau schuldig gesprochen und zu einer lebenslangen Haftstrafe verurteilt. Er starb 1899 im Staatsgefängnis von Joliet.

UNTEN: Das Staatsgefängnis von Joliet in Illinois, in dem Adolph Luetgert für den Mord an seiner Frau lebenslang inhaftiert wurde.

Madame de Montespan

Liebe, Leidenschaft und Eifersucht haben Menschen über die Jahrhunderte dazu gebracht, unsagbare Dinge zu tun. Doch die Grausamkeit, mit der Françoise-Athénais de Rochechouart de Mortemart – besser bekannt als Madame de Montespan –, Geliebte des französischen „Sonnenkönigs" Ludwig XIV., handelte, war wirklich abscheulich. Die Ermittlungen stießen auf so viel schwarze Magie, dass unzählige Prozesse im Geheimen stattfanden und die Papiere verbrannt wurden.

Auch wenn wir heutzutage nicht mehr an Hexen glauben, so gab es doch im Lauf der Geschichte einige Menschen, die Magie ernst nahmen. Während des 17. Jh. war die Hexerei in Europa sehr beliebt. Zaubersprüche, Tränke, Tinkturen und bizarre Rituale verhießen Erfolg in allen möglichen Dingen, von der Heilung von Impotenz bis zur Vergiftung unerwünschter Ehepartner. Die Zauberei reichte bis in die höchsten Ränge am Hof von König Ludwig XIV.

Seit zehn Jahren war Madame de Montespan Ludwigs Geliebte gewesen, doch es sah danach aus, als würde sie diese Position bald verlieren. Der König hatte sich eine andere Liebhaberin erwählt – Louise de la Valliere –, und Madame de Montespan war entschlossen, ihre Rivalin zu töten. Um zukünftig als Einzige die Zuneigung des Königs zu erhalten, plante sie, gleich auch die Königin loszuwerden. Madame de Montespan gehörte dunklen, magischen Kreisen an. Eine Hexe sollte sie bei der Ausführung der geplanten Tat beraten.

Da sie ein tödliches Ziel vor Augen hatte, wurde sie in der magischen Hierarchie gleich zum Hohepriester des Bösen, Abbé Étiene Guibourg, verwiesen. Er bestand darauf, dass die Geliebte des Königs

RECHTS: Ein Gemälde von 1660 von Madame de Montespan, die die Geliebte Ludwigs XIV. bleiben wollte und einen mörderischen Plan fasste.

an einem verabscheuungswürdigen Ritual teilnahm: Madame de Montespan lag nackt auf einem Bett, ihre Füße hingen auf den Boden, auf ihrer Lende stand ein geweihter Kelch. Man brachte ein menschliches Baby herbei, dem die Kehle durchgeschnitten wurde. Das Blut des sterbenden Kindes wurde in den Kelch gegossen, seine Eingeweide wurden herausgenommen, und ein Gifttrank wurde gemischt.

Doch noch bevor Madame de Montespan diesen Trank verabreichen konnte, wurde sie verraten. Als König Ludwig vom teuflischen Vorhaben seiner Geliebten und dem Ausmaß der Hexerei erfuhr, ordnete er erbarmungslose Nachforschungen an. Dutzende Beteiligte wurden verhaftet. Da er einen Aufstand befürchtete, sollte herauskommen, wie sehr der Hof in Zauberei verwickelt war, befahl er, die Prozesse im Geheimen abzuhalten. Sie begannen im April 1679 und gingen bis Juli 1683. 104 Beschuldigte wurden wegen schwarzer Magie und Mordes verurteilt. Dazu gehörten auch einige katholische Priester. Insgesamt 36 Todesstrafen, viermal lebenslange Haft und 34 andere Strafen wie Verbannung und hohe Bußgelder wurden verhängt. Seltsamerweise wurde während der Affäre nicht ein einziges Mal der Name Madame de Montespans erwähnt. Ihr Schicksal bleibt ein Mysterium.

1709 verlangte Ludwig, jedes Dokument, das mit den Verhören zu tun hatte, zu zerstören. Das Protokollbuch des Gerichtssekretärs jedoch wurde übersehen. Es tauchte Ende des 19. Jh. wieder auf, und die schrecklichen Details kamen ans Licht.

Madame Fahmi

Der aufsehenerregende Prozess der in Frankreich geborenen, ägyptischen Prinzessin Marguerite Fahmi 1923 spaltete Osten und Westen. Obwohl sie offensichtlich ihren Mann umgebracht hatte, argumentierte ihr Verteidiger mit kultureller Verunglimpfung und Stereotypen, um sie als diejenige dastehen zu lassen, gegen die gesündigt wurde, und nicht als die Sünderin. Selbst heute sind viele Ägypter wütend, dass eine voreingenommene Jury sie mit der Ermordung eines Mitglieds der königlichen Familie davonkommen ließ.

Marguerite Laurent war Anfang 30 und geschieden, als sie Prince Ali Kamel Fahmi Bek in Kairo kennenlernte. Er war zehn Jahre jünger als sie, von königlicher Herkunft, Inhaber eines riesigen Vermögens, und er verlor keine Zeit, der schönen Marguerite den Hof zu machen. Später sagte sie: „Als Fahmi Beks Liebe für mich wuchs, fing ich an, mir ein Leben auszumalen, von dem ich bisher nur in *1001 Nacht* gelesen hatte. Ich hörte leidenschaftliche Liebesschwüre und Versprechungen, welch wunderbares Glück wir mit seinem Reichtum erleben würden."

Der Prinz war gewohnt, alles zu bekommen, was er wollte. Am 27. Dezember 1922 wurde Marguerite seine Frau, und wie es der Ehevertrag vorsah, trat sie zwei Wochen später zum Islam über. Doch der Wechsel der Religion genügte nicht. Sie musste auch seinen Vorstellungen einer gehorsamen Ehefrau genügen, und das war für die Französin viel schwerer. Die Ehe verlief von Anfang an sehr stürmisch und erreichte am 1. September 1923 bei einem heftigen Streit bei einer Party in Londons Savoy-Hotel in aller Öffentlichkeit seinen Höhepunkt. Madame Fahmi sagte bei dieser Gelegenheit dem Kapellmeister, ihr Mann habe gedroht, sie zu töten.

Schließlich zog sich das Paar in seine Luxussuite zurück. Etwas später öffnete Prinz Fahmi die Tür, um seinen kleinen Hund den Gang auf- und ablaufen zu lassen. Er pfiff nach ihm, dann schloss er die Tür. Etwas später hörte man drei Schüsse. Ein vorbeigehender Portier eilte ins Zimmer und sah, wie Madame Fahmi eine Pistole fallen ließ. Ihr Ehemann lag blutend am Boden. Er starb kurz darauf.

Am 11. September begann Marguerites fünftägiger Mordprozess. Die Anklage ging davon aus, einen Fall

vor sich zu haben, den man ohne großes Aufsehen abschließen könne. Sie hätten sich nicht mehr irren können. Nur zwei Tage nach Prozessbeginn füllte sich der kleine Gerichtssaal mit eifrigen Zuschauern, und vor der Tür warteten weitere darauf, einen Platz zu ergattern.

Von Anfang an spiegelte der Prozess eine Zeile des berühmten Poeten Rudyard Kipling wider: „Ost ist Ost, und West ist West, und niemals werden die zwei zusammenkommen." Sir Marshall Hall, Chef des dreiköpfigen Verteidigungsteams, unternahm jeden Versuch, die Jury für sich zu gewinnen, indem er immer wieder das Misstrauen des Ostens gegenüber dem Westen ansprach.

Wie später ein ägyptischer Kommentator bemerkte: „Hall hat aus einem einfachen Straffall einen kulturellen Streit gemacht. Marguerite sei Opfer des orientalischen Rückschritts und der Barbarei geworden, die Araber griffen zu ihrer Verteidigung auf Gepflogenheiten und Traditionen zurück."

Hall zeichnete das Bild einer unterdrückten Ehefrau, die unter einem tyrannischen ägyptischen Prinzen litt, der unnatürliche sexuelle Forderungen an sie stellte. Er nannte Fahmi „die westliche Frau" und beschrieb, wie Marguerite, nachdem sich der Schuss versehentlich gelöst hatte, kauernd vorgefunden wurde. Die Geschworenen fanden die Exzesse des Prinzen auch eher abstoßend. Er hatte in nur vier Jahren mehr als eine halbe Millionen Pfund für Frauen, Alkohol und Autos ausgegeben und den Polizeichefs der Orte, in denen er lebte, kostspielige Geschenke gemacht. Letzteres hatte den Beigeschmack von Bestechung und Korruption.

Der Ausgang des Prozesses war vorhersehbar: Madame Fahmi wurde des Mordes und des Totschlags für nicht schuldig gefunden. Aus ihr wurde später ein Filmstar, zweifelsfrei ermutigt durch ihre Schauspielkünste vor Gericht.

Tony Mancini

In einem der makabersten Mordfälle des 20. Jh. wurde der Kleinkriminelle Tony Mancini beschuldigt, seine Liebhaberin Violet Kaye getötet zu haben. Doch obwohl man ihre Gebeine in einer Truhe fand, die Mancini als Kaffeetisch benutzte, wurde er freigesprochen. In vielen anderen Fällen ist man nicht sicher, ob die Jury das richtige Urteil gesprochen hat, doch hier steht fest, dass sie es nicht tat. Jahre später legte Mancini auf dem Sterbebett ein Geständnis ab.

Die 42-jährige Violet und ihr 25-jähriger Liebhaber waren Teil der zwielichtigen Unterwelt Brightons an Englands Südküste. Sie war Prostituierte, er arbeitete zeitweise als Kellner oder Türsteher von Nachtclubs.

Aufgrund des Altersunterschieds verlief die Beziehung nicht sehr glücklich. Am 10. Mai 1934 gewann die Eifersucht die Oberhand. Violet hatte Mancini mit einer Kellnerin im Teenageralter im Skylark-Café flirten gesehen. Zeugen sagten später aus, die beiden hätten sich bereits auf dem Rückweg zu ihrer Wohnung gestritten.

Das war das letzte Mal, dass Violet lebend gesehen wurde. Fast zwei Monate lang befand sich ihr Körper in einer Kiste am Ende von Mancinis Bett. Obwohl es widerwärtig stank und Flüssigkeit herauslief, warf Mancini einfach ein Tischtuch darüber und benutzte die Truhe als Kaffeetisch.

Zwischenzeitlich versuchte er, seine Spuren zu verwischen, indem er denjenigen, die Violet gekannt hatten, erzählte, sie sei für eine Weile weggegangen. Violets Schwester telegrafierte er das Gleiche. Dennoch wurden Violets Freundinnen misstrauisch und meldeten sie bei der Polizei als vermisst. Diese befragte Mancini, der daraufhin in Panik ausbrach und fortlief. Eine

LINKS: Violet Kaye auf einem Foto aus dem Jahr 1933, ein Jahr vor ihrem Tod.

polizeiliche Suche nach ihm wurde angesetzt, und am 18. Juli betraten sie seine Wohnung. Das Erste, was ihnen dort auffiel, war der Geruch, der sie geradewegs zum grausigen „Kaffeetisch" an Mancinis Bettende führte.

Schließlich fasste die Polizei Mancini in London. Er wurde verhaftet und im Dezember 1934 vor Gericht gestellt. Die Anklage stützte sich während des fünftägigen Prozesses darauf, dass Kaye an einem Schlag auf den Kopf gestorben war, und auf den grauenvollen Kaffeetisch, den man in Mancinis Wohnung gefunden hatte. Wer sonst als der Mörder könne mit einem verwesenden Körper leben?

Ein Handschriftexperte bestätigte, dass die Handschrift des Telegramms an Violets Schwester mit der auf den Speisekarten, die Mancini im Skylark-Café geschrieben hatte, übereinstimmte. Eine Zeugin, Doris Saville, sagte, Mancini habe sie gebeten, ein falsches Alibi zu leisten. Mancinis Verteidiger erzählte dem Gericht von Violets Trunksucht, ihrer Eifersucht und – ganz entscheidend – von ihrer Arbeit als Prostituierte. Es wurde argumentiert, Mancini habe den Körper in seiner Wohnung gefunden und angenommen, einer ihrer Kunden habe sie getötet.

Im Zeugenstand sagte Mancini aus, er sei in Panik geraten. Wegen seiner kriminellen Vorgeschichte habe er gewusst, dass man ihm keinen Glauben schenken würde, deshalb ihren Körper in die Kiste gesteckt und beim Umzug mitgenommen.

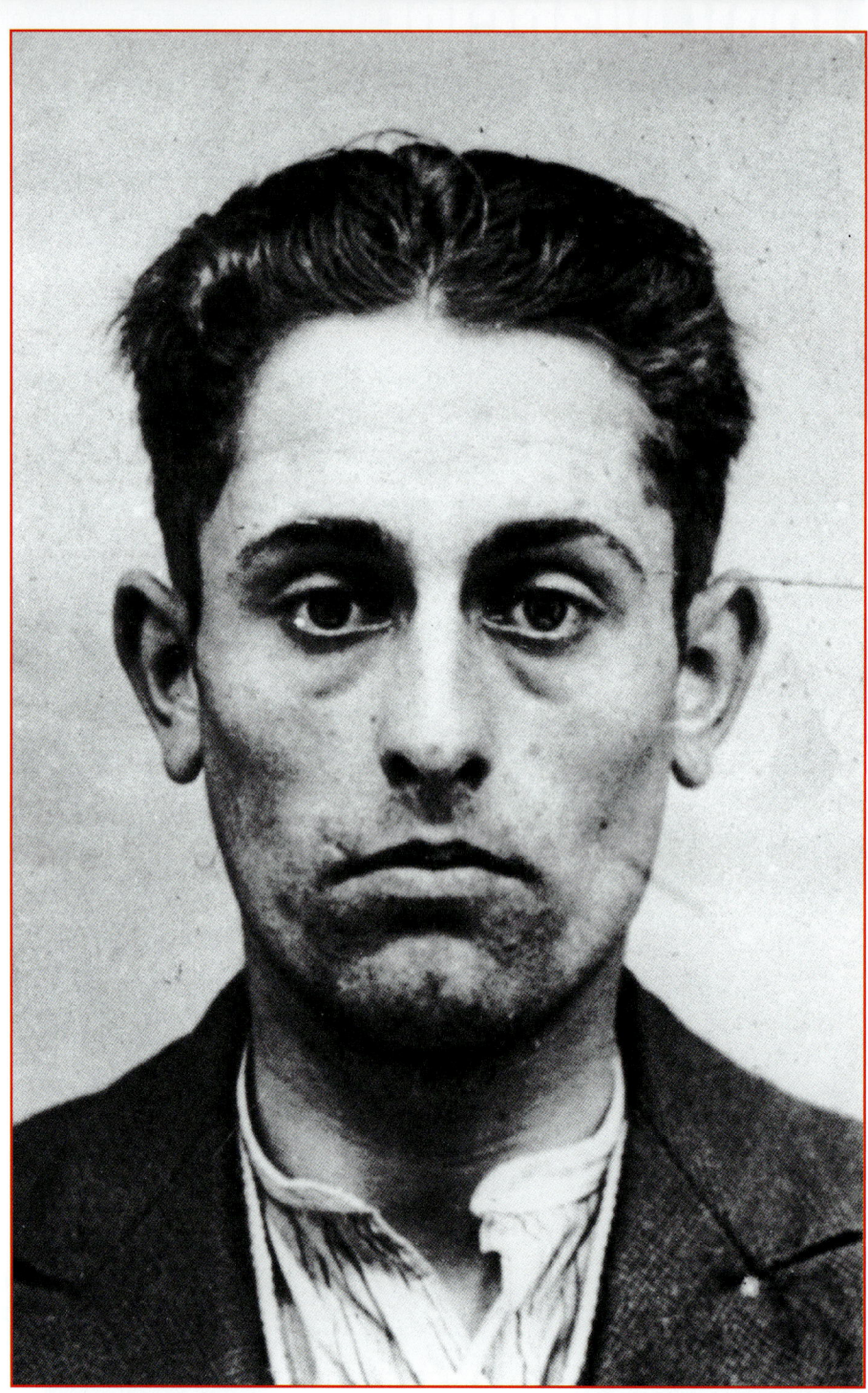

OBEN: Tony Mancini, der Kleinkriminelle, der erst auf dem Sterbebett den Mord gestand.

OBEN: Tony Mancini verlässt die Polizeistation Lee Road, London, am Tag seiner Verhaftung für den Mord an Violet Kaye.

Langsam sah es schlecht aus für die Anklage. Man fand heraus, dass die blutige Kleidung, die als Beweis vorgelegt worden war, nach dem Tode Violets gekauft worden war, und die Verteidigung machte auch darauf aufmerksam, dass sich Morphium in ihrem Körper befunden habe. Es sei möglich, dass sie unter Drogeneinfluss gestanden und sich den Kopf gestoßen habe. Obwohl sie als streitbares Paar bekannt waren, sagten einige Zeugen aus, Mancini und Violet hätten zufrieden gewirkt. Mancini sagte, er habe Violet geliebt, obwohl sie ein „leichtes Mädchen" war.

Die Geschworenen berieten sich etwas mehr als zwei Stunden und sprachen Tony Mancini frei. Allerdings

plagte ihn in den nächsten 42 Jahren sein Gewissen. Im Jahr 1976 erzählte Mancini kurz vor seinem Tod einer Sonntagszeitung, wie Violet tatsächlich gestorben war: Während eines heftigen Streits hatte sie ihn mit einem Hammer angegriffen. Er entwand ihn ihr, sie forderte ihn zurück, er warf ihn und traf sie an der linken Schläfe, woraufhin sie starb.

Marie-Madeleine-Marguerite, Marquise de Brinvilliers

Marie-Madeleine-Marguerite war das älteste von fünf Kindern einer französischen Adelsfamilie. Trotz ihrer Herkunft und guten Erziehung wurde sie zu einem Monster, zu einer Serienmörderin, deren Taten später den Dichter Robert Browning (The Poisoner) und einige andere Autoren wie Alexandre Dumas und Sir Arthur Conan Doyle (The Leather Funnel) inspirieren würden.

Marie-Madeleine-Marguerite fügte sich 1651 im Alter von 21 Jahren in die von ihrem Vater, dem Viscount Antoine Dreux d'Aubray, arrangierte Hochzeit. Das war im damaligen Frankreich üblich, es wurde nicht gefragt, ob es der Braut gefiel. Es überraschte nicht, dass Marie mit ihrem Ehemann Antoine Gobelin de Brinvilliers schon sehr bald unzufrieden war. De Brinvilliers war ein Frauenheld und Spieler, der seine Frau ignorierte und sie sich selbst überließ. Es lag auf der Hand: Chevalier Jean-Baptiste de Sainte-Croix war ein Kapitän der Armee und Freund ihres Vaters. Das Paar begann eine leidenschaftliche Affäre.

Obwohl die außerehelichen Beziehungen ihres Ehemanns in gewissen Kreisen bekannt waren, geriet ihr Vater außer sich, als er von der Affäre seiner Tochter erfuhr. Dass ihr Geliebter ein Freund der Familie war, regte ihn umso mehr auf. Er verbot ihr, ihren Liebhaber weiterhin zu sehen. 1663 ließ er Sainte-Croix in die Bastille, das Gefängnis von Paris, werfen.

Ihrem Geliebten auf diese Weise entrissen, wurde aus Maries Leidenschaft Hass und Lust nach Rache. Als Sainte-Croix entlassen wurde, missachtete sie den Befehl ihres Vaters und traf sich erneut mit ihm. Wie es der Zufall wollte, hatte er während seines Gefängnis-aufenthalts die hohe Kunst des Vergiftens erlernt. Davon wollte das Paar Gebrauch machen und plante seine Rache – natürlich darauf bedacht, Maries Erbe sicherzustellen. Sainte-Croix erhielt von einem Apotheker am Hof von König Ludwig XIV. einige geschmacksneutrale, tödliche Gifte. Eines davon verabreichte Marie ihrem Vater. Er wurde 1666 ihr erstes Opfer.

Marie fand Gefallen am Töten. Da ihr Erbe schnell aufgebraucht war, lenkte sie ihre tödliche Aufmerksamkeit auf den Rest der Familie. Ihr ältester Bruder starb 1670, gefolgt von ihrem jüngeren Bruder, dann starben ihre Schwester und ihre Schwägerin. Natürlich versuchte sie auch, ihren unliebsamen Ehemann loszuwerden, aber das stellte sich als schwierig heraus. Doch er litt von diesem Zeitpunkt an unter einer mysteriösen Krankheit.

Marie perfektionierte ihre Giftmischungen mit Versuchen an Patienten im örtlichen Krankenhaus. Unter dem Vorwand wohltätiger Zwecke besuchte sie sie und tötete dabei 50 von ihnen.

Im Jahr 1672 entdeckte man ihre Verbrechen. Als Sainte-Croix in diesem Jahr starb, öffnete seine Frau eine Kiste, die sie zu seiner Geliebten bringen sollte.

Im Inneren befanden sich Giftflaschen und einige Papiere, aus denen ersichtlich wurde, dass das Paar gemordet hatte.

Marie floh sofort, wurde aber in Lüttich verhaftet. Im Verhör drohte sie: „Die Hälfte aller angesehenen Leute sind darin verwickelt. Ich kann sie ruinieren, wenn ich anfange zu reden." Doch welche Geheimnisse Marie auch kannte, sie nahm sie mit ins Grab. Die einst so stolze Adelige wurde brutal mit der „Wasserkur" gefoltert, bei der sie gezwungen wurde, neun Liter Wasser zu trinken. Aber sie gab keine weiteren Informationen preis.

1676 wurde sie in Paris vor Gericht gestellt, für schuldig befunden und hingerichtet. Ihr Körper und der abgetrennte Kopf wurden ins Feuer geworfen.

RECHTS: Alexandre Dumas, dessen *Marquise de Brinvilliers* von den Taten der Marie-Madeleine-Marguerite inspiriert ist.

Francesco Matta

Den ersten Liebespartner vergisst man nicht so leicht. Die Tage unschuldiger Jugend verbunden mit ersten sexuellen Abenteuern hinterlassen unauslöschliche Erinnerungen. Jede Beziehung, die danach kommt, wird mit der ersten verglichen. Als Susan Matta über die Webseite Friends Reunited ihren allerersten Freund wieder traf, kamen all die Erinnerungen zurück, und sie verliebte sich erneut ihn. Doch ihr Ehemann war nicht bereit, den Preis für ihre neu gewonnene Glückseligkeit zu zahlen.

Die geschiedene Susan glaubte, endlich den Mann ihrer Träume gefunden zu haben, als sie 1999 Francesco Matta kennenlernte, der ein erfolgreiches Restaurant in Devon, England, besaß. Auch er war geschieden, und die beiden heirateten im Jahr 2003. Sie zogen in seine Heimatstadt Caligari auf Sardinien, vermieteten Villen an Urlaubsgäste und begannen mit diesem Geschäft ein neues Leben.

Alles lief gut, bis Susan 2004 auf der Internetseite Friends Reunited Anzeigen für ihr Unternehmen schaltete. Auf diese wurde Stephen Keen aufmerksam, der vor 35 Jahren Susans erster Freund gewesen war. Sie war damals 14, er 16 Jahre alt. Er war nun Flugkommandant bei der Royal Air Force, verheiratet und hatte zwei Kinder. Dennoch nahm er sofort Kontakt zu Susan auf. Sie freute sich, von ihrer alten Flamme zu hören. Sie tauschen Mails aus und entdeckten ihre alte Freundschaft wieder. Als Keens Frau Doreen davon erfuhr, schrieb sie Susan, die Finger von ihrem Mann zu lassen, aber es war zu spät: Im Februar 2006 reiste Susan zurück nach Großbritannien, um ihre alte Liebe wiederzusehen. Am Ende waren sie sicher, dass sie all die verlorenen Jahre aufholen und für immer zusammenleben wollten. Im April schrieb Susan Matta einen Brief und erzählte ihm von Stephen. Ihr bestürzter Mann flehte sie an, zu ihm zurückzukommen, doch sie

sagte nur immer und immer wieder: „Es tut mir Leid." Matta konnte die Frau, die er liebte, nicht so einfach gehen lassen. Als Susan und Keen nach Tiverton, Devon, gezogen waren, schickte Matta ihr Textnachrichten und sagte Susan, wie sie er sie liebe. Er bat sie inständig darum, die Affäre zu beenden. Doch seine Frau lehnte ab. Er machte ihre neue Adresse ausfindig.

Am 6. Juli 2006 traf Matta mit einem Leihwagen in Devon ein. Keen öffnete die Tür, Matta rannte ins Haus und schrie: „Ich dachte, Sie seien ein Offizier und Gentleman." Dann sagte er, er habe einen Mafioso engagiert, Keen zu töten. Das Paar solle 50.000 Pfund zahlen, damit er den Auftrag zurücknahm. Als Keen die Polizei anrufen wollte, sprang Matta mit einem Messer auf ihn und stach ihm viermal in die Kehle. Susan hielt ihren sterbenden Geliebten in den Armen. Der eintreffenden Polizei erklärte Matta ruhig: „Ich

---

UNTEN: Die Website Friends Reunited, wo Susan Matta Kontakt zu ihrer ersten Liebe Stephen Keen bekam.

bin gekommen, um den Mann zu töten. Ich habe getan, was ich tun musste." Er drehte sich zu Susan und fuhr fort: „Mein Leben ist am Ende. Nun wirst du leiden, wie ich leide." Als er von der Polizei abgeführt wurde, sagte er zu seiner Frau: „Ich liebe dich."

Im Oktober 2007 wurde Francesco Matta vor dem Exeter Crown Court wegen Mordes angeklagt. Er plädierte auf nicht schuldig. Zwar gab er zu, Keen ge-tötet zu haben, aber er sei vermindert schuldfähig gewesen und verdiene eine Verurteilung wegen Totschlags. Die Geschworenen berieten sich einige Tage, erzielten aber kein Mehrheitsurteil, und ein zweites Verfahren wurde angesetzt. Die neue Jury hatte am 18. April 2008 keine Probleme mit der Urteilsfindung. Sie befanden ihn des Mordes schuldig. Er wurde zu einer Mindeststrafe von elf Jahren verurteilt.

Florence Maybrick

Zunächst schien die Ehe der Südstaatenschönheit Florence Elizabeth Chandler und des britischen Baumwollhändlers James Maybrick glücklich zu sein, doch später kamen Betrug und Verzweiflung hinzu. Im Juli 1881 heirateten sie trotz der 23 Jahre Altersunterschied zwischen ihnen – Maybrick war 42, Florence 19 – in London, kurz nachdem sie sich auf dem Schiff Baltic bei einer Atlantiküberquerung kennengelernt hatten.

Die frisch Verheirateten pendelten zwischen ihrem Heim in Virginia und dem Battlecrease Haus in Airbrush, einem Vorort von Liverpool, hin und her und führten ein offensichtlich glückliches Leben. Das Paar bekam einen Sohn, James, und nachdem sie dauerhaft nach Liverpool gezogen waren, eine Tochter, Gladys Evelyn. Maybrick und seine lebhafte junge Frau bewegten sich in bester Gesellschaft und nahmen an vielen sozialen Veranstaltungen teil. Ihr Leben schien perfekt zu sein.

Doch wie so oft sah die Partnerschaft hinter verschlossenen Türen ganz anders aus. Maybrick war ein Hypochonder und nahm regelmäßig Arsen ein – die einzige Medizin, die seiner Meinung nach seine eingebildete Krankheit heilen konnte. Auch mit dem Wohlstand sah es nicht so gut aus. Das Paar hatte über seine Verhältnisse gelebt, und der finanzielle Ruin stand kurz bevor. Maybrick unternahm Versuche, das Desaster abzuwenden und Geld zu sparen. Er gab Florence nur wenig Haushaltsgeld, von dem nicht nur sie selbst leben musste, sondern von dem sie auch fünf Bedienstete und alle Rechnungen bezahlen sollte.

Die Ehe bekam Risse, und Florence sah sich weiteren Demütigungen ausgeliefert. Die junge, hübsche Frau fand heraus, dass ihr Ehemann einige Geliebte hatte. Mit einer hatte er fünf gemeinsame Kinder. In der viktorianischen Zeit blieb Florence nichts anderes übrig, als vor ihren Freunden so zu tun, als sei alles in Ordnung. Ihr perfektes Leben voller Liebe und Reichtum war zu Scherben zerfallen.

Florence versuchte, mit ihrem hypochondrischen, unsicherem Schürzenjäger von Ehemann auszukommen, die finanzielle Katastrophe vor Augen. Die emotionale Belastung musste enorm für sie gewesen sein. Es überrascht also nicht, dass Florence, als sie die Möglichkeit dazu hatte, Trost – und Rache – zunächst in den Armen eines Bruders ihres Mannes, dann bei einem Mann mit Namen Alfred Brierley suchte. Letzterer war Gast auf Maybricks beliebten Tanzveranstaltungen gewesen. Florence wurde schnell besessen von ihm. Jung, attraktiv und gesund, verkörperte Brierley all das, was ihr Mann nicht war.

In ihrem unglücklichen und verliebten Zustand schlug Florence alle Vorsicht in den Wind und buchte ein Zimmer im Londoner Flatman-Hotel unter dem Namen Mr. und Mrs. Thomas Maybrick für sich und ihren Liebhaber. Sie erzählte ihrem Ehemann, sie besuche für ein paar Tage eine kranke Tante, und traf sich mit Brierley im Hotel. Doch selbst dieses Stelldichein war mit Betrug und einer Katastrophe behaftet. Bevor sie sich trennten, gestand Brierly, er habe sich in eine andere Frau verliebt. Später erinnerte sie sich: „Er sagte, er könne mich nicht heiraten, und er würde sich lieber erschießen, als gedemütigt zu wer-

UNTEN: James Maybrick, der an einer Arsenvergiftung starb.

den. In einem Gefühlsausbruch sagte ich, wir müssten unsere Beziehung sofort aufgeben."

Darauf fixiert, mit Brierley zusammenzusein, hatte Florence vergessen, dass das Hotel gern von Kollegen ihres Mannes aufgesucht wurde. Es dauerte also nicht lange, bis Maybrick vom Ehebruch seiner Frau erfuhr. Dass er selbst nicht treu war, minderte seine Wut keinesfalls.

Es sah so aus, als wäre Florence schnell über ihre Probleme mit Brierley hinweggekommen, denn kurz darauf sah Maybrick, wie sich seine Frau im Jahr 1889 beim großen Pferderennen in Aintree bei Liverpool, mit ihm unterhielt. Das romantische Paar schien glücklich miteinander zu sein. Gedemütigt und wütend stellte Maybrick seine Frau auf dem Weg nach Hause zur Rede, und ein lauter und gewalttätiger Streit entbrannte. Maybrick schlug seine Frau und zerriss ihr Kleid. Er drohte ihr mit Scheidung und stürmte aus dem Haus – vermutlich direkt in die Arme einer seiner Liebhaberinnen.

Bedienstete berichteten später, dass Florence nach dem Streit auffällig ruhig gewesen sogar heiter. Einem Dienstmädchen fiel auch ein, dass das etwa zu der Zeit war, als ihr auffiel, dass Mrs. Maybrick in ihrem Zimmer viele Fliegenfänger in Arsen getaucht hatte. Florence habe ihr versichert, diese Mixtur sei ein hervorragendes Mittel für die Haut und sorge für einen bleichen Teint.

Das nächste Unglück, das Florence widerfuhr, sorgte ver-

mutlich dafür, dass sie völlig den Verstand verlor. Sie besuchte Brierley in der Hoffnung, seine Zuneigung nach den liebevollen Momenten in Aintree zurückgewinnen zu können, doch der junge Mann sagte ihr, die Affäre sei beendet.

James Maybrick erkrankte am Morgen des 27. April – dieses Mal tatsächlich –, etwa einen Monat nach seinem Streit mit Florence. Dr. Humphreys wurde gerufen, konnte jedoch die Ursache seiner Symptome –

Erbrechen, Gefühllosigkeit in den Gliedmaßen und Zittern – nicht finden. Nachdem Florence ihm mitteilte, dass ihr Ehemann Arsen und Strychnin zu sich nehme und Maybrick das fiebrig verneinte, diagnostizierte der Arzt eine chronische Verdauungsstörung

und ging in der Annahme, es handle sich nur um einen weiteren Anfall von Maybricks Hypochondrie.

Maybrick erholte sich nicht. Zwei Tage nach dem Arztbesuch kaufte Florence wieder Fliegenpapier in der örtlichen Drogerie. Kurz danach verschlechterte sich der Zustand ihres Mannes. Immer noch verwirrt verschrieb Dr. Humphreys das viktorianische Allheilmittel: eine Tinktur aus Arsen und Kaliumkarbonat.

Die einst so beliebte Mrs. Maybrick war nun Objekt der Gerüchteküche geworden. Es wurde über das verworrene Sexualleben des Paars geklatscht, und es war bald allgemein bekannt, dass Florence in ihrer Ehe verzweifelt unglücklich war. Nun tauchte auch der stets wankelmütige Brierley wieder aus der Versenkung auf, und da weder er noch Florence sich um Geheimhaltung bemühten, begannen viele zu glauben,

Florence vergifte Maybrick, um ihren jungen Geliebten heiraten zu können. Es gab noch mehr Gerüchte, als Maybricks Kindermädchen Alice einen Brief von Florence an ihren Liebhaber abfing. Er trug das Datum vom 8. Mai, und darin stand: „Herzallerliebster, seit ich zurück bin, habe ich M Tag und Nacht gepflegt. Er ist todkrank."

Das Kindermädchen übergab Maybricks Bruder Edwin den Brief, der reichte ihn an seinen anderen Bruder Michael weiter. Zusammen machten sie sich zum Battlecrease-Haus auf und befahlen, dass Florence keine Minute mit ihrem Mann allein sein dürfe. Trotzdem verhielt sie sich weiterhin seltsam. Ein Diener erzählte später der Polizei, er habe gesehen, wie Florence die Medizin ihres Mannes gegen eine andere Flüssigkeit austauschte. Ein anderer habe gehört, wie Maybrick seine Frau beschuldigte, ihn zu vergiften.

Am 11. Mai starb James Maybrick. Die Umstände seines Todes erregten Misstrauen, und eine Obduktion wurde angeordnet. Diese ergab, dass Maybrick ein toxisches Mittel wie Arsen zu sich genommen hatte. Als Florence davon erfuhr, wurde sie bewusstlos und in ihr Bett gebracht, in dem sie für einige Tage blieb und der Polizei dabei zuhörte, wie sie in ihrem Haus nach Beweisen für einen Mord suchte.

Sie fanden Briefe von Brierley und genug Arsen, um damit 50 Menschen zu töten. Was zunächst nach einem einfachen Fall aussah, wurde durch weitere Beweise verkompliziert. Seit 18 Monaten hatte Maybrick regelmäßig ein arsenbasiertes Tonikum gekauft und benutzt. Dennoch wurde Florence wegen Verdacht auf Mord verhaftet.

Am 31. Juli 1889 erschien sie vor dem höchsten Gericht in Liverpool vor dem Richter James Fitzjames Stephen und wurde wegen Mordes angeklagt. Die Verteidigung argumentierte, Maybricks Abhängigkeit von Arsen und ähnlichen Drogen erklärte die Spuren von Giften, die man in seinem Körper gefunden hatte. Die regelmäßige Einnahme habe einen kumulierenden Effekt gehabt. Außerdem, so Florences Anwalt, sei die Ehe zwar so gut wie am Ende gewesen, aber sie habe kein Motiv gehabt, ihren Mann zu töten. Die finanzielle Abfindung, die Maybrick in seinem Testament für sie und die Kinder vorgesehen hatte, war sehr gering, und Florence wäre besser gestellt gewesen, hätte sie sich auf legalem Weg scheiden lassen.

Das waren in der Tat starke Argumente, und vielleicht hatte Florence es so geplant. Dennoch überzeugte es die Geschworenen nicht. Letztendlich war es

Florences letzter Brief an ihren Geliebten, der sie verdammte. Sie hatte darin angedeutet, Maybrick würde seinen letzten Krankheitsschub nicht überleben. Es sah so aus, als würde sie seinen Tod voraussagen und hätte Informationen, die niemand sonst kannte. Es ist auch möglich, dass Florences Untreue die viktorianische Jury gegen sie einnahm.

Ihr Liebhaber entkam dem Skandal, und Florence Maybrick wurde nach 38-minütiger Beratung der Geschworenen am 7. August 1889 des Mordes für schuldig befunden. Sie wurde zum Tode verurteilt und die Hinrichtung für den 26. August angesetzt. Doch für die britische und amerikanische Bevölkerung war die Beweislage gegen Florence zu schwach für ein solches Strafmaß, und Petitionen wurden eingereicht. Nur drei Tage vor Florences Hinrichtung erreichte sie die Nachricht aus dem Innenministerium, dass ihre Strafe in lebenslange Haft um gewandelt werden solle. Ihr Leben wurde zwar gerettet, aber sie wurde nicht begnadigt. Der Innenminister verkündete: „Aus den Beweisen geht klar hervor, dass Mrs. Maybrick ihrem Mann Gift in Tötungsabsicht verabreicht hat. Doch es gibt Zweifel daran, ob dieses Gift tatsächlich der Grund für seinen Tod gewesen ist." Damit war das letzte Wort gesprochen. Damals gab es kein Berufungsgericht, und Florence Maybrick wurde für 14 Jahre Haft ins Gefängnis gebracht.

1904 wurde sie entlassen und kehrte nach Amerika zurück, wo sie das Buch *Meine 15 verlorenen Jahre* schrieb und ein Einsiedlerleben führte. Ihre Kinder sah sie nie wieder. Am 23. Oktober 1941 starb sie. Unter ihren wenigen Habseligkeiten war eine Familienbibel. Zwischen den Seiten befand sich ein Stück Papier, auf dem eine verblasste Anleitung dafür stand, wie aus getränkten Fliegenfängern ein nützliches Schönheitsmittel hergestellt werden konnte.

Ruby McCollum

Die Tötung des Senators Dr. LeRoy Adams durch die Afroamerikanerin Ruby McCollum ist kein außergewöhnlicher Mord aus Leidenschaft. Bestürzend daran ist jedoch die Behandlung, die Ruby als Schwarze erdulden musste.

Senator Dr. LeRoy Adams aus Live Oak, Florida, war ein unangenehmer Mensch. Obwohl er verheiratet war, hatte er eine Geliebte. Später würde man außerdem herausfinden, dass er log und betrog. Doch eine Geliebte genügte ihm nicht. Adams widmete seine sexuelle Aufmerksamkeit auch Ruby McCollum, die selbst verheiratet war und Kinder hatte.

Es war weniger eine Affäre, was zwischen ihnen stattfand, als vielmehr ein Machtspiel. Sie ergab sich immer und immer wieder seinen sexuellen Forderungen. Schließlich bekam sie ein Kind und behauptete, es sei von ihm. Als sie zum zweiten Mal schwanger wurde, gab ihr das den Rest. Sie bat Adams, eine Abtreibung zu organisieren. Er weigerte sich. Er sagte, sie solle das Baby bekommen, doch er bot ihr keine finanzielle Unterstützung an. Am Morgen des 3. August 1852 erschoss Ruby Adams in seinem Büro.

Die Geschworenen bei Rubys Prozess waren alles Weiße. Von Anfang an war klar, dass sie in jener Zeit keine faire Anhörung bekommen würde. Das Gericht wollte nichts davon hören, dass eine Afroamerikanerin eine Affäre mit einem einflussreichen, verheirateten weißen Mann hatte. Es interessierte sich auch nicht dafür, dass sie ihn angefleht hatte, ihr einen Schwangerschaftsabbruch zu ermöglichen. Auch wollte es nichts von Adams zweiter Geliebten wissen. Soweit es

die Jury betraf, verdiente eine schwarze Frau, die einen weißen Mann getötet hatte, die volle Strafe des Gesetzes. Ruby wurde am 20. Dezember 1952 des Mordes ersten Grades für schuldig befunden und zum Tod verurteilt. Zu ihrem Glück hatte der Richter einen formalen Fehler begangen. Er war nicht anwesend gewesen, als die Geschworenen den Tatort inspiziert hatten. Am 20. Juli 1954 erklärte das höchste Gericht Floridas den ersten Prozess für ungültig und hob Rubys Strafe auf.

Beim zweiten Prozess hielten vom Gericht beauftragte Mediziner Ruby für unzurechnungsfähig. Sie wurde 20 Jahre im Staatskrankenhaus von Florida für psychisch Kranke inhaftiert und saß die ganze Zeit ab.

Nach dem ersten Prozess schrieb die Journalistin Zora Neale Hurston für den *Pittsburgh Courier* einige Artikel, die sich mit Rubys Notlage befassten. Unter dem Titel „Die Lebensgeschichte der Ruby McCollum" wurden die Berichte in den ersten Monaten des Jahres 1953 veröffentlicht. Sie läuteten das Ende des sogenannten Geliebtenrechts – dass ein weißer Mann eine schwarze Frau als Konkubine halten durfte – im Süden der USA ein.

Ruby starb am 23. Mai 1992 im New Horizon Rehabilitationszentrum im Alter von 82 Jahren an einem Schlaganfall.

Charlotte McHugh

Charlotte – dumm, faul und promisk – hatte das große Glück, einen Mann zu heiraten, der hart dafür arbeitete, sie und ihre Kinder zu halten. Leider war ihr Mann für sie nur der Versorger und stand ihr im Weg, als sie sich in einen romantischen Zigeuner verliebte.

Charlotte McHugh wurde im frühen 20. Jh. in Irland geboren. Schon als heranwachsende junge Frau genoss sie Verführen von Männern mehr als das Arbeiten. Mit ihren sexuellen Reizen angelte sie sich einen Ehemann: den Soldaten Frederick Bryant. Sie heirateten, als er 25 und sie 19 war, und zogen in den frühen 1920ern in die ländliche Gegend von Somerset, England. Dort bekam Charlotte fünf Kinder. Es war

jedoch nicht klar, ob Bryant Vater aller fünf war. Trotz allem gab er sein Bestes, seine faule, untreue Frau und die Kinder zu ernähren. 1925 erhielt er auf einem Bauernhof in Over Compton, nahe Yeovil, Dorset, Arbeit. Neben einem kleinen Gehalt durfte Bryant auch als Teil seines Lohnes ein kleines Haus beziehen.

Während ihr Mann hart arbeitete, vergnügte sich Charlotte. Viele Männer freuten sich, ihre sexuellen

Gelüste stillen zu dürfen. Einige holte sie sich auch in das Ehebett, wenn ihr Mann auf den Feldern war. Unter ihren Liebhabern war der Zigeuner Leonard Parsons, ein Pferdezüchter, zu dem sich Charlotte besonders hingezogen fühlte. Unter dem Vorwand, ein wenig Geld für die Familie hinzuzuverdienen, ließ sie ihn 1933 als Untermieter ins Haus ziehen. Wenn er nicht unterwegs oder bei seiner eigenen Frau und den vier Kindern war, blühte ihre Affäre.

Charlotte verliebte sich in ihren Zigeuner. Sie schlug alle Vorsicht in den Wind. Sie begleitete Parsons nun am Arm durch den Ort, als sei er ihr Ehemann und nicht Bryant, und machte kein Geheimnis aus ihrer leidenschaftlichen und sinnlichen Liebe zu ihm.

Die konservative Landbevölkerung war schockiert. Charlottes Verhalten kostete ihren Mann seine Arbeit, das Paar musste aus dem Häuschen ausziehen und zog nach Coombe, nahe Sherbourne. Doch Charlotte gab Parsons nicht auf. Sie wollte ihn um jeden Preis haben. Die beste Lösung, die sie sah, war, ihren Mann für immer verschwinden zu lassen.

Im Mai 1935 bekam Bryant Magenschmerzen. Der Arzt dachte nicht an Gift und diagnostizierte Gastroenteritis. Er erholte sich, wurde jedoch am 11. Dezember wieder krank. Er war offensichtlich ein robuster Mann, denn wieder überlebte er die Vergiftung. Tage später kamen jedoch seine mysteriösen Magenschmerzen zurück, und dieses Mal hatte Charlotte die Dosis erhöht. Bryant starb innerhalb weniger Stunden. Als man seinen Körper untersuchte, fand man in seinem Magen 25 mg Arsen.

Die Polizei durchsuchte Bryants Haus. Die ewig faule Charlotte hatte sich nicht bemüht, ihr Verbrechen zu verbergen. Im Müll fand man eine Dose mit Unkrautvernichtungsmittel auf Arsenbasis. Auch auf den Regalen und in ihren Manteltaschen entdeckte man Spuren von Arsen.

Am 10. Februar 1936 wurde Charlotte Bryant verhaftet und wegen Mordes an ihrem Ehemann angeklagt. Am Mittwoch, den 27. Mai 1936, wurde das Verfahren in Dorchester eröffnet. Ihr Richter war Justice MacNaghten. Es wurde erzählt, die etwas dümmliche Charlotte sei nicht in der Lage gewesen, die Vorgänge bei dem Verfahren zu nachzuvollziehen. Während ihrer Verteidigung protestierte sie, sie habe sich doch gut mit ihrem Mann verstanden, doch zahlreiche Zeugen zeichneten ein etwas passenderes Bild ihrer Ehe.

Am 30. Mai 1936 wurde Charlotte des Mordes für schuldig befunden und zum Tod durch den Strang verurteilt. Am 15. Juli wurde sie im Alter von 33 Jahren im Gefängnis von Exeter hingerichtet.

Candy Montgomery

Candy Montgomerys Axtangriff auf die Frau ihres ehemaligen Sexpartners ließ zwei Kinder mutterlos zurück. Auch jemand anderes hätte dieses Verbrechen begehen können, aber Candy gestand es. Sie konnte die Geschworenen jedoch überzeugen, unter psychologischen Störungen zu leiden, und wurde freigesprochen.

Candy Montgomery wurde nicht von Leidenschaft getrieben wie andere, die sich in einer außerehelichen Beziehung wiederfinden. Sie suchte sich ganz bewusst einen Liebhaber. Die texanische Hausfrau langweilte sich mit ihrem Ehemann, mit dem sie seit sieben Jahren verheiratet war, und wollte Abwechslung. Sie suchte – wie sie selbst sagte – ein „Feuerwerk". Sie erwählte den Programmierer Allan Gore, den sie bei einem Volleyballspiel der Kirchengemeinde kennengelernt hatte. Sie zog Gore zur Seite und fragte ihn unumwunden, ob er an einer Affäre interessiert sei. Es war ein gefährliches Unterfangen, da Candys und Gores Familien die Methodistenkirche besuchten, aber die beiden trafen eine Übereinkunft: Sie würden miteinander schlafen, aber sich nicht ineinander verlieben. Am 12. Dezember 1978 trafen sie sich zu ihrem ersten sexuellen Stelldichein. Das Feuerwerk, das Candy sich erhofft hatte, trat jedoch nicht ein, und auch Gore war nicht begeistert. Sie versuchten es mehrmals wieder, doch nach zehn Monaten lief sich die Affäre tot.

Am 13. Juni 1980 küsste Gore seine Frau Betty zum Abschied und machte sich auf zu einer Geschäftsreise nach Minnesota. Das Baby war bei Betty daheim, die sechsjährige Alisa war bei den Montgomerys, mit deren Tochter Jenny sie sich angefreundet hatte. Kurz vor seinem Flug sprach Gore noch einmal mit Betty. Er fing später an, sich Sorgen zu machen, als sie nachmittags auf seine Anrufe nicht reagierte. Er rief Freunde und Nachbarn an und fragte sie, ob sie von Betty gehört hätten. Einer von ihnen, Richard Parker, ging zur Haustür und rief nach Betty, sah sie aber nicht. Er erzählte Gore, er habe nichts Ungewöhnliches entdecken können.

Dann rief Gore bei den Montgomerys an, um sich nach Alisa zu erkundigen. Candy sagt ihm, sie sei während einer kurzen Pause vom Bibelunterricht gegen 10 Uhr morgens kurz bei den Gores gewesen. Mit Betty sei alles in Ordnung. Doch als gegen Abend seine Anrufe immer noch nicht beantwortet wurden, geriet Gore außer sich. Von seinem Hotelzimmer in St. Paul aus rief er noch einmal die Nachbarn an und drängte sie, ins Haus zu gehen.

Parker ging in Begleitung zweier Männer zum Haus. Die Eingangstür war unverschlossen, und dieses Mal traten sie ein. Oarker hörte sofort das Gewimmer. Er folgte dem Geräusch und fand die kleine Bethany in einem der Schlafzimmer. An einem Gefrierschrank in einem Abstellraum neben der Garage entdeckten die Männer dunkelrote Spuren. Sie sahen um die Ecke, und auf dem Boden lag Betty Gores Körper. Ihr gelbes Oberteil und ihre pinke Hose waren rot durchtränkt, Blut hatte sich unter ihrem Körper gesammelt. Die Männer betrachteten ihre rechte Gesichtshälfte, die von etwas, das nach einer großen Schusswunde aussah, entstellt worden war. Ihr linkes Auge starrte ins Leere.

Das Telefon klingelte. Es war Gore. Parker überbrachte ihm die schlechte Nachricht und sagte: „Mit dem Baby ist alles in Ordnung. Aber Betty ist tot. Sie hat Schusswunden. Es sieht wie Selbstmord aus."

Im Verhör bestritt Gore zunächst, seine Frau betrogen zu haben, doch dann gestand er die Affäre mit Candy Montgomery, deren blutige Fingerabdrücke am Tatort gefunden worden waren. Candy wurde verhaftet und gab bald unter der Befragung nach. Candy erzählte den Ermittlungsbeamten, Betty Gore habe sie wegen der Affäre konfrontiert, und als sie die Wahrheit erfuhr, ging sie mit einer Axt auf Candy los. Candy wurde getroffen, aber nicht schlimm. Sie entriss der Freundin die Axt, und in einem Anfall von Wahnsinn schwang sie sie gegen Bettys Gesicht.

Während des Prozesses erzählten Candys Verteidiger den Geschworenen, sie leide unter psychischen Problemen, die aus ihrer Kindheit stammten. Außerdem habe sie eine Abneigung gegen Blut, bzw. der Anblick von Blut erwecke in ihr gewalttätige Gefühle. Das letzte Argument der Verteidigung war, dass Candy in Notwehr gehandelt habe, als Betty sie angriff. Das genügte den Geschworenen, nicht jedoch den Zuschauern. Candy wurde des Mordes für nicht schuldig befunden und freigelassen.

Alice & Thomas Morsby

Alice Morsby hatte den Nachnamen ihres Geliebten angenommen, war aber eigentlich die Frau von Thomas Ardern, dem Bürgermeister von Faversham in Kent, Großbritannien. 1550 tötete Alice ihren Mann Arden, um sein Vermögen zu erben und mit dem Mann, den sie liebte, ein neues Leben zu beginnen.

Die Lebensweise von Thomas Ardern und seiner Frau war für die damalige Zeit sehr ungewöhnlich. Das lag nicht daran, dass Arden Alice wegen ihrer gesellschaftlichen Beziehungen und ihres Geldes geheiratet hatte. Vielmehr war er entweder ein außergewöhnlich verständnisvoller Mann oder ein Leibeigener seiner stürmischen Ehefrau. Er akzeptierte, dass Alice den jungen Schneider Thomas Morsby in ihr Bett holte, und verstand sich mit ihm auch gut. Der Bürgermeister lud Morsby oft ein, ins Haus zu kommen, während er auf Geschäftsreise war, und genoss seine Anwesenheit am Spieltisch, wenn er daheim war. Im offiziellen Bericht heißt es, Alice habe Morsby nicht nur sexuell unterhalten, sondern ihn auch mit delikatem Essen und kostspieliger Kleidung versorgt. Ardern wusste davon und erlaubte es.

Obwohl sie ihren Geliebten ununterbrochen sehen durfte, war Alice dennoch nicht zufrieden. Es gefiel ihr nicht, Ehefrau des einen Mannes und Geliebte eines anderen Mannes zu sein. Sie entschied, dass Ardern sterben musste. Zum ersten Versuch der angehenden Mörderin gehörten ein vergiftetes Kruzifix und vergiftete Bilder. Diese Methoden führten jedoch nicht zum Ziel.

Als Nächstes bat Alice ihren Liebhaber um Hilfe. Morsby weigerte sich, den Mord selbst zu begehen, doch er ließ sich dazu überreden, mit ihr gemeinsam einen Plan auszuhecken. Auch andere wurden ins Vertrauen gezogen: die Bediensteten Michael Saunderson und Elizabeth Stafford, Morsbys Schwester Cecily und zwei Männer aus dem Ort, John Green und George Bradshaw. Letzterer wurde nach Calais, Frankreich, geschickt mit dem Auftrag, willige Mörder zu finden.

Er kehrte mit den beiden Kriminellen Loosebagg und Black Will zurück.

Wie üblich saßen Bürgermeister Ardern und Thomas Morsby am Spieltisch, als die Mörder zuschlugen. Alice hatte Black Will im Haus versteckt. Der angeheuerte Mörder rannte ins Zimmer, schlang ein Taschentuch um Arderns Hals und würgte ihn. Dann nahm Morsby ein Feuereisen und zerschlug dem sterbenden Bürgermeister den Schädel. Anschließend schlitzte er seinem Rivalen die Kehle auf.

Die Mörder, Morsbys Schwester und die Diener zogen gemeinsam die Leiche hinaus aufs Feld. Black Will erhielt acht Pfund und verschwand umgehend mit seinem Komplizen Loosebagg. Allerdings hatten die ungeschickten Mörder nicht bemerkt, dass es schneite, und sie vergruben den Körper nicht. Am nächsten Tag fand man Arderns Leichnam, und Ermittlungsbeamte konnten leicht die Fuß- und Blutspuren zum Haus zurückverfolgen. Jeder der Beteiligten außer Loosebagg, der nie gefunden wurde, und John Green wurden verhaftet, vor Gericht gestellt und schuldig gesprochen.

Am 14. März 1551 verbrannte man Alice und ihr Zimmermädchen Elizabeth bei lebendigem Leibe in Canterbury. Morsby und seine Schwester wurden in Smithfield in London erhängt. George Bradshaw wurde in Faversham in Ketten gelegt. Black Will wurde verbrannt. John Green wurde in Cornwall ergriffen und ebenfalls in Faversham in Ketten gelegt.

Augusta Nack und Martin Thorn

Die 36-jährige Augusta Nack arbeitete als nicht zugelassene Hebamme und betrieb eine Privatpension – passenderweise in Hell's Kitchen, New York. Sie war verheiratet, doch ihr Mann hatte sie verlassen. Augusta hatte sich mit zahlreichen Liebhabern vergnügt. Der letzte regelmäßige Geliebte war der deutsche Masseur Willie Guldensuppe. Doch als dieser sich auf Reise befand, wollte sie sich etwas Abwechslung gönnen. Einer ihrer Mieter, Martin Thorn, schien hervorragend dafür geeignet zu sein.

Zum Pech für das Paar kehrte Guldensuppe unerwartet mitten in Augustas Verführungsszene zurück nach Hause. Der Deutsche war außer sich vor Wut, als er seine Geliebte halbnackt in den Armen eines anderen Mannes sah und griff Thorn an. Der Friseur wurde schwer verletzt ins Krankenhaus gebracht.

Während er sich langsam erholte, sann Thorn über Rache nach: Am 26. Juni 1897 trieben Körperteile von Willie Guldensuppe an die Oberfläche des East River in New York, eingewickelt in rotes und goldenes

UNTEN: William Randolph Hearst, der Zeitungsmagnat, dessen Reporter Details des Mordes an Willie Guldensuppe aufdeckten.

Wachstuch mit Blumendruck. In einem Teil des Flusses fand man seinen Oberkörper und seine Arme, in einem anderen seinen Unterkörper und in wiederum einem anderen seine Beine. Sein Kopf, den man – wie das Gericht später erfuhr – in Mörtel gesteckt hatte, fehlte. Als die Gerichtsmediziner den Körper zusammensetzten, fiel ihnen auf, dass noch etwas fehlte: von der Brust fehlte ein 10 cm langes Stück Haut. Dieses würde später bei den Identifizierung eine wichtige Rolle spielen. Im Rahmen der Untersuchungen kam man auf das Türkische Bad, in dem Guldensuppe gearbeitet hatte. Seine Kollegen erkannten Guldensuppe an einem Geschwür an seinem Finger. Sie erzählten der Polizei aber auch von einer Tätowierung, die der Deutsche genau dort hatte, wo das Stück Haut fehlte.

Der Fall wurde intensiv von der Presse begleitet. Der Zeitungsmagnat William Randolph Hearst stellte extra einige seiner Journalisten dafür ab, die bald darauf Erfolge vorweisen konnten. Zuerst fanden sie Augusta, die geradezu nach Schuld roch, als sie von den Reportern befragt wurde. Sie hatte eine große Summe Geld von ihrem Konto abgehoben und Erkundigen darüber eingezogen, auf einem Dampfschiff nach Europa zu fahren. Die Journalisten fanden auch heraus, wo das Wachstuch gekauft worden war und von wem. Als Thorn kurz darauf versuchte, über die Grenze nach Kanada zu entkommen, wurde er verhaftet.

Während Thorn alles abstritt, gestand Augusta im Verhör. Sie erzählte der Polizei, sie habe es satt gehabt, dass Guldensuppe eine Affäre nach der anderen hatte und von ihr Treue erwartet wurde. Sie hatte ihn mit Aussicht auf Sex in eine Hütte gelockt. Dort hatte Thorn Rache an ihm genommen. Hearsts Reporter fanden heraus, wo sich das Häuschen befand, und der Eigentümer bestätigte, dass ein Paar, das der Beschreibung nach passte, die Hütte gemietet hatte.

Der Bauer sagte, er habe bemerkt, dass seine Enten rosa geworden seien! Sie hatten in Wasser gebadet, das aus einem Rohr aus der Hütte kam. Später fand man heraus, dass Thorn auf Guldensuppe geschossen, eingestochen und ihn in der Badewanne zerlegt hatte.

Der Mord wurde so detailliert geschildert, dass einer der Geschworenen bewusstlos wurde. Augusta und ihr Liebhaber wurden schuldig gesprochen. Augusta erhielt eine Haftstrafe von 15 Jahren (von denen sie neun absaß). Thorn wurde am 1. August 1898 in Sing Sing auf dem elektrischen Stuhl hingerichtet.

Fernado Ortega

Die einfache und kurze Geschichte von Fernado Ortega zeigt deutlich, welche Verzweiflung Demütigung und Zurückweisung hervorrufen kann. Es handelt sich um einen traurigen, aber typischen Mord aus Leidenschaft.

Der Werkstattbesitzer **Fernado Ortega** aus Guadalajara, Mexiko, wusste, dass er nie die Frau haben konnte, nach der er sich sehnte. Sie war eine Schönheit, er war buckelig und hässlich. Sie lernten sich 1972 kennen, als Maria Pineda seine Krankenschwester wurde, die ihm Spritzen gab und sich allgemein um ihren Patienten kümmerte, der unter chronischer Tuberkulose und physischen Deformationen litt. Als die Tage verstrichen, verliebte sich Ortega in die hübsche Frau.

Dass sie nicht die gleichen Gefühle für ihn hegte, war offensichtlich, dennoch versuchte er, ihr zu erklären, wie es um ihn stand. Als sie ihn zurückwies, wurde aus Ortegas Liebe Verzweiflung und Selbsthass. Wir können-ten Mitleid mit ihm haben, hätte er nicht entschieden, dass, wenn er Maria nicht haben könnte, niemand jemals mit ihr glücklich werden sollte. Er zwang sie mit vorgehaltenem Messer dazu, tödliches Zyanid zu schlucken und legte ihren sterbenden Körper auf sein Bett. Dann trank er selbst aus der Flasche und legte sich auf den Tod wartend neben sie.

Francisco Pineda, ein Mechaniker, der für Ortega arbeitete und Marias Stiefvater war, entdeckte die grauenvolle Szene. Zuerst dachte er, Ortega habe sie überwältigt, um sie vergewaltigen zu können, doch obwohl ihr Rock hochgerutscht war, hatte Ortega nicht vorgehabt, der Frau, die er liebte, wehzutun. Es gab kein Anzeichen für einen sexuellen Missbrauch.

Pauline Yvonne Parker & Juliet Marion Hulme

Mitte der 1950er-Jahre wurde Neuseeland vom Fall des Lesbenpaares, das einen Elternteil umbrachte, erschüttert. Die beiden Mädchen waren so verzweifelt, man könne sie trennen, dass sie auch zum Töten bereit waren, um das zu verhindern.

OBEN: Juliet Marion Hulme (links) und ihre Freundin Pauline Yvonne nach ihrer Inhaftierung und der Anklage wegen Mordes an Paulines Mutter Honara Mary Parker.

Pauline Parker und Juliet Hulme stammten aus unterschiedlichen Welten. Paulines Vater besaß einen Fischladen, ihre Mutter Honora Mary Parker war Vermieterin. Juliets Vater war ein berühmter britischer Physiker, ihre Mutter Eheberaterin. Dennoch fühlten sich die beiden Mädchen zueinander hingezogen, vielleicht weil sie ein ähnliches Temperament hatten. Pauline hatte zwar nicht die beste Bildung genossen, war aber eine talentierte, fantasievolle Schriftstellerin, und Juliet war zutiefst sensibel, fast zerbrechlich.

Was als Freundschaft begann, wurde langsam zu etwas anderem. Die beiden Heranwachsenden – Pauline war 15, Juliet 16 – fingen an, gemeinsam ihre Sexualität zu erforschen und wurden bald ein leidenschaftliches Paar. Juliet sagte später, ihr Zusammensein war „himmlisch". Doch leider passierten Dinge, die ihre Beziehung gefährdeten. Juliets eheberatende Mutter ließ sich scheiden. Ihre junge Tochter erlitt ein Trauma, als sie ihre Mutter mit einem anderen Mann im Bett erwischte. Kurz darauf, gab ihr Vater bekannt, dass er zurück nach Großbritannien gehen werde. Juliet sollte zu Verwanden nach Südafrika geschickt werde, damit sich ihr Gesundheitszustand verbesserte.

Beide Mädchen waren am Boden zerstört, als sie davon erfuhren, doch Honora Parker machte keinen Hehl aus ihrer Erleichterung. Sie hatte ihre Freundschaft und den starken Einfluss, den Juliet auf ihre Tochter hatte, misstrauisch beäugt. Als Pauline bettelte, nach Südafrika mitgehen zu dürfen, lehnte ihre Mutter ab. Dadurch wurde sie zur Zielscheibe der gefrusteten und wütenden Mädchen. Sie überlegten sich, dass niemand sie aufhalten könne, gemeinsam nach Südafrika zu gehen, wenn Pauline Waise sei. Am 13. Februar 1954 schrieb Pauline in ihr Tagebuch: „Wieso stirbt Mutter nicht einfach? Täglich sterben Dutzende Menschen. Warum nicht auch Mutter und Vater?" Dieser Eintrag und einige andere sollten sie später als Mörderin überführen.

Am 22. Juni, kurz bevor Pauline abreisen sollte, führte Honora Parker die beiden Mädchen zu Tee und Kuchen in den Viktoriapark aus. Anschließend schlenderten sie durch den Park, und als sie an einen ruhig gelegenen Ort kamen, bückte sich Parker, um einen Stein aufzuheben, der ihr aufgefallen war. Plötzlich traf ein mit Steinen gefüllter Strumpf ihren Schädel. Immer und immer wieder schlugen die Mädchen abwechselnd auf Paulines Mutter ein, bis sie starb. Als sie sicher waren, dass sie nicht mehr lebte, rannten sie zurück zum Teeladen, schrien um Hilfe und weinten: „Mama ist verletzt!"

Die Polizei fand den Strumpf und die Steine neben Honora Parkers Körper und verhaftete die beiden Mädchen. Beide gestanden ihre Tat. Nach einem Sensationsprozess, wie Neuseeland noch keinen gesehen hatte, wurden die Mädchen am 29. August 1954 für schuldig befunden und – aufgrund ihres Alters – zu je fünf Jahren Haft mit der Auflage, sich nach ihrer Entlassung nicht mehr sehen zu dürfen, verurteilt.

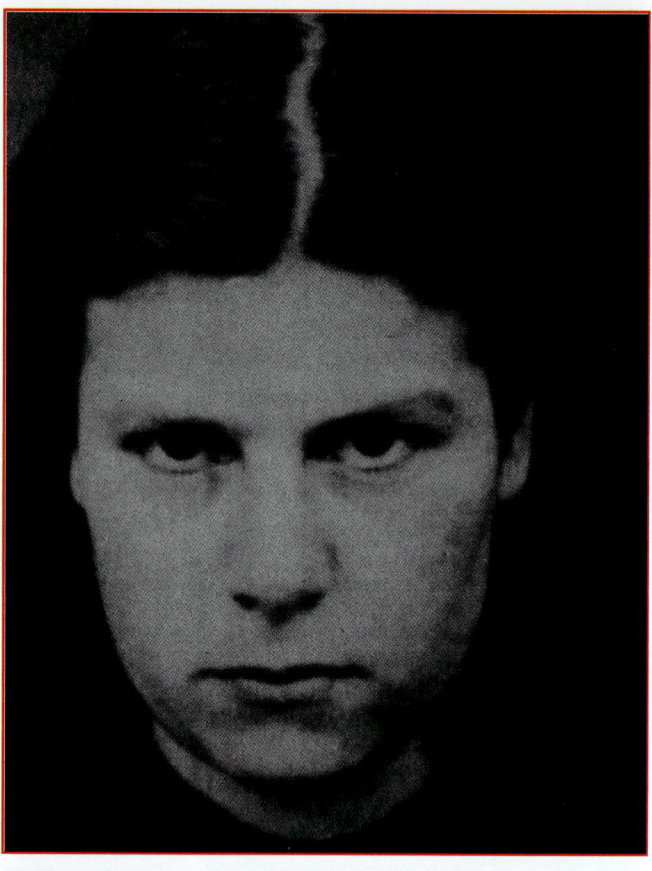

OBEN: Polizeifoto von Pauline Parker, die mit ihrer Freundin Juliet Hulme 1954 wegen Mordes an ihrer Mutter verurteilt wurde.

Alpna Patel

Als Alpna Patel heiratete, wusste sie nicht, dass sie neben einem Ehemann auch einen Schwiegervater bekommen würde, der jedes Detail ihres Lebens kontrollieren wollte. Die Verzweiflung, ihrer entsetzlichen Situation zu entkommen, wuchs, als sie getrennt von ihrem Mann, der 800 km entfernt arbeitete, im Keller ihres Schwiegervaters leben musste.

Im Jahr 1998 wurde die Ehe zwischen der 29-jährigen Alpna und ihrem 26-jährigen zukünftigen Ehemann arrangiert. Obwohl beide Amerikaner waren, hielten sich ihre Familien strikt an die Traditionen ihres Heimatlandes Indien. Während der „Werbezeit" wurde das Paar stets beaufsichtigt, wenn es sich traf. Es wurde, wie es den Gepflogenheiten entsprach, eine extravagante Hochzeit gefeiert, und als das Paar danach endlich allein war, fuhr es zusammen ins Disneyland auf Hochzeitsreise, wo sie sich besser kennenlernen

LINKS: Das Hochzeitsfoto von Alpna Patel und ihrem Mann Viresh Patel, das als Beweis im Mordprozess vorgelegt wurde.

konnten. Nun fand Viresh Patel auch heraus, dass seine junge Frau „launisch" und „temperamentvoll" war.

Es dauerte nicht lang, bis die Ehe erste Risse bekam. Zurück zu Hause bemerkte Alpna, dass ihr Schwiegervater genaue Vorstellungen über das Zusammenleben des Paars hatte. Als Oberhaupt der Familie war er fest entschlossen, diese auch umzusetzen. Alpna durfte ihre Arbeit als Zahnärztin im Krankenhaus in Buffalo, New York, beibehalten. Doch sie wurde gezwungen, im Untergeschoss ihrer Schwiegereltern zu leben und sich in allen Aspekten ihres Lebens dem Willen ihres Schwiegervaters unterzuordnen. Sie musste ihn sogar um Erlaubnis fragen, wenn sie mit Freunden ausgehen wollte. Ihr Ehemann hingegen arbeitete nach wie vor als chirurgischer Assistenzarzt in Baltimore, wo er eine Wohnung besaß, in der sie sich ab und zu trafen.

Im März 1999 erreichte die für Alpna nicht tolerierbare Situation ihren Höhepunkt. Ihr Mann kam zu einem kurzen Besuch zu seinen Eltern, und Alpna stellte ihn zur Rede. Vireshs Schwester hörte, wie sich die beiden heftig stritten. Auch am nächsten Tag brach auf der Auffahrt noch einmal ein Streit über das Thema aus. Am 23. März 1999 brachte Alpna Patel ihre Schwägerin

Beena zur Schule. Später hieß es, sie sei gut gelaunt gewesen und habe sogar gekichert. Nachdem sie Beena an der Schule abgesetzt hatte, fuhr sie zum Flughafen und flog nach Baltimore.

Als die Polizei von Baltimore am nächsten Tag in Patels Einzimmerapartment eintraf, saß Alpna am Küchentisch – blutüberströmt. Ihr Ehemann befand sich im Schlafzimmer, die Halsschlagader war mit einem Messer durchtrennt worden, das sie zur Hochzeit geschenkt bekommen hatten.

Vor Gericht behauptete Alpna, sie habe aus Notwehr getötet. Sie hatte mit ihrem Mann Eheprobleme diskutiert und beschlossen, eine Nacht darüber zu schlafen. Zwei Stunden später sei sie davon wach geworden, dass Viresh sie herumriss und ihr ein Messer an die Brust hielt. Sie habe es geschafft, ihn von sich herunterzustoßen, und im darauffolgenden Gerangel um das Messer wurde ihr Mann getötet.

Während des ersten Prozesses wurde Alpna zwar von Mord ersten Grades freigesprochen, die Geschworenen konnten sich aber nicht über eine Verurteilung wegen Mordes zweiten Grades einigen. Im September 2000 erhielt sie im zweiten Prozess eine dreijährige Haftstrafe wegen Totschlags.

Die drei Monate Wartezeit auf den Prozess wurden ihr angerechnet. Nach 13-monatiger Haft wurde sie im Februar 2002 entlassen.

UNTEN: Polizeifoto von Alpna Patel, 26, vor ihrem Verhör in Verbindung mit der Ermordung ihres Ehemanns.

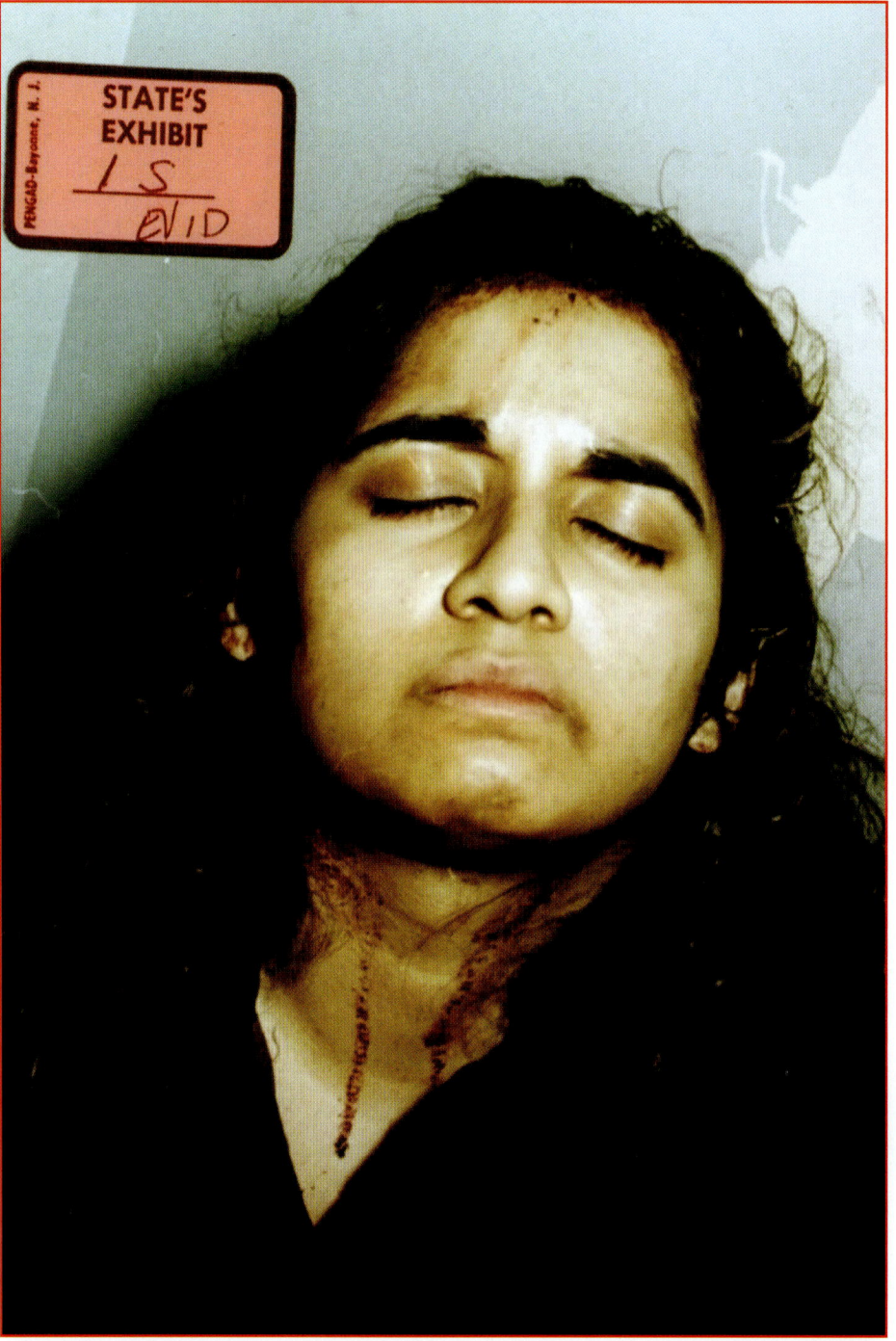

STATE'S EXHIBIT
1 S
EVID

PENGAD-Bayonne, N. J.

OBEN: Alpna Patel (rechts) mit der Anwältin Lynn Williamson auf dem Weg vom Gericht in Baltimore während ihres Prozesses.

Nan Patterson

Im Fall von 1905 um die Tänzerin und Schauspielerin Nan Patterson wurde alles geboten: Sex, Ehebruch, Erpressung. Obwohl die Beweise gegen sie sprachen, wurde sie freigesprochen. Ihr Aussehen und ihre unschuldige Erscheinung – ein Leichtes für eine Profi-Schauspielerin – bewahrten sie vor der Todesstrafe.

Der reiche Buchmacher Caesar Young starb an einer Schusswunde auf dem Rücksitz eines Pferdewagens, der ihn zum New Yorker Hafen bringen sollte, wo er seine Frau treffen wollte, um mit ihr auf Euro- pareise zu gehen. Bei ihm befand sich ein weiterer Passagier: Nan Patterson, die junge Schauspielern, mit der Young eine außereheliche Affäre hatte. Die Liebenden hatten sich in der Absicht getroffen, einander Lebewohl zu sagen. Sie hatten das Ereignis mit reichlich Alkohol gefeiert.

Da außer Nan sonst niemand mehr im Wagen gewesen war, wurde sie verhaftet, und für die Anklage sah es nach einem einfachen Fall aus. Doch als der Prozess begann und Details der Affäre ans Licht kamen, tobte die Presse, und das Mitleid der Öffentlichkeit war der Schauspielerin gewiss. Nan Patterson hatte Young zwei Jahre zuvor in einem Zug nach Kalifornien kennengelernt. Trotz ihrer Jugend war sie bereits verheiratet, doch Nan war von dem reichen, älteren Mann geblendet, und das Paar ließ sich auf eine leidenschaftliche Affäre ein. Young gab Nan Geld, mit dem sie sich von ihrem Mann scheiden lassen sollte, und versprach ihr, dass auch er sich bald von seiner Frau trennen werde. Während sie darauf wartete, überschüttete er seine junge Geliebte mit Geschenken und Geld. Doch wie so oft kam es nie zu dieser Scheidung. Dokumentierte Beweise zeigten außerdem, dass Nan begonnen hatte, ihren Liebhaber zu erpressen. Im Inneren des Wagens war dann ein Streit ausgebrochen, der mit dem toten Young endete.

Nan wies jegliche Anschuldigen zurück. Young habe sich selbst umgebracht, weil sie die Beziehung beendet habe, doch die Beweise gegen sie häuften sich. Die Geschworenen erfuhren, dass Nans Bruder an Youngs Todestag Juwelen verpfändet und mit dem Geld eine Waffe gekauft hatte. Immer noch beharrte die Schauspielerin auf ihrer Unschuld. Die Jury wurde sich in diesem Prozess nicht einig.

Auch der zweite Prozess wurde von der Presse detailliert verfolgt. Die Öffentlichkeit blieb zuverlässig auf Seiten der Angeklagten. Nan plädierte erneut auf nicht schuldig. Sie und ihre Verteidiger brachten ihre Jugend und ihr lammfrommes Auftreten ins Spiel. Ihr Anwalt erklärte: „Was spricht gegen dieses Mädchen? Sie ging zur Bühne, aber um ein ehrbares Leben zu führen. Sie traf Young, als sie gerade 19 Jahre alt war. Wer war in der Beziehung der Stärkere?" Über das Prozessende schrieb die *New York Times,* dass es „ein solch öffentliches Interesse erregt hatte, wie nie zuvor in der Geschichte der Kriminalfälle von New York."

Am 3. Juni 1905 endete der Prozess erneut damit, dass sich die Jury nicht einig wurde. Nan Patterson verbrachte fast ein Jahr im Gefängnis, während die juristischen Diskussionen weitergingen und von einem dritten Prozess die Rede war. Es gab jedoch Bedenken, dass sich die Geschworenen bei ihrer Urteilsfindung von Zeitungsartikeln beeinflussen lassen könnten – trotz aller Beweise, die gegen Nan sprachen. Letztlich sprach das Gericht sie frei. Nan wurde von einer applaudierenden Menge in Empfang genommen.

Queen Elisabeth I. & Sir Robert Dudley

Königin Elisabeth I. war nie verheiratet und ist historisch auch als „die jungfräuliche Königin" bekannt. Doch die Realität sah anders aus. Man nimmt an – wenn es auch unbewiesen ist –, dass Sir Robert Dudley der Liebhaber der Königen gewesen ist und sie gemeinsam den Tod seiner Ehefrau planten. Der Anschein spricht dafür.

Es steht zweifelsfrei fest, dass Robert Dudley ein sehr ambitionierter Schürzenjäger war, doch seine Liebe zu Königin Elisabeth schien echt gewesen zu sein. Er war über 30 Jahre lang ihr Begleiter. Nach dem Tod seiner Frau Amy Robsart lehnte er zahlreiche Heiratsangebote ab, darunter auch solche ausländischer Prinzessinnen und eines von Mary, Königin von Schottland, das ihn zum König von England und Schottland

gemacht hätte. All dies opferte er, um an der Seite der Königin zu bleiben. Elisabeth überhäufte ihn dafür mit Auszeichnungen und Reichtümern. Es gab viele Gerüchte über das Paar am Hof, und man nahm an, dass sie eine Liebesaffäre verband und dass sie heiraten würden, wenn und falls Amy starb.

Amy war sozusagen das Haar in der Suppe. Obwohl alles nach einer perfekten Liebesbeziehung aussah, die begann, als Amy 18 war, lebten sie und Dudley seit Elisabeths Thronbesteigung getrennt voneinander, und Dudley verbrachte mehr und mehr Zeit am Hof der Königin.

Am 4. September 1560 führte die Königin ein äußerst merkwürdiges Gespräch mit dem spanischen Botschafter, währenddessen sie sagte, Amy Robsart sei „tot oder so gut wie tot."

Es war allgemein bekannt, dass Amy eine „Krankheit in einer ihrer Brüste" hatte – wahrscheinlich also Krebs. Trotzdem ist es ausgesprochen auffällig, dass Amy vier Tage später tatsächlich tot war. Am 8. September erlaubte sie allen Bediensteten, sich einen Tag freizunehmen, um zum Abingdon-Jahrmarkt nach Oxfordshire zu gehen. Als die Diener zurückkehrten, fanden sie Amy am Fuß der Treppe mit gebrochenem Schädel vor.

OBEN: Ein Gemälde aus dem Jahr 1879 von William Frederick Yeames, das den Tod der Amy Robsart zeigt.

Offiziell hieß es zwar, ihr Tod sei ein tragischer Unfall gewesen, doch es wurde viel geflüstert. Einem Gerücht zufolge hatten Dudley und die Königin Amys Mord gemeinsam geplant – ein Gerücht, das noch verstärkt wurde, als ein Diener Dudleys gemeldet wurde, der Teil der Verschwörung gewesen war.

Es ist aber auch möglich, dass diese Gerüchte aus politischen Gründen verbreitet wurden. Die Interessen einiger Mitglieder der königlichen Familie wären durch eine Hochzeit von Dudley und der Königin zunichte gemacht worden. Wenn dem so war, behielten die Gerüchtemacher die Oberhand. Dudley und die Königin heirateten nicht – vielleicht aus Angst, den Skandal noch weiter anzuheizen.

LINKS: Ein Bild von Königin Elisabeth I. von England vom Künstler Steven van der Meulen.

RECHTS: Ein Bild von Robert Dudley, Earl von Leicester, aus der Zeit des mysteriösen Todes von Amy Robsart.

James Stewart Ramage

Julie Ramage war so vorsichtig wie möglich, als sie ihren Ehemann verließ, da er dafür bekannt war, gewalttätig zu werden, wenn ihm etwas nicht gefiel. Doch sie hatte das Unvermeidliche nur aufgeschoben. 14 Monate später trug er ihren Körper zum australischen Kings Lake National Park und vergrub ihn.

Nach außen hin sah die Ehe von James und Julie Ramage ganz normal aus. Sie besaßen ein Haus in Melbourne, Australien, ein Ferienhaus, drei Autos, und auch auf ihrem Bankkonto sah es gut aus. Aber Julie fürchtete sich vor ihrem 43-jährigen Ehemann und erzählte ihren Freunden, dass er sich eines Tages vielleicht vergessen würde. Doch da sie den Kindern ein sicheres Umfeld bieten wollte, hielt sie seine Launen und seine gewalttätigen Ausbrüche über 20 Jahre aus, bevor sie sich entschloss, ihn zu verlassen.

Um ihr Weggehen möglichst vorsichtig zu gestalten, weihte Julie Freunde und Familie ein. Sie verließ ihr

Haus, während er auf einer Dienstreise war, und ließ einen Brief zurück, in dem sie schrieb, dass sie vielleicht eines Tages wieder zusammenkommen würden. Freunden erklärte sie, er könne der Wahrheit nicht ins Gesicht sehen. Der Brief diente als Friedensbotschaft. Sie schrieb: „Wenn ich dir etwas bedeute, dann lass mich bitte kampflos gehen, um der Kinder Willen. Lass uns ihnen zeigen, dass wir besser sind als all die anderen Paare in unserem Bekanntenkreis, die sich getrennt haben. Ich könnte dich für einige Dinge, die du getan hast, hassen, aber ich sehe auch, dass du ein guter Mensch bist, hart arbeitest und unsere Kinder sehr liebst."

Doch Julie hatte nicht die Absicht, jemals zurückzukehren. Es dauerte nicht lang, bis sie einen neuen Mann kennenlernte, Laurence Webb. Zwischenzeitlich kochte Ramage vor Wut, weil er verlassen worden war. Am 21. Juli 2003 kam es zur gewalttätigen Konfrontation, die Juliet so sehr hatte vermeiden wollen. Juliet, die ihre Selbstsicherheit wiedergewonnen hatte und während des Streits wütend geworden war, sagte ihm, Sex mit ihm habe sie abgestoßen, und sie hätte ihn schon zehn Jahre früher verlassen sollen.

Ramages Antwort war schrecklich. Er erwürgte seine Frau, packte ihren Körper sowie Kleidung zum Wechseln in sein Auto und steckte Juliets Handtasche und Mobiltelefon ein. Dann fuhr er zum Kings Lake National Park und rief von unterwegs ihr Büro und ihre Mobilnummern an, als würde er nach ihr suchen. Im Park grub er ein Loch, legte Juliets Leiche hinein,

dann bedeckte er die Erde mit Zweigen und Farn. Er grub ein paar Meter vom ersten entfernt ein zweites Loch, in dem er das Beweismaterial versteckte, darunter das Bettzeug, in das er sie eingewickelt hatte.

Juliets Verschwinden blieb nicht lang unentdeckt. Ramage wurde wegen seines Hangs zur Gewalt und der Anrufe, die er nach der Ermordung seiner Frau getätigt hatte, schnell zum Hauptverdächtigen. Als der Prozess am 9. Dezember 2004 begann, berief er sich auf den zornigen Ausbruch seiner Frau und sagte, er sei provoziert worden. Obwohl die Staatsanwaltschaft argumentierte, sie sei nach 20 Jahren Leiden unter ihrem Mann zu verängstigt gewesen, um Ramage so gegenüberzutreten, bewahrte ihr letztes Ausrasten ihn doch vor einer Mordverurteilung. Die Jury verurteilte ihn wegen Totschlags. Der Richter schien davon jedoch nicht sehr überzeugt zu sein. Ramage erhielt eine elfjährige Haftstrafe, doch der Richter sagte „Die Tötung erfolgte mit Mordabsicht und großer Brutalität. Auch wenn die Geschworenen den Einspruch der Provokation gelten ließen, kann diese Provokation objektiv betrachtet nicht extrem gewesen sein."

Juliet Ramages Mutter, Patricia Garrett, fasste es am besten zusammen. Sie empfand die Gefängnisstrafe ihres Schwiegersohns als erbärmlich und äußerte: „Ich empfehle jeder Frau, die sich in einer Partnerschaft befindet, in der sie sich bedroht fühlt, zum Wohl der Kinder, diese zu verlassen. Geht! Meine Tochter blieb wegen der Kinder, und sie bezahlte dafür den höchsten Preis. Sie ist tot."

Dr. Buck Ruxton

Die Tötung der Isabella Ruxton durch ihren Lebensgefährten war ein klassischer Mord aus Leidenschaft. Ruxton, der wütend war, dass sie ihn betrogen hatte, würgte und stach auf seine Frau ein, bis sie starb, dann richtete er seinen Zorn gegen ein Dienstmädchen, das die Tat zufällig beobachtet hatte. Was fehlte, war Isabelles Schuld, denn sie war eine treue Ehefrau gewesen, und seine Anschuldigungen waren haltlos.

Dass Buck Ruxton, ein Arzt persischer Herkunft, eifersüchtig war, war unter ihren Freunden in Lancaster, England, allgemein bekannt. Er war misstrauisch geworden, als Isabella mit Freunden nach Edinburgh fuhr. Er folgte ihr heimlich, da er sicher war, sie habe eine Affäre mit einem Mann mit Namen Robert Ed-

OBEN: Dr. Buck Ruxton, der wegen Mordes an seiner Frau Isabella Ruxton und an der Bediensteten Mary Jane Rogerson verurteilt wurde.

bewusstlos war, und erstach sie dann. Während des Kampfes hörte das Zimmermädchen Mary Rogerson Isabelles Schreie um Hilfe und rannte herbei. Sie sah Ruxton über der Leiche seiner Frau stehen. Er wusste sofort, dass Mary sterben musste, wenn er einer Bestrafung entgehen wollte, und entledigte sich ihrer in gleicher Weise. Dann machte sich Dr. Ruxton daran, sein Verbrechen zu vertuschen. Zuerst musste er sich um die Körper kümmern. Am 15. September 1935 fand man – eingewickelt in die Zeitung *Sunday Graphic* – zwei abgetrennte Köpfe und diverse Körperteile.

Als sich Mary Rogersons Eltern nach ihr erkundigten, erzählte Ruxton ihnen, ihre Tochter sei schwanger geworden und seine Frau habe sie zur Abtreibung begleitet. Sie glaubten ihm nicht und meldeten sie als vermisst. Zwischenzeitlich hatten auch Freunde und Nachbarn angefangen zu fragen, warum Isabelle verschwunden war. Ruxton war für sein Temperament und seine Eifersucht bekannt, und es gab Gerüchte, dass er für die Morde verantwortlich sei. In seiner Verzweiflung und dem Wunsch, seine Spuren zu verwischen, begab sich Ruxton zur Polizeistation und flehte darum, dass man ihm helfe, seine Frau zu finden.

Leider war er bereits der Hauptverdächtige. Dank neuer gerichtsmedizinischer Techniken hatte die Polizei die Opfer bereits identifizieren können, nun benötigten sie lediglich noch den Beweis, um Ruxton zu verurteilen. Den erhielten sie mit der Zeugenaussage von Ruxtons Putzfrau. Sie erzählte ihnen, am Tag, als die beiden Frauen verschwunden waren, hätte sie das Haus in Unordnung und mit blutbefleckten Teppichen vorgefunden.

Am 13. Oktober 1935 wurde Ruxton verhaftet und im März 1936 vor das Schwurgericht Manchester gestellt. Die Geschworenen benötigten etwas mehr als eine Stunde, um ihn schuldig zu sprechen. Eine Petition mit 10.000 Unterschriften, sein Strafmaß zu mindern, erreichte ihr Ziel jedoch nicht. Er wurde am 12. Mai 1936 im Strangeway-Gefängnis gehängt. Ein paar Tage später wurde sein unterzeichnetes Geständnis veröffentlicht. Darin stand: „Ich habe Mrs. Ruxton in einem Wutanfall getötet, weil ich glaubte, sie sei mit einem anderen Mann zusammen. Ich war verrückt. Mary Rogerson war zu dieser Zeit anwesend, ich musste sie töten."

monson, der auch zur Reisegruppe gehörte. Doch obwohl sein Schnüffeln keinen Beweis gegen sie zutage brachte, minderte nichts seine Wut, als er seiner Frau von Hotel zu Hotel folgte – in der Annahme, sie teile das Bett mit Edmonson.

Als Isabelle nach Hause zurückkehrte, wartete ihr Mann auf sie. Er hatte sich mittlerweile so in seine Gefühle hineingesteigert, dass die Gewalt Besitz von ihm ergriff. Er riss seine Frau an sich, würgte sie, bis sie

Harmohinder Kaur Sanghera

Als Sair Ali mit seiner 17-jährigen Cousine verheiratet wurde, hielt er es nicht für notwendig, seine aktuelle Freundin darüber zu informieren. Doch als Harmohinder herausfand, dass sie betrogen worden war, trieben Eifersucht und Wut sie zu einer fürchterlichen Rachetat.

Harmohinder Kaur Sanghera und Sair Ali lernten sich 2005 kennen, als sie 23 und er 25 Jahre alt waren. Sie fühlten sich sofort zueinander hingezogen und begannen eine leidenschaftliche Affäre, die sie in ihrer jeweiligen Gemeinde geheim hielten – Harmohinder war eine Sikh, Ali kam aus einer strengen muslimischen Familie. Harmohinder wusste jedoch nicht, dass ihr Geliebter bereits seiner Cousine Sana versprochen war, und als die beiden in Pakistan heirateten, gestand Ali es nach wie vor nicht.

Harmohinder wurde misstrauisch, als Alis Leidenschaft abzukühlen schien. Sie trafen sich nicht mehr so häufig, und wenn, dann schien es eine Distanz zwischen ihnen zu geben. Wie sie später herausfand, lag das nicht nur daran, dass Ali nun eine Ehefrau hatte, sondern dass sie auch im vierten Monat schwanger war.

Harmohinder war wütend, dass ihr Liebhaber vor ihr etwas so Wichtiges geheim gehalten hatte, und beschloss, dass – da ihr Glück zerstört war – auch seines zerstört werden musste. Einem Freund erzählte sie, dass sie Sana mit der Wahrheit über die Affäre ihres Mann konfrontieren werde und dann die Beziehung mit ihm beenden werde. Doch im Lauf der nächsten 24 Stunden schien sie den Plan geändert zu haben.

Harmohinder fuhr mit einem Messer bewaffnet zum Haus des Paares nach Bury, Lancashire, und erstach Sana, als sie sie im Schlafzimmer vorfand. Ermittler entdeckten später 43 Messerwunden am Körper. Am Unterleib befand sich eine weitere tiefe Wunde, die ihr offensichtlich zugefügt worden war, um den elf Wochen alten Fötus, Sanas kleinen Jungen, zu töten. Anschließend kletterte Harmohinder ruhig aus dem Küchenfenster, verschloss das Haus und fuhr zurück nach Birmingham.

Wie viele Ersttäter wurde auch Harmohinder schnell ausfindig gemacht. Man fand am Tatort ihre Fußspuren, und über CCTV-Kameras konnte ihre Fahrt nach Birmingham zurückverfolgt werden. Im November 2007 wurde sie des Mordes für schuldig befunden und zu einer lebenslangen Strafe mit einer Mindestinhaftierung von 14 Jahren verurteilt.

Trotz allem hatte Harmohinders Rache ihr Ziel erreicht. Der Betrüger Sair Ali hatte sowohl seine Frau als auch sein Kind verloren. Obwohl niemand die Strafe verdiente, die Harmohinder austeilte, musste Ali gewusst haben, dass das Verbrechen hätte vermieden werden können, hätte er sich anders verhalten. Er sagte später: „Niemand kann mehr schlafen. Wir haben alle Alpträume. Wir können nicht mehr im Haus bleiben. Niemand kann mehr Sanas Schlafzimmer betreten, die Tür ist immer geschlossen. Im Schrank hängen noch ihre Kleider. Wir können uns damit noch nicht befassen und haben das Gefühl, dass wir es auch nie können werden."

Larissa Schuster

Als Larissa Schuster verhaftet wurde, sah die „verrückte Chemikerin", wie sie von der Presse betitelt wurde, nicht so aus, als könne sie morden. Die stämmige, 42-jährige Blondine war eine erfolgreiche Geschäftsfrau und hingebungsvolle Mutter. Die Methode, mit der sie sich ihres Ehemanns entledigte, schockierte Amerika. Ihre Geschichte ist etwas verwickelt, zeigt aber perfekt, was passieren kann, wenn die Liebe erlischt.

Larissa Schusters Herkunft ließ nicht darauf schließen, dass sie einmal als zur Mörderin werden würde. Sie kam auf einem Bauernhof in Missouri zur Welt und wurde von ihren Eltern sehr christlich erzogen. Sie war, wie es Jahre später vor Gericht heißen würde, „ein glückliches und normales Kind", das Menschen und Tiere liebte.

Am College war sie eine beliebte, sehr gute Schülerin und eine der besten Baseballspielerinnen. Nachdem sie ihren Führerschein hatte, arbeitete sie als Freiwillige im Krankenhaus. Wenn es etwas an ihrem Charakter auszusetzen gab, dann dass sie Erwartungen an andere stellte, die nicht immer erfüllt werden konn-

UNTEN: Larissa Schuster während der Präsentation der Beweise vor dem Landgericht Los Angeles beim Prozess wegen des Mordes an ihrem Ehemann.

ten – Erwartungen, die ihre erste ernsthafte Beziehung in einer Katastrophe enden ließen.

Nachdem die Trennung von ihrem ersten Freund schmerzhaft verlaufen war, riss Larissa sich zusammen und verliebte sich am College erneut, dieses Mal in einen jungen Mann mit Namen Tim Schuster, den sie noch vor ihrem Abschluss heiratete. Die Zukunft des Paars sah vielversprechend aus. Er war examinierter Krankenpfleger, sie eine kluge Absolventin, die von ABC Laboratories in Columbia, Missouri, eingestellt wurde, um Pestizidforschung zu betreiben. 1985 bekamen sie eine Tochter, Kristin. Vier Jahre später erhielt Larissa ein Arbeitsangebot als Laborleiterin für die PanAm-Fluggesellschaft in Kalifornien. Die Familie zog nach Fresno, Kalifornien, und 1990 kam ihr Sohn Tyler zur Welt.

Nach außen sah alles nach dem perfekten amerikanischen Traum aus. Es ging ihnen sehr gut, sie waren regelmäßige Kirchgänger und hatten viele Freunde. Früher hatte Larissa das Selbstbewusstsein gefehlt, doch der Erfolg ihrer Arbeit verlieh ihr nun ein sicheres Auftreten. Doch wie so oft sah es in ihrer Beziehung hinter verschlossenen Türen ganz anders aus. Im Lauf der Jahre hatte Tim Schuster damit begonnen, seine Frau immer geringschätziger zu behandeln. Er spielte ihre beruflichen Leistungen herunter und erinnerte sie ständig an ihre arme, dörfliche Herkunft. Das Paar stritt sich häufig, und obwohl Larissa ihren Mann trotz allem noch liebte, herrschten in ihrem Haus Spannung und Misstrauen. Vor Gericht würde sie später ihr Leben wie folgt beschreiben: „Oberflächlich betrachtet sah alles gut aus, wir versuchten, gute und bewundernswerte Dinge zu tun. Doch um die Ehe stand es schlecht. Sie existierte, aber es gab Probleme."

Das Sexleben der Schusters war dahingeschwunden, und Larissa stürzte

sich in ihre Arbeit, da sie daheim unglücklich war. Müde, gereizt und unter ihren Eheproblemen leidend versuchte sie, Ordnung in das Familienleben zu bringen, indem sie ihre Kinder streng erzog. Diese entwickelten daraufhin jedoch Verhaltensstörungen, mit denen Larissa allein fertig werden musste. Sie schickte Kristin für eine Weile zu ihren Großeltern nach Missouri in ein ruhigeres Umfeld.

Erstaunlicherweise hielt die Ehe unter diesen schlechten Bedingungen weitere zwölf Jahre, in denen Larissa ihrer Arbeit mehr und mehr Energie widmete. Schließlich eröffnete sie ihr eigenes Unternehmen, Central California Research Laboratories, und wurde eine der angesehensten Chemikerinnen im Land. Doch ihre Ehe wurde immer schlechter. Mittlerweile konnten sich die Schusters nicht einmal mehr an-

OBEN: Shirley Schuster, die Mutter des Mordopfers Timothy Schuster, die den Polizisten Larry Kirkhart von der Polizei Clovis umarmt. Direkt danach wurde das Urteil im Fall James Fagone verkündet.

schauen, und Larissa gestand einem Freund, dass sie ihren Mann aus tiefstem Herzen hasste. Etwas musste geschehen. Larissa bat Tim um die Scheidung.

Zu ihrer Überraschung lehnte er ab, über die Bitte nachzudenken, ganz zu schweigen davon, das Haus zu verlassen. Die Ehe schleppte sich weiter, bis Larissa herausfand, dass ihr Mann Tagebuch führte. Sie war neugierig. Eines Abends schaute sie heimlich hinein und stellte fest, dass Tim über ihre emotionale Verfassung und ihre Unfähigkeit, die Kinder zu versorgen, böse Einträge verfasst hatte. Er hatte auch Dinge nie-

LINKS: James Fagone wird aus dem Gericht geführt, nachdem sein Schuldspruch verlesen wurde.

dergeschrieben, die man als Zeichen eines psychischen Problems hätte auslegen können. Larissa schloss auf das Offensichtliche: Ihr Unternehmen lief gut, und Tim bereitete sich auf einen heftigen Scheidungskrieg vor, um ihr die Kinder und so viel Geld wie möglich wegzunehmen.

Nach einigen weiteren Streitereien verließ Tim im Juli 2002 schließlich das Haus der Familie. Er erhielt das Sorgerecht für ihren Sohn, und als Larissa ihre Eltern und Kristin besuchte, entwendete er jedes Möbelstück und alles andere, was sie besessen hatten. Larissas geistiger Zustand wurde immer schlechter. Aus der Liebe, die sie einst empfunden hatte, wurde bitterer Hass. Sie rief ihren Mann bis zu achtmal am Tag an, beschimpfte ihn, machte sich über seine Sexkünste lustig und sagte ihm, dass er ihren Kindern ein sehr schlechter Vater sei.

Die Scheidung zog sich hin. Ein Jahr später stritt das Ehepaar immer noch über den Anteil an Larissas Unternehmen. Tim verlangte als Abfindung eine Million Dollar. Der emotionale Aufruhr übertrug sich auch auf ihre Kinder. Larissa wollte mit Tyler seine Schwester und Großeltern in Missouri besuchen, um dort etwas Frieden zu finden. Tim Schuster jedoch rief die Polizei an und beschuldigte seine Frau, ihren Sohn entführt zu haben.

In all diesem Durcheinander hatte Larissa einen Freund und Vertrauten gefunden. James Fagone war ein junger Laborassistent. Larissa, ihrerseits psychisch belastet, merkte nicht, dass er – faul, ohne Ehrgeiz, mit diversen persönlichen Problemen beschäftigt – eine zutiefst verstörte Person war. Nichtsdestotrotz erwies er sich als nützlich. Er besuchte sie häufig, kehrte den Hof, ging mit dem Hund spazieren und

half ihr auch mit allen anderen Dingen. Larissa konnte mit ihm reden, und natürlich drehten sich ihre Gespräche um die Scheidung und den Hass auf ihren Mann. Fagon versicherte ihr, dass auch er ihn nicht mochte, und versprach, ihr in welcher Situation auch immer zu helfen.

Was Larissa durchdrehen ließ, war ein gewöhnliches Ereignis verglichen mit der verbittert ausgefochtenen Scheidung. Sie wollte mit Tyler nach Disneyland fahren und anschließend nach Missouri. Tim ließ das Vorhaben scheitern. Das brachte das Fass zum Überlaufen. Nun wünschte Larissa sich, ihr Mann wäre tot.

In den frühen Morgenstunden des 10. Juli 2003 begaben sich Fagone und Larissa zu Tims Haus, und als dieser die Tür öffnete, griffen sie ihn mit einem Elektroschocker an. Dann zerrten sie ihn durch das Haus,

hielten ihm einen chloroformgetränkten Lappen vor den Mund, fesselten ihn und fuhren ihn zu Larissas Haus. Was dann geschah, entrüstete das Gericht und die amerikanische Bevölkerung. Tim Schuster lebte noch, als sie ihn kopfüber in eine 250-Liter-Plastiktonne steckten, ihn mit Salzsäure übergossen und die Tonne verschlossen.

Zwei Tage später fuhren Fagone und Larissa die Tonne auf das Grundstück ihrer Firma. Sie kippten noch mehr Säure hinein, doch sie hatten beim Verschließen Probleme. Also sägten sie Larissas Mann die Füße ab. Larissa wusste, dass die verräterische Tonne nicht an einem so offensichtlichen Ort bleiben konnte.

Sie mietete einen Lagerraum und bat ihren Freund, ihr beim Transport zu helfen. Doch Fagone hatte mittlerweile genug davon und war geflohen.

Als der sonst so pünktliche Tim Schuster nicht zu seinen Terminen erschien, wurde er bei der Polizei als vermisst gemeldet. Eine Durchsuchung seines Hauses brachte ans Licht, dass etwas nicht stimmte. Es war nichts von Tim zu sehen, doch seine Geldbörse und sein Mobiltelefon befanden sich noch im Haus. Weitere Ermittlungen führten zu Gesprächen mit Larissas Angestellten. Die Polizei erfuhr von dem Hass zwischen den Eheleuten, der millionenschweren Scheidung, dem Kampf um das Sorgerecht und wie Larissa mehrmals erwähnt hatte, sie wünschte, ihr Mann wäre tot. Sofort wurde Larissa zur Hauptverdächtigen. Die Angestellten in Larissas Labor erzählten, dass sie Witze gemacht hatte, ob der Körper ihres Mannes wohl in die 250-Liter-Tonne passen würde. Als sie den Polizisten die Tonne zeigen wollten, stellten sie fest, dass diese verschwunden war. Ein anderer Angestellter berichtete, dass Larissa ihn beauftragt hatte, in seinem Namen einen Transporter und Lagerraum zu mieten, damit sie Eigentum vor ihrem Mann verstecken könne. Als sie den Transporter zurückgab, bemerkte der Angestellte Blut auf Larissas Schuhen.

In den folgenden Tagen durchsuchte die Polizei Larissas Haus, ihre Büroräume, das Labor und den Lagerraum. Sie stießen auf einige Dinge, darunter eine blonde Perücke und blutverschmierte Tennisschuhe aus Schusters Haus, Fagones Stundenzettel, Empfangsbestätigungen für Chemikalien, Sägen sowie einen Putzeimer und -lappen aus dem Firmengebäude. Und als sie den Lagerraum öffneten, fanden sie, was von Tim Schuster übrig war.

Am 15. Juli 2003 verhaftete die Polizei Fagone, am nächsten Tag Schuster. Drei Tage später durchsuchte die Polizei Fagones Haus und beschlagnahmte Quittungen für einen Elektroschocker und Kabelbinder, Kontoauszüge, ein Klappmesser und Computerausrüstung. Im Verhör wurde offensichtlich, dass Larissas psychischer Zustand labil war. In einem Moment drückte sie aus, wie schrecklich das sei, was sie ihrem Mann angetan habe, im nächsten Moment war sie verzweifelt, Tyler zu enttäuschen, weil sie ihren versprochenen Ausflug nach Disneyland verpasst hatten.

Am 29. September 2003 erschienen Fagone und Schuster zum ersten Mal vor Gericht. Es folgte eine Anhörung vor dem Landgericht Fresno, bei der das Paar darauf plädierte, des Mordes mit erschwerenden Mordmerkmalen nicht schuldig zu sein (Folter, Mord während einer Entführung, Mord aus dem Hinterhalt und Mord aus Habgier). Der Staatsanwalt fügte ein fünftes Mordmerkmal hinzu – dass das Paar Timothy Schuster während eines Einbruchs ermordet habe. Bei einer Verurteilung wegen eines dieser Mordmerkmale konnte die Todesstrafe verhängt werden.

Es dauerte fast drei Jahre, bis die Polizei und die Anwälte ihre Beweise zusammengetragen hatten. Der Fall James Fagone, mittlerweile 25 Jahre alt, kam am 25. November 2006 vor das Landgericht Fresno. Die Staatsanwaltschaft war gut vorbereitet und das Urteil schnell gefällt. Am 11. Dezember wurde sein Schuldspruch verlesen. Am 20. Februar 2007 wurde Fagone lebenslänglich ohne Möglichkeit der Begnadigung inhaftiert. Als er das Strafmaß vernahm, flüsterte er: „Ich bitte das Gericht demütig um Vergebung."

Am 15. Oktober 2007 begann vor dem Landgericht Los Angeles der Prozess gegen Larissa Schuster. Ihr Verteidiger Roger Nuttall versuchte, Larissa als eine Frau darzustellen, die ihr Bestes gegeben hatte, unter größter emotionaler Belastung Ordnung zu bewahren, und letztendlich scheiterte. Er beschrieb sie als „verantwortungsbewusste Mutter – ein talentierter und sehr liebenswerter Mensch." Die Anklage jedoch argumentierte, Schuster sei eine sehr dominante Frau, die wiederholt ihren Mann bedroht habe, und dass Fagone nur ihr Komplize geworden sei, weil sie ihn eingeschüchtert habe. Nuttall antwortete darauf, indem er immer wieder den Wahrheitsgehalt von Fagones Aussagen infrage stellte.

Schuster wurde im Dezember 2007 schuldig gesprochen und wie Fagone am 16. Mai 2008 zu lebenslanger Haft ohne Begnadigungsmöglichkeit verurteilt. Richter Wayne Ellison sagte, sie müsse den Anwälten dankbar sein, ihr Leben gerettet zu haben: „Dies ist ein Fall, bei dem die Geschworenen die Todesstrafe hätten aussprechen können, und das Gericht hätte auf diesem Strafmaß beharren können. Im Licht all dessen, was Mr. Nuttall gesagt hat, kann man davon ausgehen, dass er Ihr Leben gerettet hat."

O. J. Simpson

Es war der Prozess des Jahrhunderts, vermutlich der berühmteste und meistverfolgte aller Zeiten. Zunächst sah es nach einem einfachen Fall aus. Fernsehzuschauer hatten mitbekommen, dass der prominente Verdächtige der Justiz offenbar entkommen wollte, das Motiv war eindeutig, und man fand ein wichtiges Beweisstück in Form eines Handschuhs. Es waren alle Aspekte eines Mordes aus Leidenschaft vorhanden. Und dennoch wurde der ehemalige Footballspieler O. J. Simpson vom Mord an seiner Exfrau Nicole Brown Simpson und ihrem Freund Ronald Goldman freigesprochen. 1995 verließ er nach dem längsten Prozess in der kalifornischen Geschichte das Gerichtsgebäude als freier Mann.

Das Drama nahm am 12. Juni 1994 um 11:40 Uhr seinen Anfang. Das Bellen von Nicole Simpsons Hund hatte die Nachbarn alarmiert, die daraufhin die Polizei zu ihrem Haus in Brentwood, Los Angeles, riefen. Die Beamten machten eine schreckliche Entdeckung: Nicole und ihr Freund Ronald Goldman waren brutal ermordet worden, während Nicoles Kinder – Sydney, 8, und Justin, 5 – im ersten Stock schliefen. Nicole hatte man so oft die Kehle durchgeschnitten, dass sie fast enthauptet war. Goldmans Körper wies sowohl kleine als auch große Schnitte auf, was darauf hindeutete, dass der Mörder mit seinem Opfer „gespielt" hatte, bevor er es tötete. Die Polizei vermutete, dass die Tat zwischen 10:15 Uhr und 10:40 Uhr begangen worden war.

Es dauerte nicht lang, bis Nicoles Exmann, der ehemalige Footballstar O. J. Simpson, als Hauptverdächtiger feststand. Man appellierte an ihn, sich zu stellen. Unzählige Journalisten versammelten sich vor der Polizeistation. Doch Simpson schickte lediglich einen Brief, der von seinem Anwalt verlesen wurde. Darin stand: „Ich habe nichts mit Nicoles Mord zu tun. Ich muss euch nicht Leid tun, ich hatte ein tolles Leben." Simpsons damalige Partnerin, das Playboymodel Traci Adell, wurde als sein Alibi angegeben.

Die Jagd begann. Die Polizei verfolgte Telefonanrufe von einem Mobiltelefon in Simpsons Van in Orange County. Etwas später beobachtete eine Polizeistreife einen weißen Ford Bronco, der von Simpsons Freund Al Cowlings Richtung Süden auf der Interstate 405

RECHTS: O. J. Simpson und seine Kinder Sydney und Justin bei der Beerdigung seiner Exfrau Nicole Simpson.

OBEN: Die Polizei verfolgt den Ford Bronco (weiß, rechts), gefahren von Al Cowlings, bei ihm der Mordverdächtige O. J. Simpson.

gefahren wurde. Cowlings schrie, Simpson würde ihm eine Pistole an den Kopf halten. Der Polizist blieb auf Distanz, verfolgte aber das Fahrzeug, das nur 50 km/h fuhr. Eine Zeit lang war der Hubschrauber des Nachrichtensenders KCBS der Einzige, der die Verfolgung aufzeichnete, Dutzende weitere folgen aber bald. Aus der Jagd war ein Medienspektakel geworden.

Ein Radiosender hatte Kontakt mit Simpsons ehemaligem Trainer John McKay aufgenommen, der Simpson über den Sender anflehte, sich zu stellen. Zwischenzeitlich drängten sich Tausende Zuschauer auf den Straßenüberführungen, um einen Blick auf die Verbrecherjagd zu erhaschen. 95 Millionen Fernsehzuschauer verfolgten das Geschehen weltweit.

Die Verfolgung endete um 20:00 Uhr nach 80 km vor Simpsons Haus in Brentwood. Simpson wurde erlaubt, das Haus zu betreten und die Ankunft seines Anwalts Robert Shapiro abzuwarten, der ihm ebenfalls nahelegte, sich zu stellen, was er dann auch tat.

Doch es sollte noch dramatischer werden. Die Jury, die einberufen wurde, um zu entscheiden, ob Simpson wegen Doppelmordes angeklagt werden sollte, wurde zwei Tage später wieder entlassen, weil man befürchtete, dass die Medienaufmerksamkeit ihr Urteil beeinflussen würde. Als Nächstes wurde ein Hauptzeuge

Blood Trail at Bundy

LINKS: O. J. Simpsons Reaktion auf den Autopsiebericht von Nicole Brown Simpson, der 1995 vor Gericht verlesen wurde.

OBEN: Polizeidetektiv Tom Lange (links) zeigt vor Gericht Fotos der Blutspuren in Nicole Brown Simpsons Wohnung, in der sie und ihr Freund Ron Goldman ermordet worden waren.

entlassen, der seine Geschichte an die Zeitungen verkauft hatte. Jose Camacho, ein Messerverkäufer, hatte angegeben, Simpson drei Wochen vor dem Verbrechen ein deutsches Messer mit einer 38-cm-Klinge verkauft zu haben. Die Zeugin, die sagte, sie habe Simpson am Tatabend von Nicoles Haus wegfahren sehen, durfte aus dem gleichen Grund nicht vor Gericht aussagen. Dennoch entschied am 7. Juli nach einwöchigen Anhörungen ein Richter des höchsten Gerichts von Kalifornien, dass es hinreichende Beweise für eine Anklage gäbe. Während seines zweiten Erscheinens vor Gericht am 23. Juli stellte Simpson fest: „Ich bin absolut, zu hundert Prozent nicht schuldig."

Am 25. Januar 1995 begann inmitten des Medienrummels der Prozess. Christopher Darden, Staatsanwalt des Bezirks Los Angeles, gab an, dass Simpson seine Exfrau in einem eifersüchtigen Wutanfall getötet habe, und eröffnete das Verfahren, indem er einen aufgezeichneten Notruf abspielte, den Nicole Brown Simpson am 1. Januar 1989 abgesetzt hatte. Die Geschworenen hörten, wie Nicole schrie, Simpson griffe sie an. Im Hintergrund war ihr Mann zu vernehmen, der sie bedrohte. Die Staatsanwaltschaft präsentierte weitere belastende Beweise: Simpson war gegenüber seiner Frau bereits mehrmals gewalttätig gewesen, und mehrere Experten bestätigten, dass die DNS-Proben, Fingerabdrücke, Blut und Schuhabdrücke am Tatort alle zu Simpson gehörten. Die Beweise deuteten darauf hin, dass Simpson seine Frau auf den Boden geworfen hatte, am Haar den Kopf nach hinten riss, seinen Fuß auf ihren Rücken stellte und ihr die Kehle aufschlitzte, als sie mit dem Gesicht nach unten auf dem Boden lag. Blutspuren führten von Nicoles Haus zu Simpsons Bronco und seinem Haus am Rockingham Drive.

Obwohl diese Beweise schon aussagekräftig waren, wurden weitere vorgelegt. Simpson war um 21:36 Uhr in der Öffentlichkeit gesehen worden, als er mit Brian „Kato" Kaelin, einem Schauspieler, zu seinem Haus zurückkehrte. Danach aßen sie bei McDonalds. Simpson wurde erst wieder um 22:54 Uhr gesehen, als er eine Limousine bestieg und zum Flughafen fuhr, um nach Chicago zu fliegen. Für den Tatzeitpunkt hatte er kein Alibi. Man hatte Simpson vielmehr in der Zeit, in der die Morde passiert sein mussten, mit seinem Bronco zum Tatort hin- und wieder zurückfahren gesehen. Der Fahrer der Limousine, der Simpson zum Flughafen gebracht hatte, sagte aus, er sei um 22:30 Uhr bei Simpson angekommen und habe geläutet, aber niemand öffnete ihm. Er sah Simpson 15 Minuten später nach Hause kommen. Dieser antwortete zunächst, er habe verschlafen. Ein Nachbar sagte, er habe „drei laute Schläge" vernommen und sei nach draußen ge-

UNTEN: Staatsanwalt Brian Kelberg zeigt bei der Verhandlung auf einem Schaubild, wo das Opfer Ronald Goldman verwundet worden war.

OBEN: O. J. Simpson zeigt der Jury ein neues, extralanges Aris-Handschuhpaar, ähnlich dem, das man am Tatort gefunden hatte.

gangen, um nachzuschauen. Beide Männer sagten aus, Simpson sei erregt gewesen. Außerdem hatte man festgestellt, dass die DNS-Proben der blutigen Fußspuren, die von den Leichen und der Wohnanlage wegführten, zu Simpsons Blut passten.

Nun war die Zeit für Simpsons herausragendes Verteidigungsteam gekommen, das von der Presse als „Dreamteam" bezeichnet worden war. Es bestand aus den Anwälten F. Lee Bailey, Robert Shapiro, Alan Dershowitz, Robert Kardashian, Gerald Uelmen (ein Rechtsprofessor an der Santa-Clara-Universität), Carl E. Douglas und Cochran, sowie Peter Neufeld und

Barry Scheck, zwei auf DNS-Beweise spezialisierte Anwälte. Sie machten sich gleich daran, die Beweise zu widerlegen. Sie behaupteten, Simpson sei das Opfer einer Polizeiintrige, und „schlampige interne Vorgehensweisen" hätten die DNS-Beweise kontaminiert.

Darüber hinaus sagten sie, Simpson habe an diesem Abend das Haus nicht verlassen. Er habe für seine Reise nach Chicago gepackt, bis auf eine kurze Pause, in der er nach draußen gegangen sei, um im Vorgarten im Sandkasten der Kinder ein paar Golfbälle zu schlagen – daher die drei lauten Schläge, die die Nachbarn gehört hatten. Die Haushälterin eines anderen Nachbarn bezeugte, sie habe zum Tatzeitpunkt Simpsons Auto vor dem Haus parken sehen. Auf Nachfragen gab sie jedoch zu, sich nicht an den genauen Zeitpunkt erinnern zu können. Ein Flughafenangestellter gab zugunsten des Angeklagten an, er habe völlig normal gewirkt, als er am Flughafen erschien.

UNTEN: O. J. Simpsons Reaktion auf den Freispruch im Mordprozess um seine Exfrau und Ron Goldman.

Die Verteidigung machte auch darauf aufmerksam, dass Simpson körperlich gar nicht in der Lage gewesen sei, die Morde auszuführen: Ronald Goldman war ein athletischer junger Mann, der seinen Angreifer mit allen Mitteln bekämpft hätte. Simpson jedoch leide unter chronischer Arthritis. Um das zu widerlegen, zeigte Marcia Clark von der Staatsanwaltschaft ein Trainingsvideo von Simpson, das zwei Jahre zuvor aufgenommen worden war, und in dem Simpson keine Symptome von Arthritis zeigte.

Das berühmteste Beweisstück sollte noch vorgelegt werden: ein Handschuh mit Spuren von Goldmans

DNS, den man in Simpsons Haus gefunden hatte. Cochran forderte einen Assistenten der Anklage dazu auf, Simspon zu bitten, den Handschuh anzuziehen. Er schien zu eng zu sein, was Gerald Uelman dazu veranlasste zu sagen: „Wenn er nicht passt, müssen Sie ihn freisprechen." Sie behaupteten, die Polizei habe den Handschuh in Simpsons Haus gelegt. In seiner Abschlussrede widerlegte Staatsanwalt Darden, dass man Simpson hereingelegt hatte, indem er darauf hinwies, dass die Polizei bereits achtmal wegen familiärer Gewalt gerufen worden sei und ihn nicht verhaftet habe, bevor man ihn schließlich 1989 wegen Missbrauchs vorgeladen hatte.

Der Fall Simpson schlug hohe Wellen, und es kam zu Spannungen zwischen Weißen und Schwarzen. Letztere glaubten, Simpson sei ein Opfer der Justiz, während die Weißen von seiner Schuld überzeugt waren. Auch die Medien stritten sich.

Am 3. Oktober 1995 um 10 Uhr morgens sprach die mehrheitlich afroamerikanische Jury Simpson nach achtmonatigem Prozess frei. Monatelang war über die Beweise diskutiert worden, die Geschworenen benötigten jedoch nur vier Stunden, um sich zu beraten. Insgesamt hatten 150 Zeugen ausgesagt, und die Presse hatte den Fall verfolgt wie keinen anderen. Simpsons Verteidigung soll Kosten in Höhe von drei bis sechs Millionen Dollar verursacht haben.

Es sollte jedoch noch zu weiteren Dramen kommen. In Interviews nach dem Prozess sagten ein paar Geschworene, sie glaubten, Simspon habe die Morde begangen, doch die Anklage habe den Fall vermasselt.

Außerdem waren sie der Meinung, Staatsanwalt Darden sei lediglich der „Quotenschwarze" in diesem Fall gewesen. Ein Jahr später verklagten sowohl die Familie Brown als auch die Goldmans Simpson zivilrechtlich auf Schadensersatz. Am 5. Februar 1997 befanden die Geschworenen Simpson des Todes seiner Exfrau und Ron Goldmans für schuldig. Allerdings werden an einen Zivilfall geringere Anforderungen an die Beweislage gestellt als bei einem Kriminalfall. Im September 2004 geschah zudem etwas, das auf ein Fehlurteil im ersten Prozess hindeutete: Der Pornostar Jennifer Peace, Al Cowlings Freundin, behauptete, ihr Freund habe ihr erzählt, dass Simpson seine Schuld gestanden hätte.

2008 veröffentlichte Mike Gilbert sein Buch *How I Helped O. J. Get Away with Murder,* in dem zu lesen war, dass Simpson auch ihm gegenüber seine Schuld gestanden habe.

Yvonne Sleightholme

Auf den ersten Blick sah die Ermordung von Jayne Smith, die von einer ehemaligen Freundin ihres Mannes umgebracht worden war, nach einem unkomplizierten Verbrechen aus, das von einer labilen Frau in einem Eifersuchtsanfall begangen worden war. Aber Yvonne Sleightholme hatte immer wieder ihre Unschuld betont, und erst nach ihrer Verurteilung kamen Beweise ans Tageslicht, die darauf hindeuteten, dass sie die Wahrheit gesagt hatte. Trotz allem war sie sechs Monate länger inhaftiert, als der Richter vorgeschlagen hatte.

Die Sprechstundenhilfe Yvonne Sleightholme lernte William Smith 1979 in einem Nachtclub in Yorkshire kennen, und kurze Zeit später waren sie ein Paar. Obwohl sie über das Heiraten sprachen, begann Smith, an seiner Freundin zu zweifeln. Da er ihrer Kontrollsucht überdrüssig geworden war, trennte er sich von ihr. Yvonne nahm es nicht gut auf. Sie log ihn an, indem sie behauptete, sie würde an Leukämie sterben. Aus Mitgefühl nahm Smith sie wieder auf, doch bald wurde klar, dass Yvonne keine physischen Probleme hatte. Zwischenzeitlich hatte er Jayne kennengelernt, die er später heiraten würde. Erneut endete die Beziehung mit Yvonne.

Am 12. Dezember 1989 fand man Jayne Smiths Leiche auf dem Hof des Hauses, das das Paar bewohnt hatte. Sie war an einem Schuss aus nächster Nähe in den Rücken gestorben. Doch dieser Fall unterschied sich in einer Sache von anderen, was den Verdacht auf Yvonne Sleightholme lenkte: Jaynes Angreifer hatte sich die Mühe gemacht, ihren Ehering zu entfernen.

Während des Prozesses im Mai 1991 gab Yvonne zu, in der fraglichen Nacht auf dem Hof gewesen zu sein, mit dem Mord hätte sie jedoch nichts zu tun gehabt.

Die Anklage argumentierte, die ohnehin schon labile Sleightholme sei von Eifersucht zerfressen worden, als ihr Verlobter eine andere Frau heiratete. Sie habe sich eine schreckliche Rache ausgedacht. Die Geschworenen waren überzeugt. Yvonne wurde wegen Mordes schuldig gesprochen und zu lebenslanger Haft verurteilt, von der sie mindestens zehn Jahre absitzen sollte.

Einige Jahre später legten Yvonnes Anhänger Beweise vor, die das Urteil infrage stellten. Man hatte in ihrem Auto einen blutigen Handabdruck gefunden, aber er war zu groß gewesen, um von ihr zu stammen. Doch die Hoffnung auf eine Anhörung vor dem Berufungsgericht wurde zerschlagen, der Antrag wurde abgelehnt. Dennoch beharrte sie darauf, unschuldig zu sein. Im Januar 2002 gab sie im Styal-Gefängnis in Cheshire Journalisten der lokalen Abendzeitung ein Interview. Sie sagte, sie würde niemals gestehen, Jayne Smith getötet zu haben. „Ich schätze die Wahrheit mehr als alles andere. Ich habe es nicht getan, und nichts – auch nicht die Aussicht auf Freiheit – wird mich dazu bringen, zu lügen und zu sagen, ich sei es gewesen. Ich trage nicht die Verantwortung für diesen schrecklichen Mord."

Im März 2003 offenbarte *Yorkshire Evening Post*, dass sie Dokumente erhalten habe, die besagten, dass Sleightholme eine mustergültige Gefangene sei und man nicht annehme, wie es behauptet worden war, dass sie eine weitere Gewalttat begehen würde. Der Redakteur bat den Berufungsausschuss, sich noch einmal den Antrag auf Berufung anzusehen, und John Greenway, Mitglied des Ryedale-Parlaments, reichte die Unterlagen an einen Regierungsminister weiter.

Im darauffolgenden Monat wies Innenminister David Blunkett den Fall dem Ausschuss zu einer erneuten Einschätzung zu. Als Konsequenz daraus verlegte man Sleightholme in den offenen Strafvollzug. Im Dezember 2005 wurde sie schließlich nach 16-jähriger Haft entlassen.

UNTEN: Yvonne Sleightholme wird zum Leeds Crown Court begleitet, um ihre Strafe entgegenzunehmen.

Pam Smart und Billy Flynn

Pam Smart fing mit einem ihrer Schüler ein Verhältnis an, um sich an ihrem Ehemann zu rächen, der sie betrog. Sie hatte allerdings nicht erwartet, dass sie sich in einen 16-Jährigen verlieben würde. Als es dann geschah, plante sie mit ihrem Liebhaber, sich des Mannes zu entledigen, der ihrer gemeinsamen Zukunft im Weg stand.

Die Ehe zwischen Pam Smart und ihrem Mann Greg, einem Versicherungsvertreter, war bereits nicht mehr sehr glücklich, als er von einer Geschäftsreise zurückkam und gestand, unterwegs eine kurze Affäre gehabt zu haben. Pam war erzürnt und entschlossen, es ihm mit gleicher Münze heimzuzahlen. Pam war 21 und sehr attraktiv. Es war offensichtlich, dass William

Flynn, ein Schüler in der Schule, an der sie arbeitete, sich schon immer für sie interessiert hatte. Pam wollte ihm nun Dinge beibringen, die er in einem Klassenzimmer nie lernen würde, und sich damit gleichzeitig an ihrem betrügenden Ehemann rächen.

Pam und Flynn hatten nun Sex, wann immer es ihnen möglich war. Irgendwann realisierte Pam, dass das, was locker begonnen hatte, mittlerweile zu sehr viel mehr geworden war. Sie sehnte sich ununterbrochen nach der Aufmerksamkeit des jungen Geliebten. Sie hatte sich in ihn verliebt. Um ein langes Scheidungsverfahren zu umgehen, sann sie nach, wie sie ihren Mann schneller loswerden konnte.

Sie vertraute sich Fynn an, der zuerst schockiert war, sich aber schnell überreden ließ und schon bald dem anscheinend narrensicheren Mordplan zustimmte. Er bat zwei seiner besten Freunde, Pete Randall und Vance Lattime, um Hilfe, und ein dritter Freund, Raymond Fowler, würde sie auf der Fahrt begleiten. Am 1. Mai 1990, als sie weniger als ein Jahr verheiratet war, nahm Pam in der Schule an einer Besprechung teil, was ihr ein perfektes Alibi ver-

LINKS: Pamela Smart im Zeugenstand während ihres Prozesses vor dem Rockingham County Superior Court in Exeter, New Hampshire.

OBEN: Vance Lattime sagt vor dem Rockingham County Superior Court in Exeter, New Hampshire, gegen Pam Smart aus.

Anruf, der sie darüber informierte, dass „die Lehrerin mit einem der Jungen ins Bett ging und das alles inszeniert habe." Der Anrufer benannte alle drei Beteiligten mit ihren Vornamen. Am 11. Juni 1990 wurden Flynn, Randall und Lattime verhaftet. Flynn wurde wegen Mordes ersten Grades angeklagt, die anderen als Gehilfen zum Mord ersten Grades.

Am 1. August 1990 wurde Pam an ihrer Arbeitsstelle festgenommen. Der Polizist Dan Pelletier sagte zu ihr: „Also, Pam, ich habe eine gute und eine schlechte Nachricht. Die gute ist, wir haben den Mord an Ihrem Ehemann aufgeklärt. Die schlechte ist, dass Sie hiermit verhaftet sind."

UNTEN: William Flynn im Jahr 2008 vor dem Rockingham Superior Court, den er um Strafmilderung ersuchte.

schaffte. Greg war daheim in Derry, New Hampshire, als die Jungen das Haus betraten, ihm in den Kopf schossen und schnell alles so arrangierten, dass es nach einem misslungenen Raubüberfall aussah. Als Pam nach Hause kam, fand sie die Leiche und rief – Bestürzung heuchelnd – die Polizei an.

Allerdings sind Teenager nie sehr diskret. Randall und Lattime wurden dabei belauscht, wie sie sich über den Mord unterhielten, und eine Schülerin, Cecelia Pierce, ging zur Polizei. Sie willigte ein, mit den Beamten zu kooperieren. Sie rief Pam an und ermutigte sie, über den Mord zu plaudern. Die Gespräche wurden mitgeschnitten.

Die Polizei hörte noch weitere Anklagen. Flynn hatte einem Freund erzählt, dass er Greg Smart erschossen habe, weil der seine Frau geschlagen hatte. Die Gerüchte verbreiteten sich wie ein Lauffeuer auf dem Schulhof. Die Polizei erhielt einen anonymen

Am 5. März 1991 begann der Prozess. Am 20. Mai beratschlagten die Geschworenen 13 Stunden lang. Pam wurde in drei Anklagepunkten für schuldig befunden: Verschwörung zum Mord, Beihilfe zum Mord und Zeugenmanipulation. Sie erhielt eine lebenslange Haftstrafe. Flynn und Randall erhielten je 40 Jahre mit der Möglichkeit, 2018 Bewährung zu beantragen. Auch Fowler erhielt eine Haftstrafe, die später wegen Verletzung der Bewährungsauflage verlängert wurde. Er wurde 2005 entlassen.

Madeleine Smith

Das 19. Jh. ist bekannt für seine strengen Moralvorstellungen, besonders wenn es um das Verhalten reicher, junger Frauen ging. Die kleinste Sünde konnte den Ruf eines Mädchens dauerhaft ruinieren, Schande über die Familie bringen und die Hoffnung auf eine gute Heirat zerstören. Das höchste Vergehen war es, seine Unschuld vor der Ehe zu verlieren. Daher war die Drohung, ihr voreheliches Liebesleben der Familie und dem Verlobten zu offenbaren, Grund genug für die 19-jährige Madeleine Smith, einen Mord zu begehen.

Madeleine war die Tochter eines wohlhabenden schottischen Architekten und genoss alle Annehmlichkeiten des väterlichen Reichtums: ein geschäftiges Gesellschaftsleben in ihrem Heimatort Glasgow und ein großes Haus auf dem Land. Leider wurde ihr sorgenfreies Leben abrupt beendet. Es fing damit an, dass ihre Freunde ihr einen gut aussehenden Franzosen vorstellten. Pierre Emile L'Angelier war ein Kunstgärtnerlehrling, der sich in Glasgow aufhielt und sofort Madeleines Aufmerksamkeit auf sich zog. Das junge Mädchen war von ihrer neuen Leidenschaft überwältigt und traf sich heimlich mit ihm, so oft es ihr möglich war. Wenn sie sich nicht sehen konnten, schrieb sei ihm gefühlvolle Briefe – adressiert an „meinen geliebten Ehemann."

Über Monate hinweg war ihre Liebe keusch und hätte als mädchenhafte Schwärmerei erklärt werden können, wäre es so weitergegangen. Doch das änderte sich während eines Aufenthalts ohne Begleitung im elterlichen Landhaus, den Madeleine arrangiert hatte. L'Angelier folgte seiner reichen, jungen Liebe heimlich, und in Abwesenheit der Eltern konnten sie ihr Verlangen nicht mehr länger zurückhalten. Hinterher schrieb sie L'Angelier schwärmend: „Wenn wir letzte Nacht etwas falsch gemacht haben, dann geschah es aus der Aufregung unserer Liebe heraus." Das Paar verlobte sich inoffiziell.

In diesen Tagen wurde das Benehmen junger Frauen sorgsam beobachtet, daher war es unumgänglich, dass Madeleines Tat entdeckt wurde. Ihre Eltern erfuhren schon bald von der Beziehung ihrer Tochter zu einem einfachen Lehrling. Obwohl Madeleine ihnen nichts vom Verlust ihrer Unschuld erzählte, befahlen sie ihr, die Affäre zu beenden. Es schien, als sei Madeleine ohnehin ihres Liebhabers überdrüssig geworden. Kurz darauf wurde sie dem reichen Junggesellen William Harper Minnoch vorgestellt. Die beiden fühlten sich zueinander hingezogen, und dieses Mal erhielt Madeleine den Segen ihrer Eltern. Das einzige Haar in der Suppe war Madeleins ehemaliger Liebhaber.

L'Angelier hatte Madeleines Briefe aufbewahrt, die unmissverständliche Hinweise darauf enthielten, dass sie bei ihm ihre Unschuld verloren hatte. Da sie wusste, wie verheerend diese Informationen sein konnten, schrieb sie ihm und flehte ihn, ihr die Briefe zurückzugeben, damit sie sie vernichten könne. Doch der verschmähte L'Angelier hatte andere Pläne. Er drohte Madeleine, ihrem Vater alles zu erzählen, sollte sie nicht ihr Versprechen einhalten, ihn zu heiraten.

Als Reaktion darauf schmiedete Madeleine ein Komplott, das sie für immer von dem Mann befreien würde, der die Macht hatte, ihren Ruf und ihre Zukunft zu ruinieren. Nicht lang danach wurde eine junge Frau dabei beobachtet, wie sie Arsen kaufte. Sie unterschrieb mit dem Namen M. H. Smith. Zwischenzeitlich hatte Madeleine weiter an L'Angelier geschrieben und ihn mit der Beteuerung ihrer unsterblichen Liebe eingelullt. Sie arrangierte ein weiteres Treffen und schmuggelte den jungen Mann in den Keller ihres Elternhauses in Glasgow. Während des Besuchs spielte sie ihm vor, verliebt zu sein, und servierte ihrem Erpresser mit Arsen versetzten Kakao.

Madeleine hatte ihre Rolle so gut gespielt, dass L'Angelier sich nichts dabei dachte, als er kurz nach dem Treffen erkrankte. Sobald es ihm möglich war, kehrte er in Madeleines Keller zurück. Und zu einer weiteren Tasse Kakao. Innerhalb weniger Stunden erkrankte L'Angelier schwer, und in weniger als einem Tag starb er. Sein Arzt, der sich über die Symptome gewundert hatte, ordnete eine Obduktion an. Im Magen des Patienten wurden 5 g Arsen gefunden. Die Polizei fand schon bald Madeleines Briefe in L'Angeliers Wohnung, und was darin stand, machte sie sofort zur Hauptverdächtigen. Am 31. März 1857 wurde Madeleine verhaftet.

Ihr Verteidiger erzählte den Geschworenen, Madeleine habe Arsen gekauft, um es als Rattengift zu nutzen, und beharrte darauf, dass L'Angelier aus gesundheitlichen Gründen oft selbst zu Arsen gegriffen hätte. Diese Argumentation war schwach. Alle Beweise deutete darauf hin, dass sie ihren ehemaligen Geliebten getötet hatte. Doch es handelte sich nur um Indizien, die nicht für ihre Verurteilung genügten. Stattdessen erhielt sie das Urteil „unbewiesen". Im schottischen Recht bedeutete das, die Geschworenen hielten die Angeklagte zwar nicht für unschuldig, doch der Staatsanwalt konnte die Schuld nicht

gut genug belegen. Zu Madeleines Glück wurde dem Hauptzeugen – der sie in der besagten Nacht in männlicher Begleitung gesehen hatte – nicht gestattet, vor Gericht auszusagen. Er hatte sich zu spät gemeldet, der Prozess hatte bereits begonnen. Madeleine verließ das Gericht als freie Frau, doch viele glaubten, sie sei schuldig. Ihre Verlobung mit William Minnoch wurde beendet. Sie heiratete George Wardle und ließ Schottland und den Skandal hinter sich.

UNTEN: Eine zeitgenössische Illustration von Madeleine Smith aus der Zeit ihres Mordprozesses im Fall ihres ehemaligen Liebhabers Pierre Emile L´Angelier.

Susan Smith

Man kann verstehen, wie eine vereitelte Liebe oder ein gezielter Missbrauch jemanden in tödliche Raserei versetzen kann. Susan Smiths Verbrechen ging aber weit darüber hinaus. Es ist eine Sache, einen betrügenden Liebhaber zu ermorden, aber das Leben der eigenen Kinder auszulöschen ist eine abscheuliche Tat.

Das einzige Verbrechen des dreijährigen Michael und seines 14 Monate alten Bruders Alex bestand darin, zwischen seiner Mutter und dem Mann, mit dem sie zusammensein wollte, zu stehen. Die 23-jährige Susan Smith, die kürzlich geschieden worden war, ums finanzielle Überleben kämpfte und sich immer weiter verschuldete, sehnte sich nach der Sicherheit, die ihr die Beziehung mit Tom Findlay bringen könnte. Er jedoch war nicht bereit, sich einer schon vorhandenen Familie anzuschließen. Er schrieb er, dass ihm

viel an ihr läge, er aber noch nicht dazu in der Lage sei, die Verantwortung für alle zu übernehmen. Wie er später betonen würde, habe er in keiner Weise Susan vorgeschlagen, sich von ihren Kindern zu befreien.

Dennoch war es genau das, für das sich Susan entschied. Obwohl sie sie in die Obhut ihres Vaters hätte geben können, schnallte sie die beiden auf dem Rück-

UNTEN: Polizeiaufnahmen von Susan Smith, die nach ihrer Verhaftung 1994 freigegeben wurden.

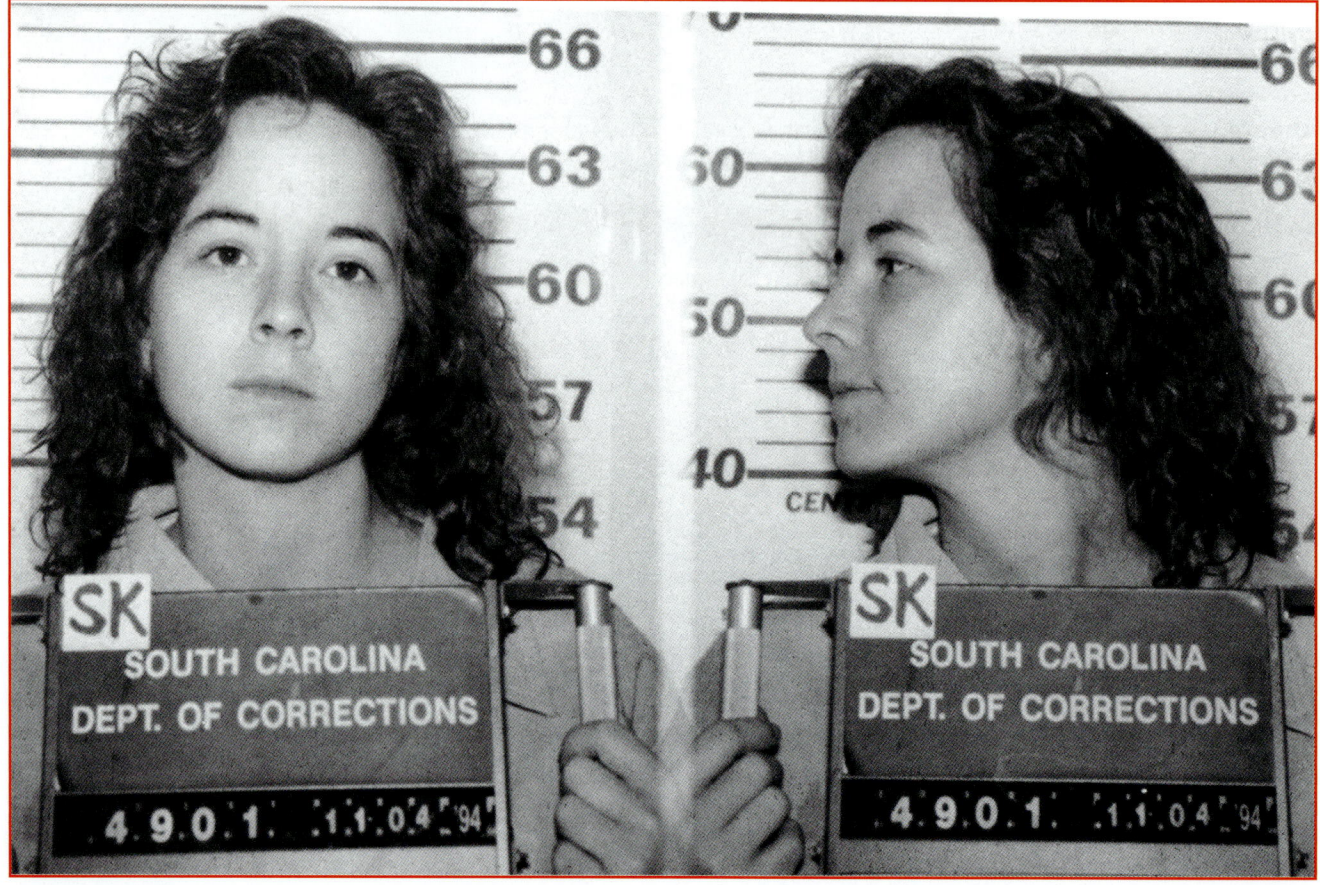

sitz des Autos fest, löste die Handbremse und ließ das Auto bergab in einen See rollen, in dem die beiden Jungen ertranken. Am 25. Oktober 1994 gegen 9:15 Uhr nahm die Polizei den Anruf einer hysterischen Frau entgegen. Smith erzählte ihnen, sie habe ihre Kinder nach Hause nach Union, South Carolina, gefahren, als ein farbiger Mann sich Zugang zum Auto verschafft habe, während sie an einer roten Ampel hielt. Er habe mit einer Waffe auf sie gezielt und sie zum Weiterfahren gezwungen. Dann habe er sie aus dem Auto gestoßen und sei mit ihren beiden Jungen auf dem Rücksitz davongefahren.

Es wurde sofort mit einer Großfahndung begonnen, und alle Augen waren auf die am Boden zerstörte junge Frau gerichtet. Doch die Fernsehaufrufe von Smith und ihrem Exmann David brachten keine Ergebnisse. Neun Tage nach der Vermisstenmeldung befragte die Polizei Smith erneut, um zu sehen, ob es nicht doch noch etwas geben würde, was ihnen helfen könnte. Dieses Mal brach sie zusammen und gestand ihr schreckliches Verbrechen. Polizeieinheiten wurden zum See geschickt und fanden den Mazda nah unter der Wasseroberfläche, die Söhne tot auf dem Rücksitz. Smith wurde des Mordes ersten Grades angeklagt.

Am 18. Juli 1995 begann der Prozess. Der Staatsanwalt war von Anfang an dazu entschlossen, den Geschworenen den Ernst des Verbrechens klarzumachen, und die Details, die vor Gericht vorgebracht wurden, waren schockierend. Ein Taucher erinnerte sich an den Moment, in dem er das Licht seiner Taschenlampe auf das Auto gerichtet und durch das trübe Wasser „eine kleine Hand am Fenster" gesehen hatte.

Susans Verteidiger argumentierten, es sei kein Mord gewesen, sondern ein fehlgeschlagener Selbstmordversuch. Von dem Mann zurückgewiesen, von dem sie sich erhoffte hatte, dass er ihr Leben zum Besseren wenden würde, habe Smith ihr eigenes Leben und das ihrer Söhne auslöschen wollen. Sie malten der Jury ein detailliertes Bild – ihr Vater ein Alkoholiker, der Selbstmord begangen hatte, der sexuelle Missbrauch, den sie als Kind erfahren hatte, und die Trostlosigkeit ihres Lebens. In ihrer abschließenden Rede bat Richterin Judy Clark die Geschworenen, Gnade gegenüber Smith walten zu lassen. Sie habe den Entschluss „aus einem verwirrten Verstand und hoffnungslosen Herzen heraus getroffen." Doch die Grausamkeit der Tat erwies sich als mächtiger. Am 28. Juli 1995 wurde sie des Mordes an ihren beiden Söhnen für schuldig befunden. Sie erhielt eine lebenslange Haftstrafe ohne Bewährung bis 2025.

Paul Snider

Für einen unsicheren Mann kann es schwer sein, eine Frau zu heiraten, die jeder ansieht, sobald sie den Raum betritt. Für Paul Snider war die Aufmerksamkeit, die seine Frau – Playmate des Jahres im Playboymagazin – genoss, mehr als genug, um ihn wahnsinnig vor Eifersucht werden zu lassen. Und als sie sich von ihm scheiden ließ und eine Beziehung mit einem Hollywoodregisseur begann, wurde aus Neid tödliche Raserei.

Dorothy Stratten hieß 1977 noch Hoogstratten, als Paul Snider das Dairy Queen in Vancouver, Kanada, betrat, in dem sie arbeitete. Sie war umwerfend schön, und er war ein Mann auf dem Weg zum Erfolg. Nachdem er sie verführt hatte, begann Snider, erotische Aufnahmen von seiner Geliebten zu machen, und erreichte schließlich, dass sie im Männermagazin *Playboy* publiziert wurden. Dorothys Ausstrahlung blieb nicht lang unbemerkt, und schon bald wurde das Paar zu Partys in Hugh Hefners „Playboy Mansion" eingeladen. Zunächst freute sich Snider für Dorothy, dass sie mit anderen Gästen sexuellen Spielen frönen konnte; es förderte ihre Karriere – und war gut für sein Bankkonto. Doch als Snider merkte, dass er sich in sie verliebt hatte, wuchs seine Eifersucht. Das Paar heira-

tete im Juni 1979. Dorothy war Playmate des Monats. Sie war 20 Jahre alt, Snider 29. Dorothy sagte zu Freunden sie könne es sich nicht vorstellen, mit einem anderen als Paul zusammenzusein. Doch Snider war mittlerweile besessen von Dorothys Karriere. Er verbot ihr, Kaffee zu trinken, weil dieser ihre Zähne verfärben würde, und es gab Gerüchte, dass er ihren Schoßhund vergiftet hatte, weil er eifersüchtig auf ihn war. Dorothy konnte sein Verhalten nicht länger ignorieren, und die Ehe bröckelte. Ein Jahr nach der Hochzeit reichte sie die Scheidung ein. 1980 war ein gutes Jahr für Dorothy – sie war Playmate des Jahres. Sie war frei von dem Mann, der dachte, sie entdeckt zu haben, und ging mit dem Regisseur Peter Bogdanovich aus. Dann zog sie in sein Haus in Bel Air.

Snider hatte alles verloren: die Frau, die er liebte, und den Schlüssel zum Reichtum. Er engagierte einen Privatdetektiv, der Dorothy verfolgen sollte. Am Morgen des 14. August 1980 willigte Dorothy ein, sich mit Snider in der Wohnung zu treffen, die sie einst teilten. Sie traf mit einer Handtasche ein, in der sich 1.000 Dollar befanden, mit denen sie ihren Exmann auszahlen wollte. Etwa um 11 Uhr erzählte der Privatdetektiv einer Mieterin, er habe den ganzen Tag versucht, die Telefonnummer der Wohnung zu erreichen, und er bat sie, nach Snider zu sehen. Als sie das tat, fand sie Dorothy auf Sniders Wasserbett liegend vor, gestorben an einer Schusswunde. Ihr fehlte die Spitze ihres linken Zeigefingers, die abgeschossen worden war, als sie versuchte, ihr Gesicht zu schützen.

Daneben befand sich Sniders Leiche. Er hatte sich erschossen. Untersuchungen ergaben, dass Dorothy kurz vor und kurz nach ihrem Tod sexuell missbraucht worden war. Sie wurde eingeäschert und am 19. August im Westwood Memorial Park beerdigt.

UNTEN: Playmate Dorothy Stratten im Mai 1980.

Dr. James Howard Snook

Drei Jahre lang traf sich der wohlhabende und erfolgreiche Dr. James Snook mit seiner jungen Geliebten mehrmals die Woche in Räumlichkeiten, die er gemietet hatte, um einen bequemen Ort für ihr sexuelles Zusammensein zu haben. Doch irgendwann lief etwas schief. Was als rein physische Affäre begonnen hatte, endete mit einer toten Theora Hix, mit einem Hammer verprügelt und die Kehle aufgeschlitzt.

Dr. Snook war ein erfolgreicher und selbstsicherer Mann, zu dem das Leben gut gewesen war. Er war Professor für Veterinärmedizin an der Ohio State University in Columbus und ein angesehener Pferdechirurg. Außerdem hatte er zweimal im Pistolenschießen olympisches Gold gewonnen und genoss die Liebe seiner hingebungsvollen Ehefrau Helen und seiner kleinen Tochter. Als er im Juni 1926 die 21-jährige Medizinstudentin Theora Hix kennenlernte, hatte er zudem noch eine attraktive, junge Sexualpartnerin. Nach der Arbeit besuche Snook Theora in der Wohnung, die er gemietet hatte. Das Paar hatte am frühen Abend Sex, dann kehrte der Arzt nach Hause

zu seiner Frau zurück. Wie Snook später aussagte, waren weder er noch Theora verliebt, die Affäre hatte einen rein sexuellen Charakter. Doch für eine Beziehung, die nur wegen Sex existierte, lief etwas falsch. Theora verspottete ihren älteren Geliebten für seine sexuelle Darbietung und ging sogar so weit, ihm Bücher vorzuschlagen, die er lesen sollte, um seine Technik zu verbessern.

Trotz allem lief die Beziehung weiter. Als in ihr Universitätszimmer eingebrochen worden war, gab Snook Theora eine Remington-Derringer-Pistole zur Selbstverteidigung, und die beiden besuchten zu Übungszwecken einen Schießstand im Randgebiet von

Columbus. Hier fanden am 16. Juni 1926 zwei 16-jährige Jungen ihre Leiche. Sie war auf den Kopf geschlagen worden, und ihre Kehle war aufgeschlitzt. Die Leiche konnte bald identifiziert werden. Theoras Mitbewohner hatten sie bereits vermisst gemeldet, und als ihr Foto in der Zeitung erschien, erkannte Margaret Smalley darauf die junge „Ehefrau" von Howard Snook, der die Wohnung für sie gemietet hatte.

Als Snook verhaftet wurde, fand die Polizei in seinem Auto, an der Kleidung, die er in der Mordnacht getragen hatten, an einem Hammer und einem Taschenmesser Blut. Er hatte versucht, alles zu säubern, doch es waren genug Spuren zurückgeblieben.

Man wird nie erfahren, wann Snooks Emotionen so stark wurden, dass aus einem gesetzestreuen Mann ein Mörder wurde. Uns bleibt nur Snooks Aussage, und er hatte guten Grund, eine Geschichte zu erfinden, die aus ihm ein Opfer einer eifersüchtigen Liebhaberin machen würde. Während des Prozesses gab er zu Protokoll, dass er und Theora in einen Club auf dem Land gefahren seien, um dort Sex zu haben. Als sie ankamen, hätte sie darauf bestanden, an einen Ort zu gehen, wo „sie in Ruhe schreien kann", und Snook fuhr mit ihr zum Schießstand. Dann, so erzählte Snook, sagte er Theora, er müsse nun gehen, da seine Mutter ihn zu Besuch erwarte. Theora schrie wütend: „Deine verdammte Mutter interessiert mich nicht. Verdammt sei deine Frau. Ich werde sie töten und sie aus dem Weg schaffen." Er sagte aus, sie habe seine Hose aufgerissen und begonnen, ihn zu beißen und an ihm zu zerren. Daraufhin habe Snook den Hammer aus dem Werkzeugkoffer in seinem Auto geholt und sie damit geschlagen. Theora habe geschrien: „Verdammt, ich bringe dich um!" Laut Snook kramte sie dann in ihrer Tasche. Aus Angst, sie suche nach ihrer Pistole, schlug er ihr mit dem Hammer mehrmals auf den Kopf, bis sie zu Boden fiel.

Wir sollten diese Geschichte mit Vorsicht betrachten, denn die Erklärung für die aufgeschlitzte Kehle änderte sich im Lauf der Zeit. Zuerst gab er an, nicht zu wissen, wie es dazu gekommen sei, dass ihr Hals aufgeschlitzt worden war. Man wies ihn jedoch darauf hin, dass der Schnitt so präzise war, dass nur jemand mit Erfahrungen in Anatomie und Chirurgie ihn ausgeführt haben konnte. Daraufhin sagte er, er habe ihr die Kehle aufgeschnitten, weil er nicht sehen konnte, wie sie an ihren Kopfwunden litt.

Am 14. August 1929 wurde Snook des Mordes ersten Grades für schuldig befunden und zum Tod auf dem elektrischen Stuhl verurteilt. Bevor er hingerichtet wurde, änderte sich seine Geschichte nochmals. Snook soll einem Wärter gestanden haben, dass der Mord geplant gewesen war. Nach einigen Versuchen, einen neuen Prozess zu bekommen oder das Urteil auf Totschlag oder Mord zweiten Grades ändern zu lassen, wurde Snook am 28. Februar 1930 hingerichtet.

Ruth Snyder

Ruth Snyder führte ein Doppelleben: Für ihren Ehemann war sie liebende Frau und Mutter und für ihren Geliebten die dominante, sexuelle Liebhaberin. Doch aus Unzufriedenheit und Habgier heraus töteten Ruth und ihr Liebhaber ihren Ehemann.

Im Jahr 1895 war die damals 20-jährige Ruth Sorensen eine attraktive und charmante Telefonistin bei einer New Yorker Vermittlungsstelle. Ein einziger fehlgeschlagener Anruf würde ihr Leben verändern und eine Handlungskette in Gang setzen, die letzten Endes zum Mord führen sollte. Der Anruf fand statt zwischen Albert Schneider, Redakteur der Zeitschrift *Motor Boat,* und seinem Kunden. Ruth entschuldigte sich für ihren Fehler so herzlich und gewinnend, dass

RECHTS: Ruth Snyder 1927, dem Jahr, in dem sie ihren Ehemann tötete.

Schneider ihr einen Job als Sekretärin anbot. Noch vor Ende des Jahres waren sie verheiratet und hatten ihren Namen zu Snyder geändert, um der antideutschen Stimmung, die damals existierte, zu entgehen.

Das Leben des Paars schien glücklich zu sein, und schon bald hießen sie in ihrem Heim auf Long Island ein Baby willkommen. Ruth setzte alles daran, eine gute Mutter und Ehefrau zu sein. Ihr Mann aber war nicht so glücklich. Er war dominant, launisch, und das häusliche Leben langweilte ihn. Die beiden fingen an, getrennte Leben zu führen, niemand fragte den anderen, wo oder mit wem er zusammen war.

Jung, attraktiv und von ihrem Mann verlassen, ließ Ruth ihre Mutter ins Haus einziehen. Da sie nun immer einen Babysitter auf Abruf hatte, begann sie mit Affären, von denen insbesondere die mit dem Korsettverkäufer Henry Judd Gray von Bedeutung war. Mit ihm verband sie eine ungewöhnliche sexuelle Beziehung, in der sie den dominanten Part spielte und Gray es genoss, unterwürfig zu sein.

Das Einzige was Ruth im Weg stand, war ihr Mann, der aber mit seinem Geld sie und das Baby unterstützte. Doch Ruth grübelte über einem Plan, der all ihre Probleme lösen sollte. In ihrer Rolle als besorgte Ehefrau überredete Ruth ihren Mann, eine Lebensversicherung abzuschließen. Mithilfe eines Maklers (der später wegen Fälschung verhaftet wurde) schloss sie eine weitere Versicherung in Höhe von 48.000 Dollar ab, die im Falle eines unerwarteten Todes durch Gewalt ausgezahlt werden sollte. Dann machte sie ein paar verpfuschte Versuche, ihren Mann zu töten, die er jedoch alle überlebte.

Doch am 20. Mai 1927 hatte sie Hilfe von Gray, und endlich stellte sich Erfolg ein. Als Snyder schlafend in seinem Bett lag, schlich sich das Paar in das Zimmer, schlug auf seinen Kopf ein, würgte ihn und stopfte ihm chloroformgetränkte Lappen in die Nase. Dann versuchten sie, die Tat nach einem missglückten Raubüberfall aussehen zu lassen. Gray fesselte Ruth Füße und Hände, die sich daraus „befreite" und die Polizei rief, während ihr Liebhaber vom Tatort „floh".

Die Polizei brauchte nicht lang, um die Lügen aufzudecken. Ruth hatte sich mit vielen Kleinigkeiten verraten. Die Polizei wunderte sich, warum sie, als sie die Fesseln um ihre Hände gelöst hatte, nicht auch die um ihre Knöchel löste. Letztendlich tauchte auch der Besitz, den Ruth als gestohlen angab, an seltsamen Orten im Haus wieder auf. Dann stolperte die Polizei über einen Brief , der mit „J. G." unterschrieben war. Snyder versuchte, sie davon zu überzeugen, dass dies die Initialen einer jungen Frau waren, mit der ihr Mann sich einst getroffen hatte. Doch als man in ihrem Adressbuch blätterte, fand man dort die Adressen von 28 Männern, darunter Judd Gray.

Schließlich gestand Ruth ihre Schuld. Als die Polizei sie zur Befragung holte und ihr erzählte, dass Gray bereits in ihrem Gewahrsam sei, gab sie alles zu. Sie brach zusammen, und die ganze Geschichte strömte aus ihr heraus. Der übliche Polizeitrick hatte seine Wirkung getan. Zu dieser Zeit hatten sie Gray noch gar nicht gefasst, aber später am Abend wurde er in einem Hotel in Syracuse festgenommen.

Judd Gray und Ruth Snyder wurden wegen Mordes angeklagt, und der Fall ging am 18. April 1927 vor Gericht. Der eine versuchte, den anderen des Mordes zu beschuldigen, doch die Geschworenen befanden beide für schuldig und sie wurden zum Tode verurteilt. Am 12. Januar 1928 wurden sie hingerichtet. Später gelangte Ruth noch zu makabrem Ruhm. Ein Reporter hatte mit einer winzigen Kamera, die er an seinem Knöchel trug, ein Bild der im elektrischen Stuhl sterbenden Ruth aufgenommen.

George Stoner

Als Alma Rattenbury eine Anzeige aufgab, um nach einem Jungen zu suchen, der ihr und ihrem Ehemann in Haus und Garten helfen sollte, stellte sie fest, dass ein großer Altersunterschied kein Hindernis für die Liebe ist. Sie fand auch heraus, dass die Jungen genauso zur Eifersucht neigen wie die Älteren.

Die 39-jährige **Alma Rattenbury** und ihr 67-jähriger Ehemann Francis waren dazu gezwungen, ihr Haus in Kanada wegen des Geredes über sie zu verlassen. Als er eine Affäre mit Alma begann, war er verheiratet und bat seine Frau kurze Zeit darauf um die Scheidung. Sie lehnte ab und er ließ seine Geliebte in das Familienhaus einziehen, bis seine Frau schließlich nachgab und der Scheidung zustimmte. Zwangsläufig wurde sein Tun bekannt, und Alma und Rattenbury wurden dafür so heftig kritisiert, dass sie den Atlantik überquerten, um in Bournemouth, England, ein ruhiges Leben zu führen. Doch leider fanden sie nicht die erhoffte Ruhe. Das Paar kaufte ein großes Haus, in das sie mit Almas 13-jährigem Sohn Christopher aus einer früheren Ehe und mit dem gemeinsamen sechsjährigen Sohn John einzogen. Sie bemerkten, dass sie ein wenig zusätzliche

Hilfe benötigen könnten, um das Haus zu pflegen. Alma gab im *Bournemouth Echo* eine Anzeige auf und suchte nach einem 14-18 Jahre alten Jungen, der ihnen täglich bei Arbeiten rund ums Haus helfen solle; Pfadfinder bevorzugt.

Darauf meldete sich der gut aussehende, aber schüchterne George Stoner. Er war in der Tat sehr hilfsbereit: Er kümmerte sich nicht nur um den Haushalt, sondern erfüllte auch Almas Extrawünsche im Bett. Er wurde so unentbehrlich, dass aus seiner Halbtagsstelle eine Vollzeitstelle wurde und er ein Zimmer im Haus erhielt. Francis Rattenbury wusste um die Untreue

UNTEN: Schlange vor dem Old Bailey während des Prozesses von Alma Rattenbury und George Stoner, die wegen Mordes an Francis Rattenbury angeklagt waren.

OBEN: Bittsteller versuchen an der Waterloo Station in London, Bahnreisende zu überreden, die Petition für George Stoners Begnadigung zu unterschreiben.

seiner Frau, aber im Alter war er impotent geworden und drückte ein Auge zu. Er bevorzugte es, den Abend mit einer Flasche Whiskey zu verbringen und seiner Frau ihren Spaß zu lassen.

Eine Zeit lang schien alles gut zu gehen, doch Stoner verliebte sich immer mehr in seine ältere Geliebte und wurde auf ihren Ehemann eifersüchtig. Er verzehrte sich nach ihr und regte sich auf, wenn sie Zeit mit Rattenbury verbrachte. Als das Ehepaar ein Wochen-

ende gemeinsam weg fuhr, wurde er zornig. Er war überzeugt davon, dass Rattenbury versuchen würde, seine Frau zurückzugewinnen. Als Alma ihm mitteilte, dass sie auch am folgenden Wochenende zusammen verreisen würden, gewann Stoners Eifersucht die Oberhand.

Am Nachmittag des 24. März 1935 lieh Stoner sich von seinen Großeltern einen Holzhammer und sagte ihnen, er wolle ihm Garten einen Sichtschutz errichten. Später am Abend fand man einen schwer verletzten Francis Rattenbury. Er war von hinten auf den Kopf geschlagen worden. Drei Tage später erlag er seinen Verletzungen.

Die Polizei befragte Alma, die durch Alkohol und Medikamente erschöpft schien. Vielleicht hatte sie ursprünglich geplant, die Schuld auf sich zu nehmen, denn sie wiederholte immer und immer wieder, sie habe „ihn ausgeliefert". Doch kurze Zeit später gestand Stoner der Bediensteten Irene Riggs, dass er Rattenbury die tödliche Verletzung zugefügt hatte. Sie ging zur Polizei. Alma und Stoner wurden verhaftet und wegen Mordes angeklagt.

Am 27. Mai 1935 wurden beide im Old Bailey vor Gericht gestellt. Beide plädierten auf nicht schuldig. Die nun nüchterne Alma beharrte darauf, nichts mit dem Tod ihres Mannes zu tun zu haben. Stoner war still vor Gericht, doch sein Verteidiger argumentierte, er habe Rattenbury zwar in einem Anfall von Eifersucht geschlagen, ihn jedoch nicht töten wollen. Die Geschworenen sahen das anders. Stoner wurde für schuldig befunden und zum Tod verurteilt. Zum Entsetzen der Menschenmenge vor dem Gebäude wurde Alma freigesprochen. In ihren Augen hatte eine dreimal verheiratete Frau einen unschuldigen Jungen zum Töten verführt.

Ein paar Tage später fuhr Alma mit dem Zug von Waterloo nach Christchurch, nicht weit entfernt von ihrem Zuhause in Bournemouth. Sie setzte sich ans Flussufer und schrieb Abschiedsbriefe. Dann stieß sie sich mit einem Messer mehrfach ins Herz und starb fast sofort. Aus den Briefen und einem Lied, das sie geschrieben hatte, als sie auf ihren Prozess wartete – später als *Mrs. Rattenbury's Prison Song* veröffentlicht –, ging hervor, dass sie Stoner sehr geliebt hatte. Sie hatte sich aus Kummer und Scham über das Vorgefallene das Leben genommen. Als Stoner über ihren Tod informiert wurde, brach er zusammen und weinte.

Alma wurde wenige Meter neben ihrem ehemaligen Ehemann beerdigt. Während der Beerdigung wurden Unterschriften für ein Berufungsverfahren für George Stoner gesammelt. In den nächsten Wochen unterzeichneten 320.000 Menschen die Petition. Sie wurde dem Innenminister übergeben, der Stoners Strafe in lebenslange Haft umwandelte. Da er ein vorbildlicher Insasse war, wurde er sieben Jahre später, entlassen. Er starb 2000 im Alter von 83 Jahren, 65 Jahre nach der Ermordung von Francis.

John Sweeney

Sweenys Mord aus Leidenschaft war ein selbstsüchtiger Akt, der sich gegen eine talentierte junge Schauspielerin richtete, die versuchte, ihn zu lieben, obwohl er sie schlug. Als sie die Beziehung beendete und sich weigerte, ihn zurückzunehmen, rächte er sich.

Dominique Dunne war 21 und eine vielversprechende Schauspielerin, als sie 1981 den 25-jährigen Koch John Sweeney auf einer Party kennenlernte. Sie stammte aus Santa Monica, Kalifornien, doch als ihre Eltern sich scheiden ließen, zog sie nach New York und schließlich nach Los Angeles, um eine Schauspielkarriere zu beginnen. Innerhalb von zwei Wochen hatte sie ihren ersten Job und 1982 ihre erste große Rolle als Dana Freeling im Horrorklassiker *Poltergeist*.

Dominiques Karriere verlief gut, doch ihre Beziehung bereitete ihr Sorgen. Sweeny war der älteste Sohn einer problematischen Familie und hatte emotio-nale Defizite. Diese manifestierten sich als Eifersucht und Versuche, Dominique zu kontrollieren. Er verdächtigte jeden, mit dem sie sich traf, und erschien oft an Drehorten und in Dominiques Schauspielunterricht, um sie zu beobachten. Am 27. August 1982 hatte das Paar seinen ersten großen Streit, und Dominique erhielt eine Kostprobe der Gewalttätigkeit, zu der Sweeney fähig war. Er packte sie beim Haar und schlug ihren Kopf auf den Boden, so fest, dass er ihr ein Büschel Haare dabei ausriss

Einen Monat später stritten sie erneut. Sweeny warf Dominique auf den Boden und begann, sie zu würgen.

Glücklicherweise war ein Freund anwesend und ging dazwischen. Am nächsten Tag hatte Dominique die Aufnahme einer Episode von *Hill Street Blues*. Ihre Rolle war die eines Missbrauchsopfers. Nicht alle ihre Wunden waren geschminkt.

Der Schauspielerin reichte es, und sie beendete die Beziehung mit Sweeny. Sie wechselte die Schlösser des Hauses aus, das sie einst geteilt hatten. Doch Sweeny wollte seine Freundin nicht kampflos ziehen lassen.

UNTEN: Der Koch John Sweeney im Gerichtssaal in Beverly Hills, Kalifornien, während seines Mordprozesses im Fall Dominique Dunne.

Am 30. Oktober 1982 probte Dominique zu Hause mit ihrem Kollegen David Parker für eine Fernsehserie, als ihr Exfreund eintraf. Ein Streit brach aus, der damit endete, dass Sweeny die junge Künstlerin würgte und sie ins Koma fiel. Sie starb am 4. November im Alter von 22 Jahren im Krankenhaus. Als der Angriff geschah, hatte Dominique an einer Fernsehserie gearbeitet. Im Abspann der zweiten Folge stand: „In liebender Erinnerung an Dominique Dunne. Ihre Familie und Freunde vermissen sie."

John Sweeny wurde wegen Mordes angeklagt, und sein Prozess begann im August 1983 in Santa Monica. Sein Anwalt Michael Adelson gab Dominique die Schuld für ihren eigenen Tod. Sie habe den Kampf herausgefordert, weil sie sich geweigert hatte, zu Sweeny zurückzukehren. Im Zeugenstand sagte Sweeny, er hätte einfach durchgedreht und sich auf sie gestürzt. Er fügte hinzu, dass er sich nicht daran erinnern konnte, was am nächsten Tag passiert sei. Adelson argumentierte, es sei kein Verbrechen, sondern vielmehr ein Akt der Verzweiflung gewesen. Die Beweise, die die Polizei vorlegte, erzählten jedoch eine andere Geschichte. Sweeney sei bei seiner Verhaftung ruhig und besonnen gewesen – und mehr an seinem eigenen Schicksal als an dem Dominiques interessiert. Auch habe er während seiner ersten Befragung keine Reue gezeigt. Laut medizinischen Befunden hatte zudem der Akt des Würgens mindestens drei Minuten gedauert. Wäre es nur ein Wutanfall gewesen, hätte Sweeney genug Zeit gehabt, sich zu beherrschen. Hätte er nur wenige Sekunden früher von ihr gelassen, wäre Dominique noch am Leben.

RECHTS: John Sweeney wird aus dem Gericht eskortiert.

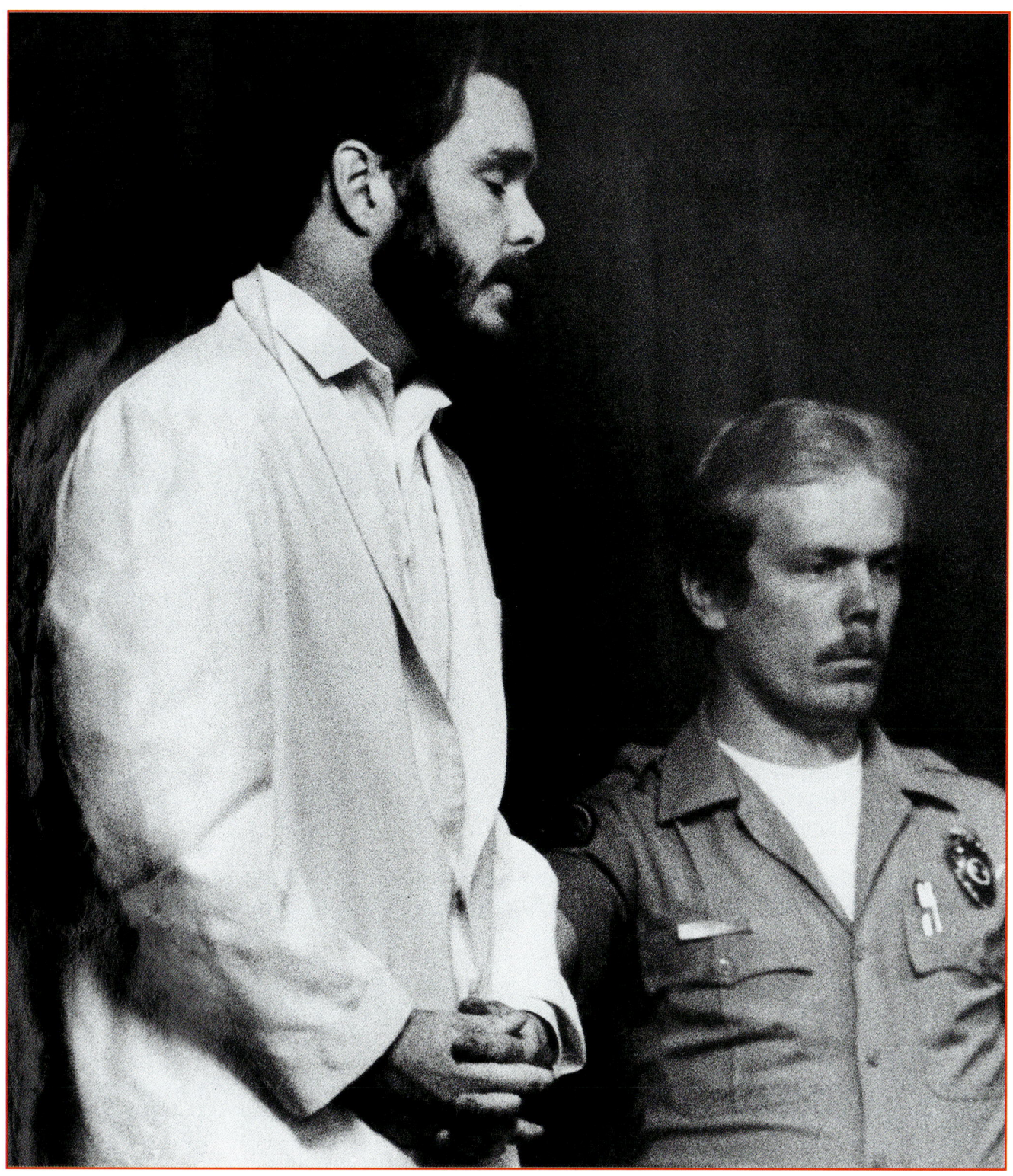

Sweeney wurde des vorsätzlichen Totschlags von Dominique Dunne verurteilt. Von seiner sechseinhalbjährigen Haftstrafe saß er nur zweieinhalb Jahre ab. Einige der Geschworenen sagten später, hätten sie von Sweeneys gewalttätiger Vorgeschichte gewusst, hätten sie ihn wegen Mordes verurteilt.

Die Zeit, die er im Gefängnis absaß, passte nicht zum Grauen der Tat, doch bei seiner Entlassung sorgte Dominiques Mutter dafür, dass er nicht ohne Weiteres in sein ruhiges Hollywoodleben zurückkehren konnte. Als Sweeny in einem Restaurant in Los Angeles eine Anstellung als Koch bekam, gründete Ellen Griffin die Gruppe „Gerechtigkeit für Mordopfer", die eine Beschwerdeklage befürwortete. An den Abenden an denen Sweeney arbeitete, händigten die Gruppenmitglieder Zettel an die Restaurantgäste aus, auf denen stand: „Die Hände, die heute Ihr Essen zubereiten, haben auch Dominique Dunne getötet."

Bald darauf verlor John Sweeney seine Anstellung und sah sich gezwungen, in den Nordwesten Amerikas zu ziehen, wo er seinen Namen in John Maura änderte.

John Tanner

Anfang 1991 berichtete die britische Presse vom Verschwinden der Rachel McLean. Mehr als zwei Wochen lang führte der Mörder die Polizei an der Nase herum. John Tanner verdeckte sein Verbrechen gut und rief dazu auf, ihm bei der Suche nach ihr zu helfen.

Rachel McLean war jung, intelligent und hatte eine vielversprechende Zukunft. Sie studierte englische Literatur in Oxford und war erst 19 Jahre alt, als ihr 22-jähriger Freund John Tanner sie erwürgte. Er war ein in England geborener Neuseeländer und studierte in Nottingham. Als sich die Beziehung verschlechterte, beschwerte sich Rachel, dass Tanner besitzergreifend sei. Sie wollte nicht länger mit ihm zusammensein und ging mit anderen Studenten aus. Dennoch stimmte sie zu, als er sich mit ihr treffen wollte.

Am Abend des 13. April 1991 wartete Rachel am Bahnhof von Oxford auf Tanner, und als sein Zug Verspätung hatte, kehrte sie nach Hause zurück. Er folgte ihr mit dem Taxi und kam gegen 19:30 Uhr an. Einige Leute berichteten später, sie hätten die beiden am nächsten Tag zusammen in Oxford gesehen, doch das war auch das letzte Mal, dass Rachel lebend gesehen wurde. In dieser Nacht brachte Tanner seine Exfreundin in einem Anfall von Eifersucht um.

Er benötigte ein paar Stunden, um ein gutes Versteck für die Leiche zu finden, aber er fand eines. Unter der Treppe befand sich ein Schrank, und hinter Haushaltsgerümpel entdeckte Tanner eine 20 cm große Lücke, die zu einem Raum unter den Flurbrettern führte. Er zog den toten Körper seiner Freundin dort hinein, kroch unter die Dielen und zerrte Rachel in eine Ecke unter ihrem eigenen Schlafzimmer. Dann bedeckte er sie mit einem alten Teppich und arrangierte alles wieder so, wie er es vorgefunden hatte. Tanner verließ das Haus und machte sich auf den Weg nach Nottingham. Von unterwegs schrieb er Rachel einen kurzen Liebesbrief in dem er erwähnte, wie froh er sei, dass der langhaarige Mann, den sie am Bahnhof von Oxford getroffen hatten, sie nach Hause gebracht habe. Am 19. April bemerkten ihre Freunde, dass etwas nicht stimmte. Sie war zu einem Treffen mit ihrem Tutor erwartet worden und hätte an einer Prüfung teilnehmen sollen, doch sie erschien zu beiden Terminen nicht. Jemand rief ihre Eltern an, um herauszufinden, ob alles mit ihr in Ordnung sei, und erfuhr, dass auch sie sie nicht gesehen hatten und dass sie am Wochenende in Oxford gewesen sei. Am 22. April stand Rachels Verschwinden in den Schlagzeilen, und eine großangelegte Suche nach ihr begann. Selbstverständlich wollte ihr Freund helfen und erzählte von dem Moment, als er ihr ein paar Tage zuvor am Bahnhof einen Abschiedskuss gegeben hatte. Er erwähnte den erfundenen langhaarigen Mann und sagte, dieser habe sie auf einen Kaffee begleitet. Rachel schien ihn gekannt zu haben.

Die Polizei durchsuchte Rachels Haus und das Gebüsch in der Nähe. Taucher suchten im Fluss Cherwell, und ihre Eltern baten am 24. April die Bevölkerung um Hilfe. Einen Tag später wurde ein Phantombild des erfundenen Mannes veröffentlicht. Am 28. April weitete die Polizei die Suche auf den Kanal um ihr Haus herum aus.

Am 29. April erschien Tanner im Fernsehen bei einer Rekonstruktion des Geschehens. Eine Polizistin spielte Rachel, gedreht wurde am Bahnhof, wo er das Kaffeetrinken und den Abschiedskuss nachstellte. Da er der Letzte war, der sie lebend gesehen hatte, befand er sich bereits unter Verdacht, doch er sagte: „Ich habe sie nicht getötet. Ich weiß nicht, was mit ihr passiert ist. Tief in meinem Inneren weiß ich, dass sie noch am Leben ist." Aber mit dem Einverständnis, die Szene nachzuspielen, hatte er sein Schicksal besiegelt. Zwei Personen meldeten sich im Anschluss an die Fernsehübertragung bei der Polizei. Beide erinnerten sich daran, dass Tanner am Bahnhof gewesen war, aber niemand hatte Rachel oder einen langhaarigen Mann gesehen. Als die Polizei dann ihre Leiche unter den Flurbrettern fand, war klar, dass Tanner log. Er wurde festgenommen, weigerte sich jedoch, die Fragen der Polizei zu beantworten. Doch die Beweislast gegen ihn verstärkte sich, und schließlich brach Tanner zusammen und gestand alles. Am 4. Mai 1991 wurde er wegen Mordes an Rachel McLean angeklagt. Er wurde zu lebenslanger Haft verurteilt. Zwölf Jahre

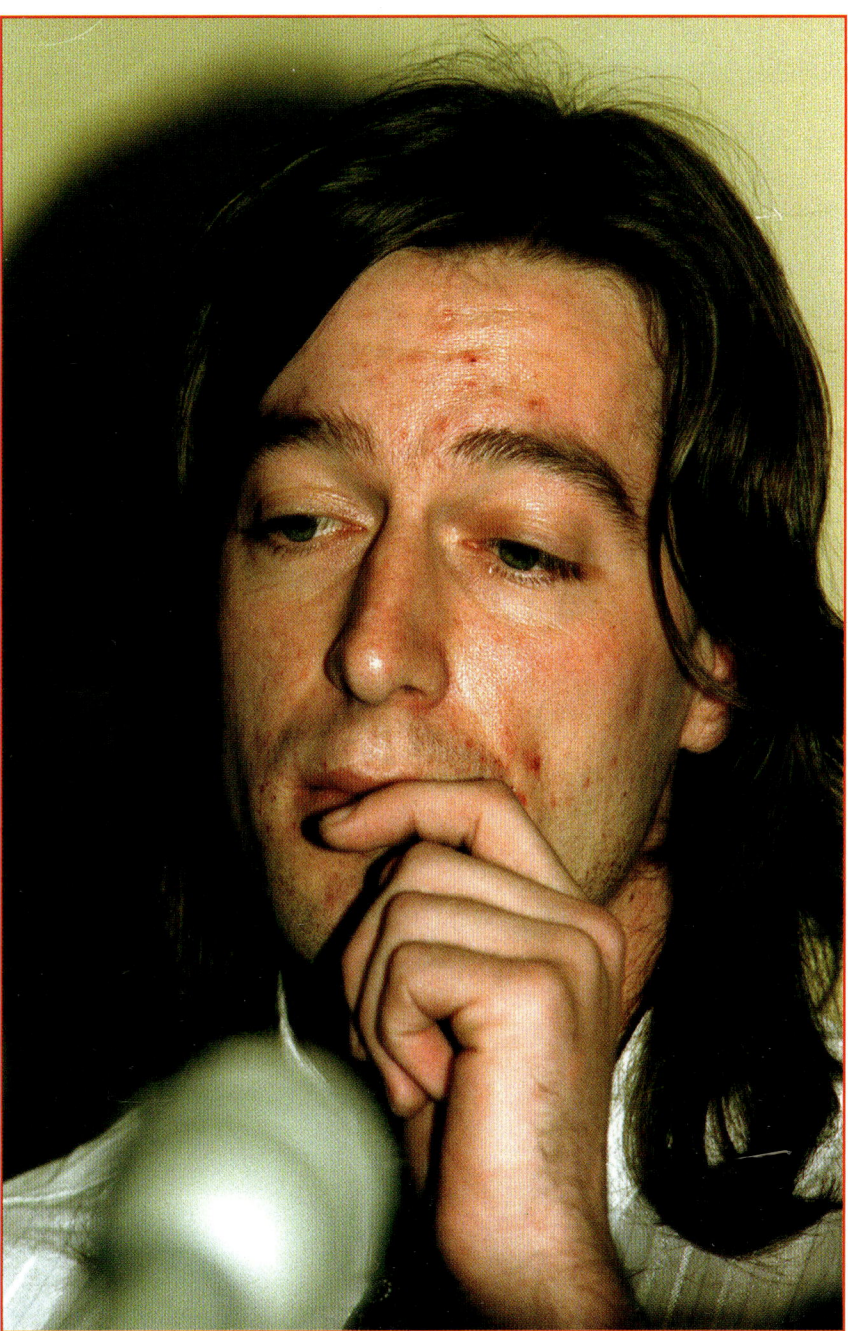

OBEN: John Tanner während einer Pressekonferenz, bei der er darum bat, bei der Suche nach Rachel McLean zu helfen.

später, im Jahr 2003, wurde Tanner entlassen. Er kehrte nach Neuseeland zurück.

Marie Tarnowska

Das Verbrechen der russischen Gräfin Marie Tarnowska bestand darin, Männer wie Puppen in ihrem Intrigen- und Betrugsspiel zu benutzen. Sie kannte kein Erbarmen, und diejenigen, die sie liebten, wurden entweder ruiniert oder starben. Zwar brachte sie sie nicht selbst um, doch sie hielt stets die Fäden in der Hand.

Marie, im Jahr 1879 geboren, stammte aus einer aristokratischen irischen Familie und war Tochter eines Mannes, der vom russischen Zaren zum Graf Nicholas O'Rourke ernannt worden war. Im Alter von 17 Jahren heiratete sie den reichen Graf Tarnowska. Gemeinsam herrschten sie über die schillernde aristokratische Gesellschaft in Kiew. Sie hatten drei Kinder miteinander. Doch im Lauf der Zeit langweilte sich Marie in ihrem Eheleben und entdeckte ihre Vorliebe, ihre Macht als Gräfin auszuüben und sich zahlreichen sexuellen Liebesspielen hinzugeben.

Einer ihrer ersten Liebhaber, Alexis Borzlewski, bot ihr als Liebesbeweis an, dass sie ihm durch die Hand schießen solle. Dieser Vorfall blieb nicht unentdeckt, und der Graf forderte Borzlewski zum Duell heraus. Maries Geliebter wurde erschossen. Wladimir Stahl, ein anderer Bettgespiele, brachte sich lieber selbst um, als dem Grafen in einem Duell gegenüberzutreten. Wieder ein anderer wurde während eines Abendessens vom Grafen erschossen, als Marie ihn absichtlich küsste, um ihren Mann zu provozieren. Der einflussreiche Graf wurde, weil er von seiner Frau dazu verleitet worden war, vom Mord freigesprochen.

Es überrascht nicht, dass die Ehe nach diesen Vorfällen endete, doch nicht bevor Marie ihren tödlichen Bann über den Anwalt gelegt hatte, der mit ihrer Scheidung befasst war. Sie spielte so lange mit seinen Gefühlen, bis Maximillian Prilukoff bereit war, für sie seine Frau, seine Familie und seine Karriere aufzugeben. Als sie ihn zurückwies, versuchte er, sich das Leben zu nehmen, was ihm aber nicht gelang. Er folgte ihr auf Schritt und Tritt, ein „Stalker" des 19. Jh.

Marie, nun befreit von der Eifersucht ihres Mannes, reiste nach Venedig, und ihre Liebhaberschar wurde größer. Einer von ihnen war der junge und gut aussehende Nicolas Naumoff, der ihretwegen Frau und Kinder verließ. Sie genoss es, ihn zu quälen. Mit Ziga-retten fügte sie seinem Körper Brandwunden zu. Ein weiteres Opfer war Graf Pavel Kamarowski, der darauf bestand, dass sie ihn heirate. Sie willigte ein, doch erst,

RECHTS: Gräfin Tarnowska, die den Grafen Kamarowski ermordete, nachdem sie ihn davon überzeugt hatte, eine Lebensversicherung zu ihren Gunsten abzuschließen.

UNTEN: Graf Kamarowski, der Opfer des Intrigenspiels seiner Frau wurde.

als er zu ihren Gunsten eine Lebensversicherung abschloss. Er starb innerhalb eines Monats, erschossen von Naumoff. Marie hatte ihren Liebhaber davon überzeugt, dass Kamarowski seine Potenz und Ehre in diversen Briefen beleidigt hatte.

Die Tatsache, dass Kamarowski so kurz nach Abschluss einer Lebensversicherung starb, war verdächtig. 1907 nahm die italienische Polizei Marie, Naumoff und Prilukoff (der geholfen hatte, die Briefe zu verfassen) fest. Am 14. Mai 1910 begann der Prozess. Die

Taten der tödlichen Gräfin hatten inzwischen in allen gesellschaftlichen Schichten für Aufsehen gesorgt. Ein schimpfender und schreiender Mob begrüßte die Gondel, auf der Marie und ihre beiden Geliebten zum Gerichtsgebäude gebracht wurden. Als sie das Ufer

OBEN: Nicolas Naumoff, der sich so sehr in Marie Tarnowska verliebte, dass er für sie Frau und Kinder verließ.

RECHTS: Gräfin Tarnowska wird von einer Polizeieskorte zum Gericht in Venedig begleitet.

betreten wollte, zerrten einige Frauen Marie an den Rand des Kanals und schrien: „Ertränkt sie. Ertränkt sie!" Gerichtswachen mussten die Angeklagte retten!

Bei der Anhörung erklärten Prilukoff und Naumoff ihr Tun mit ihrer Vernarrtheit in die Gräfin, während Marie Tarnowska an die Gnade des Gerichts appellierte. Sie weinte bitterlich und versprach, den Rest ihres Lebens in einem Kloster zu verbringen und guten Taten zu widmen, wenn die Geschworenen nur nachsichtig wären. Das rettete ihr das Leben. Bei der Urteils-

verkündung sagte der Sprecher der Jury: „Wir glauben nicht, dass sie verrückt ist. Doch wir denken, dass ihre Psyche teilweise getrübt ist." Marie wurde zu einer achtjährigen Haftstrafe verurteilt, Prilukoff zu zehn Jahren Einzelhaft. Naumoff erhielt eine dreijährige Haftstrafe, da er „teilweise an einem psychischen Zusammenbruch" litt. Eine Zeitung berichtete über Marie: „Sie ist noch keine 30, doch mindestens sechs Männer haben sich ihretwegen ruiniert. Zwei von ihnen starben, und vier verließen Frau und Kinder."

Der Gefängniskaplan und die Wärter schmuggelten zunächst für ihre Gefangene Zigaretten und Essen ein. Doch als der Geistliche in ihrer Zelle einen „höchst unangemessenen" Roman fand, wurde sie in ein strengeres Gefängnis nach Rom verlegt. Doch sie nutzte weiterhin ihre sexuelle Macht über Männer, und ihr vernarrter Anwalt erreichte Strafminderung. Marie wurde nach fünf Jahren entlassen. Sie beging später Selbstmord, doch davor machte sie eine Aussage, die sie zur Legende werden ließ: „Ich bin die unglücklichste Frau der Welt. Ich bin eine Märtyrerin meiner Schönheit. Jeder Mann, der mich ansieht, muss mich lieben. Mein Weg ist mit den Leichen derjenigen gepflastert, die mich am meisten geliebt haben."

Michael Telling

Obwohl es keinen guten Grund dafür geben kann, einen anderen Menschen zu töten, kann man dennoch etwas Mitgefühl mit Michael Telling haben. Schon vor seiner zweiten Ehe war er sehr unsicher, und seine zweite Frau setzte alles daran, ihn weiter unter Druck zu setzen. Als er schließlich durchdrehte, erntete sie die „Früchte" ihrer scharfen Zunge.

Der Reichtum seiner Familie bescherte Michael Telling keine glückliche Kindheit. Zwar konnte er alle Dinge haben, die er sich wünschte, doch sein gewalttätiger, alkoholsüchtiger Vater und seine kaltherzige Mutter ließen ihn emotional verhungern. Eine gescheiterte Ehe tat das Übrige dazu, doch dann traf er auf einer Urlaubsreise in Amerika Monika Zumsteg und verliebte sich Hals über Kopf in sie.

Er hätte keine schlechtere Wahl bei seiner zweiten Ehefrau treffen können. Kaum war die Hochzeit vorbei, wendete Monika sich gegen ihren Mann. Sie verbrachte ihre Tage und Nächte alkoholisiert und unter Drogen in ihrem Haus auf dem Land in West Wycombe, Buckinghamshire. Zu ihrer eigenen Belustigung verspottete sie ihren Mann. Sie erzählte ihm, er sei schlecht im Bett, dass sie ihn nur wegen seines Geldes geheiratet habe und dass sie männliche und weibliche Liebhaber habe. Sie warf ihm alles an den Kopf, von dem sie annahm, es könne ihn verletzen.

Eine Weile sah es dann so aus, als hätte das Paar gemerkt, wie sehr ihnen ihre Probleme schadeten. Monika ging zu den Anonymen Alkoholikern, Telling begab sich in eine Psychiatrie, doch es war nutzlos. Wieder daheim fielen sie in ihre alten Muster zurück, und Telling wurde schließlich von der Frau, die er liebte und zugleich hasste, an den Rand des Wahnsinns getrieben. Am 29. März 1983 machte Monika sich erneut über ihn lustig. Er griff nach einem Gewehr und erschoss sie. Telling ließ die Leiche zwei Tage lang dort, wo sie war, dann zerrte er sie ins Schlafzimmer und sprach die nächsten Tage mit dem toten Körper seiner Frau. Schließlich wurde er wieder vernünftiger und sah sich gezwungen, die Situation zu meistern. Freunden erzählte er, Monika sei davongelaufen. Telling fuhr in den Südwesten Englands, enthauptete die Tote, damit sie nicht identifiziert werden konnte, und entsorgte den restlichen Körper. Allerdings führten die teuren Kleider der Leiche die Polizei auf die richtige Spur, als sie die Leiche entdeckten und sie Tellings Haus durchsuchten. Sie fanden Monikas verfaulenden Kopf in der Garage. „Ich habe einfach durchgedreht", war alles, was er sagen konnte.

Beim Prozess versuchte die Staatsanwaltschaft, die Tat als vorsätzlichen Mord darzustellen. Als Beweis präsentierte sie Tellings sorgsame Verwischung seiner Spuren und schloss daraus, dass er brutal, aber bei Verstand sei. Doch die Verteidigung brachte stärkere Argumente vor. Mithilfe von psychiatrischen Gutachten und der Aussage seiner Freunde und Familie zeigte sie, dass Telling ernsthaft gestört war. Sogar seine Mutter berichtete im Zeugenstand von seiner schwierigen Kindheit und seinen Selbstmordversuchen. Als das Gericht davon Kenntnis erhielt, dass seine Frau ihn verbal missbraucht hatte, erhielt Telling Sympathiebekundungen. Die Geschworen sprachen ihn von Mord frei, doch das Gericht verurteilte ihn wegen Totschlags in verminderter Schuldfähigkeit. Er erhielt eine lebenslange Haftstrafe.

Harry Kendall Thaw

Harry Kendall Thaw war ein obsessiver, gewalttätiger Mann. Zwar hatte er die Frau geheiratet, der er schonungslos nachgestellt hatte, doch er konnte nie seinem früheren Rivalen vergeben oder ihn vergessen; denn der Mann hatte ihr etwas genommen, was er selbst hätte haben wollen – ihre Unschuld.

Thaw war der Sohn eines reichen Kohle- und Eisenbahnmagnaten aus Pittsburgh. Seine Mutter sagte, ihr Sohn habe seit dem Tag seiner Geburt Ärger gemacht, doch sein Vater besorgte ihm Plätze an Privatschulen, an der Universität von Pittsburgh und später in Harvard. Doch Thaw verschwendete all die Vorteile, die mit der besten Bildung einhergingen, die man mit Geld kaufen kann. Er bevorzugte ein wildes Leben, spielte, stellte Frauen nach und wurde schließlich von der Universität geworfen, als er einen Taxifahrer mit einer geladenen Waffe bedrohte.

Thaw zog nach New York City, wo er anfing, Drogen zu nehmen, und seine Zeit mit Tänzerinnen am Broadway verbrachte. Er freundete sich außerdem mit dem berühmten Architekten Stanford White an, mit dem er die Leidenschaft für Revuetänzerinnen teilte. Diese Freundschaft war allerdings nur von kurzer Dauer. Sie endete, als Thaw herausfand, dass White sarkastische Bemerkungen über ihn und seine Fähigkeit, Frauen zu beeindrucken, gemacht hatte. Der Hass wuchs, als White sich für Evelyn Nesbitt interessierte, eine Tänzerin aus dem Stück *Florodora*, die auch Thaw bereits aufgefallen war.

Obwohl White das Mädchen vor seinem ehemaligen Freund warnte, stellte Thaw ihr weiterhin nach und präsentierte sich als ein besonnener Verehrer. Evelyn musste wegen einer Krankheit ins Krankenhaus, wo Thaw sie regelmäßig besuchte und die Gelegenheit wahrnahm, sich bei ihrer Mutter beliebt zu machen. Zwischenzeitlich verlor White das Interesse an ihr und überließ es Thaw, Evelyn (und ihre Mutter) mit der Aussicht auf ein luxuriöses Leben zu umwerben. Die Strategie zahlte sich aus, und Evelyn willigte ein, ihn zu heiraten. Doch es gab ein Problem: Als Evelyn den Heiratsantrag annahm, gestand sie, ihre Unschuld an Thaws Rivalen Stanford White verloren zu haben.

Thaws Reaktion war heftig. Er brachte Evelyn in ein abgelegenes Schloss in Deutschland, vergewaltigte sie, und verprügelte sie erbarmungslos. Erstaunlicherweise wurde die Ehe dennoch geschlossen – vielleicht weil Evelyn nun zu ängstlich war, die Verlobung zu lösen. Die Frischverheirateten ließen sich mit Thaws Mutter in Pittsburgh nieder.

Am 25. Juni 1906 besuchten sie New York City. Sie gingen ins Café Martin. Thaw entdeckte Stanford White und erfuhr, dass der frühere Geliebte seiner Frau die Premiere von *Mam'zelle Champagne* besuchen würde, die sich auch die Thaws ansehen wollten.

Nach dem Essen brachte der wütend gewordene Thaw Evelyn zurück ins Hotel und verschwand. Er kehrte pünktlich zurück, um sie abzuholen. Obwohl es ein warmer Abend war, trug er einen großen, schwarzen Mantel. Im beheizten Theater des Madison Square Garden wollte ihm die Garderobenfrau den Mantel abnehmen, doch er weigerte sich, ihn auszuziehen. Das Paar wurde an seinen Tisch geführt. Thaw schien abgelenkt zu sein. Er konnte nicht still sitzen und lief während der Vorstellung durch die Menge. Immer wieder näherte er sich Whites Tisch, und immer wieder kehrte er zurück. Beim Schlusslied ging Thaw zu Stanford White und feuerte aus nächster Nähe drei Schüsse in sein Gesicht. Er starb sofort. Zunächst

dachten die Zuschauer, die Schüsse seien Teil der Aufführung. Als sie langsam realisierten, dass Stanford White wirklich tot war, ging Thaw – die Pistole nach oben haltend – durch die Menge und traf Evelyn am Aufzug. Als sie fragte, was er getan habe, antwortete er, dass er vielleicht ihr Leben gerettet habe.

Thaw stand zweimal wegen Mordes vor Gericht. Beim ersten Prozess von Januar bis April 1907 konnten die Geschworenen sich nicht einigen. Beim zweiten Prozess im Januar 1908 plädierte Thaw auf Unzurechnungsfähigkeit. Thaws Mutter versuchte, den Prozess zu korrumpieren. Sie bot Evelyn eine Million Dollar und eine schnelle Scheidung an, würde sie aussagen, dass White sie missbraucht hatte und Thaw nur versucht hatte, seine Frau zu beschützen. Evelyn tat dies und schwor einen Meineid.

Thaw wurde als unzurechnungsfähig befunden. Er entkam so der Todesstrafe, wurde jedoch in einem Krankenhaus für kriminelle psychisch Kranke inhaftiert. Hier genoss er viele Freiheiten, und 1913 gelang es ihm, zu fliehen. Er verließ das Krankenhaus und begab sich zu einem wartenden Auto, das ihn über die Grenze nach Kanada brachte. Doch bald wurde er wieder an die USA ausgeliefert, und zwei Jahre später erklärte eine Jury ihn für zurechnungsfähig. Thaw wurde nach nur sieben Jahren aus einer relativ komfortablen Institution entlassen. Trotzdem geriet er wieder mit dem Gesetz in Konflikt. 1916 wurde er wegen sexueller Belästigung und Auspeitschung eines Jungen angeklagt. Wieder wurde er für unzurechnungsfähig erklärt und in eine psychiatrische Anstalt eingewiesen, in der er sieben Jahre verbrachte. Im Februar 1947 starb Thaw im Alter von 76 Jahren an einem Herzanfall in Miami. Seiner Frau, für die er einst getötet hatte, hinterließ er nur 10.000 Dollar – weniger als 1% seines Reichtums. Obwohl sie der Familie Thaw vertraut hatte, hatte Evelyn nie die Million erhalten.

Charles-Louis Theobald, Duc de Choiseul-Praslin

Dass ein Mann seiner Ehefrau überdrüssig wird und sich eine jüngere Geliebte nimmt, ist ein bekanntes Phänomen. Die meisten dieser Geschichten sind von Liebeskummer und seelischem Schmerz geprägt, doch die wenigsten enden so tragisch wie die des Duc de Choiseul-Praslin, Charles-Louis Theobald.

OBEN: Das Palais du Luxembourg in Paris, wo Charles-Louis Theobald Selbstmord beging, während er auf seinen Prozess wartete.

Der Duc de Choiseul-Praslin hatte seine Frau Fanny geheiratet, als sie 19 Jahre alt und eine bezaubernde junge Schönheit war. Doch als die Zeit verging, und da Fanny zehn Kinder zur Welt gebracht hatte, nahm sie an Gewicht zu und verlor ihr Aussehen. Hätte ihr Mann sie so geliebt, wie er sollte, hätte sie vielleicht in Würde und mit Freude altern können und sich keine Gedanken über ihre verwelkende Schönheit machen müssen, doch der Duc war mit seiner alternden Frau nicht zufrieden. Er quälte sie mit einer Reihe kaum geheim gehaltener Affären. Die letzte junge Frau, die den Weg in sein Bett fand, war das Kindermädchen der Familie, und dieses Mal war der Duc auch verliebt. Er sehnte sich danach, frei zu sein, doch seine Gedanken drehten sich nicht um eine Scheidung, sondern um Mord.

Am 17. August 1847 verbrachte die Familie Choiseul-Praslin den Abend in ihrem Haus in Paris. Gegen 5 Uhr morgens vernahmen Angestellte Schreie aus Fannys Zimmer und eilten ihr zu Hilfe. Sie glaubten Diebe wären eingebrochen. Vergeblich klopften sie an die verschlossene Tür. Alles war still. Die Bediensteten rannten in den Garten, um den Einbrecher zu fangen. Als sie mit leeren Händen zurückkamen, stand die Tür zu Fannys Zimmer offen. Drinnen fanden sie sie blutüberströmt und im Bett sitzend vor. Ihre Kehle war aufgeschlitzt und ihr Gesicht mit einem stumpfen Gegenstand zu Brei geschlagen worden.

Sofort verdächtigte man den Duc, der während des Geschehens nicht gesehen worden war. Die Polizei durchsuchte das Haus und entdeckte bald das blutverschmierte Heft eines Dolches, einen blutigen Morgenmantel, den jemand zu reinigen versucht hatte, und eine Scheide aus Leder. Sie fanden Fannys Briefe an ihren Mann, in denen sie ihn bat, seine Affäre mit Henrietta zu beenden. Darin aufgelistet waren auch seine früheren Liebhaberinnen. Neben dem Bett des Duc lag eine geladene Pistole. Die Beweise deuteten darauf hin, dass Choiseul-Praslin seine Frau zunächst erschießen wollte, dann realisierte, dass man dies hören würde und versuchte, sie lautlos zu töten, indem er ihr die Kehle durchschnitt.

Blutflecken im Waschbecken im Schlafzimmer und Bisswunden an seinem Bein, die seine Frau ihm während des Kampfes zugefügt hatte, erhärteten den Verdacht, dass der Duc der Täter war. Die Angestellten erzählten der Polizei außerdem von gewalttätigen Streitereien.

Der Duc protestierte, dass er versucht habe, seine Frau vor Einbrechern zu schützen, doch er täuschte niemanden. Er wurde unter Hausarrest gestellt und dann in das Palais du Luxembourg nach Paris gebracht, wo er auf seinen Prozess warten sollte. Doch am 18. August 1847 nutzte er die Abwesenheit der Wache und vergiftet sich mit Arsen. Noch auf dem Sterbebett leugnete der Duc de Choiseul-Praslin alles.

Norman Thorne

Elsie Emily Cameron, eine einfache Frau, war es nicht gewohnt, von Männern Aufmerksamkeit zu bekommen. Als sie Norman Thorne kennenlernte, schenkte sie ihm schnell ihr Herz und ihren Körper. Als er entschied, sie nicht zu heiraten, war sie so unglücklich, dass sie ihren einzigen Weg, ihn zu halten, in einer Lüge sah.

Elsie Cameron und Norman Thorne lernten sich 1920 kennen, als sie in London als Schreibkraft arbeitete. Er war Elektroingenieur. Mit 18 Jahren war er neun Jahre jünger als sie, schien sich aber aus dem Altersunterschied nichts zu machen und auch daraus nicht, dass Elsie eine Brille trug und auch ansonsten keine große Schönheit war. Elsie, geschmeichelt von seiner Aufmerksamkeit, verliebte sich. Thorne wollte

RECHTS: Norman Thorne zwischen seinen Hühnern in Crowborough, Sussex, an dem Ort, an dem man später die Überreste seiner Verlobten Elsie Cameron fand.

sein eigenes Unternehmen gründen. Er kaufte in Blackness, Crowborough, Sussex, ein Stück Land und gründete die Wesley-Geflügelfarm. Er arbeitete hart an seinem Erfolg und besuchte Elsie hin und wieder. Als er einen Schuppen zu einem Wohnhaus umbaute, reiste Elsie nach Sussex, um ihn zu sehen. Weihnachten 1922 machte Thorne ihr einen Heiratsantrag, den sie annahm. Doch Elsie blieb nicht lang glücklich. Kurz nach ihrer Verlobung scheiterte Thornes Geschäft. Da er finanzielle Probleme hatte, wollte er kein Datum für die Hochzeit festlegen. Die Situation wurde noch komplizierter, als er eine Frau mit Namen Bessie kennenlernte und seine neue Liebe seiner Verlobten

OBEN: Norman Thorne im Zug am Bahnhof von Crowborough in Sussex auf dem Weg nach Brixton, London, wo er wegen Mordes an Elsie Cameron befragt werden sollte.

vorzog. Im Oktober 1923 fuhr Elsie nach Crowborough und übernachtete wie immer bei Nachbarn. Sie verbrachte eine Woche mit Thorne, spürte aber, dass sich seine Gefühle für sie verändert hatten. Als sie nach London zurückkehrte, schrieb sie ihrem Verlobten, dass sie schwanger sei, um die Hochzeit voranzutreiben. Thorne antwortete nicht wie erwartet. Er gestand, dass er ihrer müde geworden war, und erzählte ihr von Bessie.

Verstört eilte Elsie zu Thornes Hof und traf am Morgen des 30. November 1923 unangemeldet ein. Um sie zu beruhigen, gab Thorne nach und sagte, dass er sie heiraten wolle. Sie kehrte voller Hoffnung nach London zurück. In der kommenden Woche besuchte Thornes Vater ihn, um mit seinem Sohn die Finanzlage zu besprechen und ihm Rat anzubieten. Er warnte ihn, Elsies Aussage, schwanger zu sein, mit Vorsicht zu betrachten, und sagte ihm, er solle ihr schreiben und die Wahrheit herausfinden. Elsie wurde noch verzweifelter, als sie den Brief erhielt. Am 5. Dezember 1923 fuhr sie mit dem Zug nach Crowborough und begab sich zu Fuß zu Thornes Haus.

Fünf Tage später schickte Elsies Vater Thorne ein Telegramm und erkundigte sich nach ihr. Thorne antwortete, er habe sie nicht gesehen. Am nächsten Tag meldete Mr. Cameron seine Tochter bei der Polizei als vermisst. Sie fanden heraus, dass zwei Gärtner sie gegen 17:15 Uhr an dem Tag gesehen hatten, als sie zum Hof ging. Thorne beharrte jedoch darauf, dass Elsie nicht bei ihm eingetroffen sei. Anfang Januar gab es immer noch kein Zeichen von ihr, und die Polizei befragte Thornes Nachbarn. Einer sagte aus, er habe Elsie am Tag ihres Verschwindens auf das Grundstück gehen sehen. Die Polizei von Sussex forderte Hilfe von Scotland Yard an. Diese beschloss, dass genügend Beweise vorlägen, um Thorne zu verhaften und das Haus zu durchsuchen. In einer Dose fand man Elsies Uhr, Armband und Schmuck. Der Aktenkoffer, den sie bei sich trug, war bei den Nebengebäuden vergraben worden.

Thorne leugnete, seine unerwünschte Verlobte getötet zu haben. Er erzählte den Polizisten, er habe sich mit Elsie über seine Beziehung zu Bessie gestritten. Er sei hinausgerannt, und als er später zurückkam, habe er Elsie vorgefunden, die sich mit seiner Wäscheleine an einem Balken erhängt hatte. Da er fürchtete, niemand würde ihm glauben, habe er ihr Beine und Kopf abgetrennt und die Teile unter dem Hühnerstall vergraben. Bei einer Obduktion fand man jedoch keine Spuren einer Wäscheleine. Thorne wurde angeklagt.

Am 4. März 1925 kam der Fall vor das Schwurgericht von Lewes. Thornes Verteidiger argumentierte, der Obduktionsbericht sei mangelhaft, die Falten in Elsies Nacken könnten von einem Seil stammen. Die Polizei widerlegte dies, indem sie anführte, dass man kein Seil gefunden habe, das von einem Balken gelöst worden war. Die Jury erklärte Thorne zwölf Tage später für schuldig. Er wurde am 22. April 1925 gehängt, an Elsies 27. Geburtstag.

Jean-Pierre Vaquier

Als die britische Wirtshausbesitzerin Mabel Jones 1924 Urlaub in Biarritz, Frankreich, machte, war sie nicht die erste verheiratete Frau, die sich von der Atmosphäre und dem Charme französischer Männer einnehmen ließ. Doch was für sie nur eine Ferienromanze war, wurde für den Mann, der zurückblieb, zur Besessenheit.

Mabel Jones' Ehemann Alfred kümmerte sich um das Blue Anchor Inn in Byfleet, Surrey, während seine Frau zu einer wohlverdienten Pause nach Südfrankreich reiste. Sie nahm im Hotel Victoria ein Zimmer und verliebte sich bald in den adretten, bärtigen Franzosen Jean-Pierre Vaquier, der dort arbeitete. Er war ein ausgebildeter Techniker und unterhielt die Hotelgäste, indem er Musikkonzerte in den Salon übertrug. Der höfliche Franzose unterhielt auch Mabel auf unterschiedliche Weise. Das Paar hatte eine kurze, aber sehr leidenschaftliche Affäre.

Viel zu schnell wurde es Zeit für Mabel, nach Hause zurückzukehren. Sie verabschiedete sich liebevoll von ihrem Geliebten und dachte, damit sei die Sache beendet. Doch sie irrte sich. Zurück in England erhielt Mabel ein Telegramm, in dem Vaquier fragte, wann er sie anrufen könne. Sie ignorierte es und erschrak, als Vaquier einen Monat nach ihrer Rückkehr aus dem

Urlaub im Gasthaus auftauchte. Sie hatte die Affäre ohne Reue und mit ein paar schönen Erinnerungen hinter sich gelassen, doch aus Vaquiers Zuneigung war Besessenheit geworden, und nun wollte er sie für sich haben. Mabel sah sich gezwungen, sich heimlich mit

OBEN: Mabel Jones, deren Urlaubsaffäre zum Tod ihres Mannes führte.

ihm zu treffen, um ihm klarzumachen, dass seine Aufmerksamkeit unerwünscht war. Da sie sich schuldig fühlte für das, was er aus Liebe zu ihr auf sich genommen hatte, stellte sie ihm seinen Aufenthalt nicht in Rechnung und erklärte Alfred Jones, Vaquier warte auf das Geld, das man ihm für seine „Geschäftsreise" zuschicken wolle.

Doch Vaquiers Liebe konnte nicht einfach so abgetan werden. Er setzte sich in den Kopf, dass Alfred nur von der Bildfläche verschwinden müsse, damit Mabel zurück in seine Arme käme. Am 1. März 1924 fuhr Vaquier nach London und kaufte Strychnin. Das Giftregister unterzeichneter er mit „J. Wanker". Vaquier war mittlerweile mit Alfred Jones' Trinkgewohnheiten vertraut und damit, dass er nach einem Trinkgelage morgens Verdauungssalze zu sich nahm. Er fügte seiner Medizinflasche etwas hinzu. Am Morgen des 29. März beobachtete er Jones dabei, wie er einen Schluck aus seiner Flasche nahm und half ihm in sein Schlafzimmer, als er krank wurde. Ein paar Stunden später starb Alfred Jones qualvoll.

Wegen des plötzlichen Todes wurde eine Obduktion veranlasst, bei der man in Alfreds Körper Strychnin fand. Vaquier und Mabel wurden verhört, und ein Bild des Franzosen wurde in diversen Zeitungen veröffentlicht. Der Apotheker, der Vaquier das Gift verkauft hatte, erkannte ihn. Der Franzose wurde in einem Hotel in Surrey, festgenommen und wegen Mordes angeklagt. Vor Gericht im Juli 1924 beharrte er auf seiner Unschuld, doch er wurde für schuldig befunden und am 12. August 1924 im Wandsworth-Gefängnis in London gehängt.

OBEN: Jean-Pierre Vaquier, der 1924 Alfred Jones, den Besitzer des Blue Anchor Inn in Byfleet, Surrey, vergiftete.

W

Carolyn Warmus

Aufgewachsen in einer reichen, wenn auch unglücklichen Familie, lernte Carolyn Warmus schon in frühen Jahren ein gewisses Anspruchsdenken kennen. Später äußerte sich dies in seltsamen Reaktionen auf Affären, die nicht so liefen, wie sie es erwartet hatte.

Carolyn Warmus wurde im Januar 1964 geboren und wuchs in Birmingham, einem reichen Vorort von Detroit, auf. Als sie acht Jahre alt war, ließen ihre Eltern sich scheiden und als sie die Universität von Michigan besuchte, bemerkten ihre Freunde, dass sie psychische Probleme hatte. Sie schien sich verzweifelt nach physischem und emotionalem Kontakt zu sehnen, doch eine Beziehung nach der anderen zerbrach an ihrer Besitzgier. Schließlich musste ein ehemaliger Freund, Paul Laven, sogar eine einstweilige Verfügung gegen Carolyn erwirken, um sie von sich fernzuhalten. Sie blieb auch noch besitzergreifend, als sie nach New York zog, wo sie einen Privatdetektiv engagierte, der einem verheirateten Barkeeper folgen sollte, der sie ebenfalls verlassen hatte. Trotz ihrer psychischen Probleme erlangte Carolyn an der Columbia Universität einen Abschluss als Grundschullehrerin und bekam im September 1987 an der Grundschule Greenville in Scarsdale, New York, eine Stelle. Dort

RECHTS: Das zweigeschossige Wohnaus in Scarsdale, in dem die Mörderin Carolyn Warmus die Ehefrau ihres Geliebten umbrachte, bevor sie sich mit ihm auf dem Parkplatz traf.

UNTEN: Fotos aus dem Jahrbuch von Carolyn Warmus (Mitte), die acht Jahre später die Frau ihres Geliebten umbringen würde.

lernte sie Paul Solomon kennen, einen Lehrer der fünften Klasse, der schon bald ihr neuer verheirateter Liebhaber wurde. Solomon, der von Carolyns früherem Verhalten keine Kenntnis hatte, schätzte sie völlig falsch ein und stellte sie seiner Frau Betty Jeanne und seiner Tochter Kristan vor. Es dauerte nicht lang, bis Carolyn ein Teil der Familie wurde, eine Art Schwester für Kristan, die sie mit Geschenken überhäufte. Doch im Geheimen schlief Carolyn mit Solomon und verabscheute sein anscheinend perfektes, glückliches Familienleben.

Am frühen Abend des 15. Januar 1989 nahm ein New Yorker Telefonist einen Anruf einer Frau entgegen, die offensichtlich um ihr Leben fürchtete. Als sie plötzlich unterbrochen wurden, kontaktierte der Telefonist umgehend die Polizei. Diese konnte das Gespräch jedoch nicht zurückverfolgen, doch schon bald wurde klar, um wen es sich gehandelt hatte. Als Paul Solomon an diesem Abend nach Hause kam, fand er die Leiche seiner Frau. Erst war ihr mit einer Waffe auf den Kopf geschlagen worden, dann trafen neun Schüsse sie in Rücken und Beine. Die Polizisten gingen sofort davon aus, dass Solomon seine Frau umgebracht hatte, aber er konnte ein überzeugendes Alibi vorweisen, denn einen Teil des Abends hatte er mit Carolyn verbracht. Die außereheliche Beziehung wurde nun beendet. Solomon erzählte Carolyn, er wolle sie nicht länger sehen, und hatte kurz darauf ein Verhältnis mit Barbara Ballor. Diese neue Verbindung führte die Polizei zu Carolyn. Sie war wieder in ihr altes Verhaltensmuster verfallen, stellte Solomon und seiner Freundin nach und versuchte, sie auseinanderzubringen. Die Polizei hatte auch herausgefunden, dass sie kurz vor der Ermordung von Betty Jeanne eine Beretta-Pistole Kaliber .25 gekauft hatte. Weitere Ermittlungen ergaben, dass sie am Tag des Mordes einen Anruf in einem Sportgeschäft getätigt hatte, später dort erschien und Munition erwarb. Damit hatte die Polizei genug Beweise, um sie zu verhaften und anzuklagen.

Am 14. Januar 1991 begann der Prozess, und sie tat wenig, um sich die Sympathie der Öffentlichkeit zu sichern. Ihre eng anliegende Kleidung betonte ihre Figur, sodass die New Yorker Presse sie als „Sexbestie",„besessen" und „Schwarze Witwe" bezeichnete. Der Prozess zog sich über einige Monate hin, bis eine Jury bekanntgab, dass sie sich nicht auf ein Urteil habe einigen können. Am 27. April 1991 erklärte der Richter das Verfahren für fehlgeschlagen.

Im Januar 1992 begann ein zweiter Prozess, und ein neues Beweisstück wurde präsentiert: ein blutdurchtränkter Wollhandschuh, den man am Tatort gefunden hatte. Es wurde nachgewiesen, dass er Carolyn gehörte, und dieses Mal waren sich die Geschworenen in ihrem Urteil einig. Am 26. Juni 1992 erklärte Richter John Carey, dass Carolyn Warmus einen „abscheulichen, ungesetzlichen und mutwilligen Mord" begangen habe und verurteilte sie zu einer 25-jährigen Haftstrafe.

Mary Eleanor Wheeler Pearcey

Mary Eleanor Wheeler Pearcey brach in ihrem Leben viele Männerherzen. Mit ihrem kastanienbraunen Haar war sie so schön, dass selbst ihr Henker sagte, sie sei die schönste Frau gewesen, die er je hingerichtet habe. Doch als ihr eigenes Herz litt, versuchte sie es zu kitten, indem sie die Familie ihres Liebhabers tötete.

Mary Eleanor Wheeler, 1866 geboren, hatte von Anfang an ein unglückliches Leben. Ihr Vater war ein Räuber und Mörder, und als er für seine Verbrechen gehängt wurde, versuchte Mary, sich umzubringen. Es gelang ihr nicht. Kurz darauf zog ihre Familie nach London, wo sie ihren Schmerz mit einer Reihe von Bettgesellen zu betäuben schien.

Der Erste war Charles Pearcey, den Mary kennenlernte, als sie 16 Jahre alt war. Sie war so verliebt in ihn, dass sie seinen Nachnamen annahm, obwohl sie nie heirateten. Doch trotz der Liebe zueinander gelang es Mary nicht, treu zu sein. Als Pearcey herausfand, dass sie mit dem verheirateten Emporkömmling Charles Creighton geschlafen hatte, verließ er sie. Eine Zeit lang behielt Creighton Mary als seine Geliebte, bis ein anderer ihre Aufmerksamkeit erlangte – ein junger Mann mit Namen Frank Hogg, der im Lebensmittelladen seiner Familie arbeitete.

Dieses Mal sah es danach aus, als wäre die Beziehung von längerer Dauer. Sie verliebte sich sehr in Hogg und umgekehrt, aber erneut zerbrach alles an Untreue. Jetzt war allerdings nicht Mary die Betrügerin. Hogg hatte mit Phoebe Styles geschlafen. Als sie schwanger wurde, bestand seine Familie darauf, dass er sie heirate. Mary war am Boden zerstört. Als Hogg ihr anbot, wegzuziehen, um ihre Gefühle nicht weiter zu verletzen, bestand sie darauf, dass er in der Nähe blieb.

Erwartungsgemäß kühlte Hoggs Ehe nicht die Leidenschaft zwischen ihm und Mary ab und schon bald hatten sie wieder eine Affäre. Zwischenzeitlich traf Mary sich auch wieder mit Charles Creighton. Sie interessierte sich auch für die Ehefrau ihres Geliebten und freundete sich mit Phoebe an, die Mary allerdings instinktiv misstrauisch beäugte. Einmal schlug sie eine Einladung Marys, gemeinsam ein Haus am Meer aufzusuchen, aus und erklärte ihrem Ehemann: „Niemand würde mich in einem großen, leeren Haus suchen."

Am 24. Oktober 1890 ließ Mary der Frau ihres Geliebten und deren 18 Monate alter Tochter Tiggie eine Einladung zum Tee überbringen. Phoebe nahm sie an und schrieb Hogg eine kurze Notiz, damit er sich nicht sorge: „Werde nicht lang weg sein." Dann machte sie sich mit einem Kinderwagen auf den Weg zu Mary.

Phoebe Hoggs Leiche wurde im Heideland nördlich von London gefunden. Der Mann, der sie entdeckt hatte, gestand später, ihren Ehering gestohlen und ihn gegen Essen eingetauscht zu haben, bevor er zur Polizei gegangen sei. Der Arzt, der die Leiche untersuchte, stellte fest, dass Phoebes Kehle von links nach rechts durchtrennt worden war und dass der Schnitt so tief war, dass er den Kopf fast abgetrennt hatte. In Zeitungsberichten wurde wegen der Gewaltanwendung von einem männlichen Täter ausgegangen. Am nächsten Tag, Samstag, den 26. Oktober, fand man Tiggie auf einem verlassenen Stück Land. Sie hatte nur eine Wunde auf der Stirn, die wahrscheinlich entstand, als sie weggeworfen wurde, doch auch sie war tot. Der Kinderwagen tauchte einige Kilometer weiter auf, blutdurchtränkt, ein Bolzen daran fehlte. Der untersuchende Arzt konnte nicht sagen, ob das Kind unter dem Gewicht seiner Mutter gestorben war oder daran, dass man es ausgesetzt hatte. Marys Prozess wurde von vielen Frauen aus der Mittelschicht besucht. Ihre Geschichte hatte unzählige Ehefrauen und Geliebte gefesselt, die einer betrogenen Frau Sympathien entgegenbrachten, auch wenn sie eine Unschuldige und ein Baby aus Rache getötet hatte.

Trotz dieser Unterstützung und der Beteuerung ihrer Unschuld wurde Mary zum Tod durch Hängen verurteilt. Durch eine Laune des Schicksals war ihr Henker am 23. Dezember 1890 derjenige, der 14 Jahre zuvor bei der Hinrichtung ihres Vaters in St. Albans geholfen hatte.

Mary Eleanor Wheeler Pearcey wurde im Gefängnis Newgate in einem anonymen Grab beerdigt. Obwohl sie den Mord nie gestanden hatte und die Beweise gegen sie als falsch bezeichnete, sagte sie, die Strafe sei gerecht. Außerdem hinterließ sie bei ihrem Anwalt eine seltsame Notiz: „MEWP. Habe nicht betrogen. MEW." Niemand wusste, was das bedeuten sollte. Es wurde vermutet, es war eine Nachricht für einen verheimlichten Ehemann.

Elizabeth Workman

Elizabeth Workman verlor – wie viele Frauen vor und nach ihr – nach jahrelangem Missbrauch den Verstand. Was sie von anderen unterscheidet, ist die Tatsache, dass sie trotz öffentlicher Unterstützung und der Wünsche der Geschworenen ihrem Tod ins Auge sah.

Elizabeth und James Workman gehörten einer Immigrantenwelle an, die Mitte des 19. Jh. in Kanada eintraf. Sie kamen aus Schottland, Elizabeth war in ihren Zwanzigern und damit 30 Jahre jünger als ihr Ehemann, der auch seine Tochter Mary aus einer früheren Ehe mitgenommen hatte. Leider fanden sie nicht das bessere Leben, das sie sich erhofft hatten. Da sie arm waren, mussten sie in einer Zwei-Zimmer-Wohnung leben, in der Elizabeth bald einen Sohn zur Welt brachte. Elizabeth litt noch mehr, als sie herausfand, dass sie einen trinkenden Tyrannen geheiratet hatte. Obwohl sie ihren Mann nie kritisierte, versteckte sie sich oft vor seiner bösen Zunge und seinen Fäusten bei den Nachbarn. Samuel Butler, ein farbiger Herrenfriseur, war einer derjenigen, der ihr Schutz bot. Butler versuchte, der Familie zu helfen, und bot Elizabeth an, ihm gegen Lohn in seinem Laden bei der Wäsche und Reinigung zu helfen.

Bald darauf verbreiteten sich Gerüchte, dass Elizabeth und Butler eine Affäre hätten, was zu dieser Zeit ein Tabu war. Das Getuschel erreichte schließlich auch James Workman. Am 24. Oktober 1872, als Elizabeth den Boden in Butlers Friseurladen putzte, stand er mit ihrem Sohn vor der Tür. Betrunken bestand er darauf, dass seine Frau nach Hause komme. Als Elizabeth sich weigerte, griff Workman nach ihr, aber Butler ging dazwischen. Elizabeth war so wütend, dass sie mit dem Schrubbergriff auf ihren Mann einschlug. Doch ihre Wut war noch nicht verraucht.

Später erfuhr das Gericht, dass ein Nachbar am nächsten Morgen beobachtet hatte, wie Butler die Wohnung der Workmans verließ. James Workmann erholte sich im Bett von den Prügeln seiner Frau, aber er hörte nicht auf, sie zu beschimpfen und zu verhöhnen, bis sie – wie sie später zugab – es nicht mehr länger ertrug. Sie schlug zwei Stunden lang immer wieder auf ihn ein. Schließlich wurde ihr Ehemann endgültig ohnmächtig. Später am Tag rief Elizabeth ihren Nachbarn David Patterson herbei, da sie um ihren Mann besorgt war. Doch für ihn kam jede Hilfe zu spät. Zunächst gab Patterson an, Workman sei in seinen Armen gestorben, doch dann änderte er seine Geschichte und sagte, er sei bereits tot gewesen, als er eintraf, und es sah aus, als hätte man versucht, seinen Körper vom Blut zu reinigen.

Am folgenden Samstag fand die Obduktion statt. Dabei stellte man fest, dass James Workman unterernährt gewesen war, und die Wunden an seinem Bein ließen darauf schließen, dass man ihn mit einem Seil gefesselt hatte. Andere Verletzungen deuteten darauf hin, dass er 20- bis 30-mal mit einem stumpfen Gegenstand geschlagen worden war. Der tödliche Schnitt an der linken Schläfe war mit einem scharfen Schneidewerkzeug ausgeführt worden. Im Haus fand man zwei Metzgermesser, die als Tatwerkzeug infrage kamen.

Elizabeth wurde festgenommen, leugnete aber, etwas mit dem Mord ihres Ehemanns zu tun zu haben. Sie behauptete, er sei eines natürlichen Todes gestorben. Außerdem verteidigte sie Samuel Butler vehement, er habe nichts mit dem Tod zu tun. In ihrem zweitägigen Prozess wurde sie mit Beweisen, die gegen sie sprachen, konfrontiert – von absurden und irrelevanten Anklagen, sie sei nicht „sehr nett" bis hin zu Zeugen, die erklärten, dass James Workman seine Frau zwar regelmäßig verbal missbraucht habe, aber nie dabei beobachtet worden wäre, wie er sie geschlagen habe. Es wurde auch von einer unrechtmäßigen Beziehung zwischen Elizabeth und Samuel Butler gesprochen.

Schließlich erzwang der Richter ein Urteil. Obwohl die Geschworenen auf Elizabeths Seite waren und sie nicht wegen Mordes verurteilen wollten, fasste der Richter zusammen, dass starke Indizienbeweise gegen sie sprächen, und legte der Jury nahe, entsprechend über den Fall zu entscheiden. Wie erwartet erklärten die Geschworenen Elizabeth für schuldig und sprachen Samuel Butler aus Mangel an Beweisen frei.

Elizabeth Workman musste drei Monate im Gefängnis auf ihre Hinrichtung am 19. Juni 1873 warten. Die Begnadigung blieb trotz der wachsenden Unterstützung seitens der Bevölkerung aus. Ein paar Blumen umklammernd, trat sie den Weg zum Galgen an. Sie war die einzige Frau, die in Kanada jemals gehängt wurde. Ein Reporter schrieb später: „Man erhängte sie einzig und allein aus dem Grund, dass die negative Darstellung des Richters im Prozess von der Verteidigung nicht bestritten worden war. Elizabeth Workman, eine arme Frau aus der Arbeiterklasse, erhielt nicht die Aufmerksamkeit des juristischen Systems, die ihr zugestanden hätte. Es wurde kein ernsthafter Versuch unternommen, sie zu verteidigen."

Anna Zwanziger

Sollte die unglückliche Anna Zwanziger in Versuchung geführt worden sein, dann nicht von einem Mann, sondern von der Liebe selbst. Sie war darauf vorbereitet, für ein Happy End zu töten.

Anna Schönleben wurde 1760 in Nürnberg geboren. Das Leben meinte es nicht gut mir ihr. Sie galt als „hässlich, verkrüppelt, ohne attraktive Gesichtszüge, Figur oder Sprache". Sie sehnte sich nach Liebe. Tatsächlich fand sie sie, trotz ihrer fehlenden Schönheit. Ihr erster Ehemann, Herr Zwanziger, war sogar ein einigermaßen guter Fang, zumindest sah es danach aus. Er war ein erfolgreicher Anwalt, mit dem Anna zwei Kinder bekam. Annas Glück war von kurzer Dauer. Zwanziger war starker Alkoholiker und wurde immer unkontrollierter und gewalttätiger. Sein Reichtum schwand dahin, und seine Wutanfälle erschreckten seine Frau. Die Familie wurde so arm, dass Anna gezwungen war, als Prostituierte zu arbeiten, um Geld für die Kinder zu haben. Freunden gegenüber beharrte sie jedoch darauf, dass sie nur mit „Kavalieren" schlief.

Als Zwanziger schließlich wegen seiner Trunkenheit früh starb, sah sich seine verarmte Witwe nach einer Stelle als Hausmädchen oder Köchin um. Doch eigentlich ging es ihr nicht um die Arbeit, sondern mehr darum, in einem anderen Haus das zu finden, was sie wirklich wollte – einen neuen Ehemann.

Sie ging sorgfältig vor und bot ihre Dienste nur bayerischen Richtern an. Leider waren die einzigen Arbeitgeber – und potenzielle Liebhaber –, die Anna fand, entweder schon verheiratet oder verlobt. Doch es gab einen vielversprechenden Kandidaten, Richter Glaser, der zwar verheiratet war, aber von seiner Frau getrennt lebte. Anna versuchte, sein Interesse zu wecken. Doch auch eine verlassene Ehefrau war immer noch eine Ehefrau, und Anna beschloss, sie verschwinden zu lassen. Sie tat so, als sorge sie sich um ihren Arbeitgeber, und arrangierte eine Aussöhnung des Paars, die im Haus des Richters stattfand. Dann goss Anna eine Dosis Arsen in Frau Glasers Tee.

Sie tötete vergebens. Obwohl seine Frau gestorben war, interessierte sich Glaser nicht für die hässliche Kreatur, die sich um sein Haus kümmerte. Anna muss-te ihren Plan aufgeben und es an anderer Stelle erneut versuchen. Sie arbeitete für einen anderen Richter mit Namen Grohmann und versuchte wieder, ihn dazu zu bringen, sich in sie zu verlieben. Anders als ihr vorheriger Arbeitgeber nahm Grohmann gern die sexuellen Angebote an, die Anna ihm machte, doch er war nicht verliebt genug, um sie zu heiraten. Als Anna erfuhr, dass er vorhatte, eine andere Frau zu ehelichen, griff sie noch einmal zu Arsen und schüttete eine große Dosis in Grohmanns Suppe. Er starb einen qualvollen Tod.

Anna war nach wie vor davon überzeugt, dass ihr Plan aufgehen würde, besonders da sie nun Erfahrung darin hatte, sich mit Gift unliebsamer Hindernisse zu entledigen. Ihr dritter Arbeitgeber war wieder ein Richter. Kaum dass Gebhard Anna eingestellt hatte, erkrankte seine Frau und behauptete, ihr Essen schmecke seit Ankunft der neuen Haushälterin seltsam. Zuerst schenkte ihr Mann ihr keinen Glauben, doch als er in einem Glas einen weißen Rest fand, nahm er ihre Geschichte ernst. Aber es war zu spät: Seine Frau starb unter Krämpfen. Doch selbst das genügte Anna nicht. Sie war mittlerweile so verrückt geworden, dass sie den Richter nur für sich haben wollte. Sie gab seinem kleinen Kind einen in Milch getunkten Keks, die zuvor mit Arsen versetzt worden war, und bald darauf verstarb auch das Kind. Richter Gebhard ließ weitere Nahrungsmittel untersuchen, und man fand Spuren von Arsen. Anna war bereits geflohen.

Im Oktober 1809 wurde Anna Zwanziger verhaftet. Die Polizei hatte die Leichen ihrer Opfer obduziert und weitere Spuren des Gifts gefunden. Sie hatte sie dummerweise selbst zu sich geführt, denn sie hatte die Familie Gebhard in einem Brief darum gebeten, ihre alte Stelle zurückzubekommen. Letztlich gestand sie: „Ja, ich habe alle getötet und hätte noch mehr umgebracht, hätte ich die Gelegenheit dazu gehabt." Die Frau, die andere so um ihre Schönheit – und ihre Ehemänner – beneidet hatte, wurde im Juli 1811 geköpft.

Bildnachweis

Getty Images
Buchvorderseite, Hauptbild
1, 2 Yvonne Hemsey/Getty Images, 13, 14, 17 David McNew/Getty Images, 21, 22 & 23 Topical Press Agency/Hulton Archive/Getty Images, 25 Universal Pictures/Getty Images, 28 Dennis Kunkel Microscopy, Inc/Getty Images, 29 Miller/Topical Press Agency/Hulton Archive/Getty Images, 31, 33 Topical Press Agency/Hulton Archive/Getty Images, 34, 35 Henry Guttmann/Getty Images, 39 Will F. Taylor/Edward Gooch/Hulton Archive/Getty Images, 40, 41, 42 (oben) J. DAVID AKE/AFP/Getty Images, 43 POOL/AFP/Getty Images, 44 (oben) J. DAVID AKE/AFP/Getty Images, 48 Justin Sullivan/Getty Images, 54, 55, 58 David Goddard/Getty Images, 60 & 61 & 62 & 63 Topical Press Agency/Getty Images, 64, 65 Topical Press Agency/Getty Images, 66 & 67 & 68 Keystone/Hulton Archive/Getty Images, 70, 71, 72, 73, 74, 75, 77 Edward Gooch/Getty Images, 78, 79 Topical Press Agency/Getty Images, 82 W. G. Phillips/Topical Press Agency/Getty Images, 85 Roger Viollet/Getty Images, 92, 93 Keystone/Getty Images, 94 Bentley Archive/Popperfoto/Getty Images, 97 Evening Standard/Getty Images, 114 FPG/Hulton Archive/Getty Images, 118 Yvonne Hemsey/Getty Images, 119, 120, 128 Brian Miller/Time Life Pictures/Getty Images, 130 & 131 & 132 & 133 Keystone/Hulton Archive/Getty Images, 137 Chicago History Museum/Getty Images, 138, 140 Topical Press Agency/Getty Images, 141 & 142 Topical Press Agency/Hulton Archive/Getty Images, 143 E. Dean/Topical Press Agency/Hulton Archive/Getty Images, 144 General Photographic Agency/Hulton Archive/Getty Images, 146, 147 Leon Neal/AFP/Getty Images, 149, 150, 157, 159 Popperfoto/Getty Images, 160 Express Newspapers/Getty Images, 165 William Frederick Yeames/Getty Images, 166 SOTHEBY'S LONDON/AFP/Getty Images, 167, 169 Topical Press Agency/Getty Images, 176 STF/AFP/Getty Images, 177 MIKE NELSON/AFP/Getty Images, 178 POO/AFP/Getty Images, 179 Lori SHELPER/AFP/Getty Images, 180 & 181 POO/AFP/Getty Images, 182 MYUNG J. CHUN/AFP/Getty Images, 183 HECTOR MATA/AFP/Getty Images, 189, 191 William F. Campbell//Time Life Pictures/Getty Images, 193 Fotos International/Getty Images, 195 Archive Photos/Getty Images, 197 Popperfoto/Getty Images, 198 Fox Photos/Getty Images, 204, 205 Topical Press Agency/Getty Images, 206, 207, 210, 211, 213 Kirby/Topical Press Agency/Getty Images, 214 E. Bacon/Topical Press Agency/Getty Images, 216 Topical Press Agency/Hulton Archive/Getty Images, 217 Firmin/Topical Press Agency/Hulton Archive/Getty Images, 218 Michael Abramson/Time Life Pictures/Getty Images, 219 Michael Abramson/Time & Life Pictures/Getty Images
Buchrücken oben links & oben rechts, unten links Archive Photos/Getty Images, unten rechts Keystone/Hulton Archive/Getty Images

iStock
Buchvorderseite, iStockphoto.com/lazortech, iStockphoto.com/Renphoto, 18 iStockphoto.com/Terraxplorer, 20 (rechts) iStockphoto.com/davidmartyn

Press Association
7, 8, 9, 10, 11, 12, 20 (links), 26, 37 (beide), 42 unten), 44 (unten), 84 (beide), 88, 89, 90, 96, 100, 102, 104, 108 (beide), 110, 115, 125, 135, 161, 162, 163, 171, 172, 173, 174,185, 186, 187 (beide), 190, 200, 201, 203,

TopFoto
46 The Granger Collection/TopFoto, 47

Es wurden jegliche Anstrengungen unternommen, um die Rechteinhaber zu ermitteln. Sollte uns dennoch ein Fehler unterlaufen sein, sind wir selbstverständlich gern bereit, diesen in zukünftigen Ausgaben zu korrigieren.